Elisabeth Schnack

DIE ZAUBERLATERNE

SERIE PIPER
Band 434

Zu diesem Buch

Elisabeth Schnack, bekannt durch ihre einfühlsame Eindeutschungen amerikanischer, englischer und vor allem irischer Literatur hatte ein bewegtes, ungewöhnliches Leben bereits hinter sich, als sie 1938 im Alter von 45 Jahren beginnt, Anglistik zu studieren und schließlich im Jahr 1950 ihre Tätigkeit als Übersetzerin in Zürich aufnimmt. Die in der Uckermark geborene junge Frau zog es schon als Vierundzwanzigjährige in den Fernen Osten – sie gründet und leitet eine deutsche Schule in der Mandschurei, lernt dort einen deutschen Chinakaufmann kennen, den sie heiratet und dem sie Mutter von Zwillingen wird. In der »Zauberlaterne« schildert sie ihr ungewöhnliches Leben, in einem Erinnerungsbuch, dessen Inhalt wie literarische Qualität gleichermaßen ihresgleichen suchen.
»Elisabeth Schnack hat eine Gabe, zu sehen und zu schildern, die einmalig ist: Landschaften und ihre Bewohner, ihre Lebensbedingungen und Lebensweisen, aber auch Tiere und vor allem Pflanzen so lebendig werden zu lassen, daß man meint, sie mit eigenen Augen gesehen zu haben. Gleichzeitig wird aber nichts verklärt, nichts beschönigt. Da schreibt eine Frau, die sich auch in exotischster Umgebung mit den kleineren und größeren Schwierigkeiten des Alltags herumzuschlagen hatte und die noch unter abenteuerlichen Umständen versucht hat, sich und ihrer Familie ein Zuhause zu schaffen.« Klara Obermüller, FAZ

Elisabeth Schnack wurde am 23. Dezember 1899 als Tochter eines Botschafters in Joachimsthal in der Uckermark geboren. Sie war Lehrerin an einer deutschen Schule in Mukden (Mandschurei), heiratete dort einen deutschen Kaufmann und kehrte 1938 nach Europa zurück, wo sie sich in der Schweiz niederließ. Seit 1950 ist sie als Übersetzerin und Herausgeberin tätig, rund 150 Werke hat sie übersetzt, darunter etwa 50 irische und 60 amerikanische Prosaarbeiten. Sie wurde für ihre Arbeit hoch geehrt: Mit dem Literaturpreis der Bayerischen Akademie der Schönen Künste und dem Ehrendoktor des Dublin University College, in ihrer Wahlheimat Zürich erhielt sie von Stadt und Kanton im Laufe der Jahre allein sechs Literaturpreise.

Elisabeth Schnack

DIE ZAUBERLATERNE

Erinnerungsbilder

Piper
München Zürich

ISBN 3-492-00734-1
Juni 1986
R. Piper GmbH & Co. KG, München 1986

Umschlag: Federico Luci,
unter Verwendung des Aquarells »Flora auf Sand« (1927)
von Paul Klee (© 1984 by Cosmopress, Genf)
Photo Umschlagrückseite: Ueli Bugmann
(© Atelier Conzett & Huber)
Satz: Kösel, Kempten
Druck und Bindung: Clausen & Bosse, Leck
Printed in Germany

Inhalt

Eine Zauberlaterne – nicht ohne Licht.
Kaum bringst du das Lämpchen hinein,
so scheinen dir die buntesten Bilder an deine Wand.

Goethe

Vorspiel

Geheimnisvolles Joachimsthal

Schon mit fünf Jahren begleitete Lita ihren Vater auf seinen botanischen Streifzügen. «Komm mit, spazierengehen!» rief er, wenn sie und ihre beiden jüngeren Schwestern auf dem Dachboden spielten, wo die alte Wäschemangel stand – eine Holzkonstruktion, über deren Tischfläche ein mit Feldsteinen beladener Kasten auf blanken Holzwalzen lief. Nur die Waschfrau hatte Kraft genug, die vorsintflutliche Mangel hin und herzuschieben, immer hin und her, und häufig noch mit den drei kleinen Mädchen als Fracht, bis die Laken und Tischtücher schön glatt waren. Aber auch wenn Frau Krösigk nicht da war, kletterten die Schwestern, unterstützt von der langen Lita, auf die Mangel hinauf. Für Lita wurde der Steinkasten zu einem Schiff, mit dem sie in die «Weite Welt» fuhren – fort aus dem Haus mit dem hohen Dach, unter dessen Balken auf einem alten Schrank ein ausgestopfter Fischreiher stand. Jedesmal nickte er mit dem Kopf, wenn man an ihm vorbeiging. Vielleicht lag es nur an einer morschen Diele unter den Schrankfüssen? Die beiden Kleinen sagten: «Er pickt nach uns, und er hat böse gelbe Augen!»

Eigentlich fürchteten sie sich auf dem Dachboden, aber sie folgten Lita, die immer neue Spiele wusste. Sie fürchteten sich auch vor der Räucherkammer, der gefährlich nahen, in die kein Sonnenstrahl fiel. Aus silbergrauer Asche und leise glosender Glut stieg ein stetiger Rauchfaden auf. Lita fand, dass es nach all den Würsten und Speckseiten recht lecker roch: sie mussten im Rauch hängen, bis sie gut durchräuchert waren, das wusste sie. Sie war mit ihrem Vater in der Heide gewesen, um stachlige Wacholderzweige zu holen, die jetzt zu feinen schwarzen Ästchen verkohlten.

«Komm mit in die Sonne! Ins Helle!» rief ihr Vater. Lita, die Älteste, «durfte mit». Ihr baumlanger Vater ging mit ihr zwischen Gärten den «Paddengang» hinab, bis sie zur Gärtnerei von Meister Zwiebelkorn und zu den ersten Häusern kamen, zum buckligen Pfarrhaus und zur Kreuzkirche und zum Park, wo sich die Tannen beim leisesten Windhauch verneigten. Vielleicht vor dem Auge Gottes? So hatte es Lita von ihrer Mutter gehört: sie verbeugten sich vor dem dreieckigen Gold-Auge, das in der Kirche über der Orgel schwebte, von lauter goldenen Strahlen beglänzt.

An einer Ecke des Parks stand der graue Granitklotz, den Litas Vater dort hatte hinschaffen lassen – auf halb zerquetschten Stämmen und mit Winde und Flaschenzug, bis er hoch in die Luft ragte. So einen Vater hatte sie! Und jedesmal musste er ihr erzählen: von Findlingen und der Eiszeit und Moränen und von Gletschern, die vor vielen tausend Jahren einst über das ebene Land hinweggeglitten waren. Und deshalb gab es hier im Norden so seltene Blumen wie in den Alpen, im Süden.

In den Alpen – das war ein unvorstellbarer Begriff! Aber *eine* Blume, die es auch in den Alpen geben sollte, kannte Lita schon als Fünfjährige: die Prachtnelke, von der sie sogar den lateinischen Namen wusste: DIANTHUS SUPERBUS. Unten am Bach stand sie freilich nicht, dafür war sie zu selten. Lita hatte es einmal erlebt, wie sich ihr langer Vater ins Gras gekniet und die zierliche Nelke bewundert hatte.

Unten am Bach wuchsen nur gewöhnliche Blumen

wie Hahnenfuss und Wiesenschaumkraut. Dort durfte Lita sich ins Gras werfen und auf den Grund des Wassers starren, ob sich die gelben Kiesel endlich in Gold verwandelt hätten, in «Heidengold», wie es ihr die alte Eichstädten immer erzählte, die Kräuterfrau, die bei ihnen in einer Dachkammer wohnte. Aber ihr Vater verspottete die Alte, weil sie den lumpigen Geissbart für die heilkräftige Arnika hielt und einen Sud aus ihm kochte, um ihr offenes Bein zu baden.

«Komm weiter!» rief ihr Vater. «Heut zeige ich dir das beste Haus von der Welt!» Lita sah ungläubig zu ihrem Vater auf. Hier gab es keine Häuser mehr – endlos dehnten sich die Wiesen bis zum fernen Waldrand, und der Feldweg wurde steiler. Zu beiden Seiten des Weges wuchs hoher Roggen mit vielen Blumen dazwischen, die Lita alle kannte: die zerflatternden Mohnblüten und die Sterne der Kornraden und den rätselhaften Erdrauch, der niemals rauchte. Mitten im Korn wohnte die Roggenmuhme: mittags, wenn niemand aufpasste, holte sie sich kleine Mädchen und verzauberte sie. Doch an Vaters Hand war alles anders.

Über dem Kornfeld erhob sich, was zuerst wie ein viereckiger grauer Holzturm aussah. Auf einmal wichen die Felder zurück, und zuoberst auf der Hügelkuppe stand auf einem kreisrunden Platz eine Windmühle mit vier riesigen Flügeln und vielen kleinen Fenstern, die wie Augen aus dem grauen Holz glotzten. Zwei Knechte luden Säcke von einem Leiterwagen ab und buckelten sie unter die Mühle, die nur auf einem einzigen dicken Stiel stand. Aus einem Fenster spähte eine weisse Zipfelmütze – und war wieder verschwunden. Plötzlich erschien der weissbemehlte Müller vor ihnen. Auf die Bitte des Vaters antwortete er: «Gern, Herr Schüler!»

Er führte sie eine kurze Bretterstiege hinauf und in ein dunkles Loch hinein, und dann musste Lita ihres Vaters Hand loslassen, denn der Gang wurde ganz eng, so eng, dass sie die Holzwände rechts und links mit beiden Händen streifte. Es ging eine Innentreppe hinauf, und zum Glück war es nicht dunkel. Immer wieder, wenn sie um eine Ecke bogen, war ein kleines Guckfenster in der Aussenwand. Es nahm kein Ende: immer wieder ein enger Gang – und immer wieder eine kleine Treppe und um die nächste Ecke. Endlich stiess der Müller eine Tür auf, und blendend fiel der Sonnenschein herein. Sie traten in die Müllerstube. Ihr Vater schob sie vor ein breites Fenster.

Tief unten lag die weite Welt – aber sie begann sich zu drehen! Ja, die Welt wanderte an Litas Augen vorbei, und gleichzeitig begann es in der Müllerstube zu knacken und zu knarren und zu ächzen, und der Boden zitterte unter ihren Füssen. «Die Müllerknechte drehen die Mühle in den Wind», erklärte der Vater einem erstaunt zu ihm aufblickenden Kindergesicht. Jetzt hörten sie es rauschen und brausen und pfeifen und sausen, und die langen Flügel der Mühle drehten sich im Wind. Hinter der Wand stöhnte und ächzte es noch lauter als vorher, und als Lita zum Müller hinübersah, nickte er bedächtig: «So kracht das Getriebe! Das Korn wird zu weissem Mehl vermahlen!»

Der Vater zeigte ihr, wie anders es jetzt draussen aussah: da waren keine Felder mehr, nur dunkle Wälder, und in weiter Ferne ein paar Dächer, klein wie rote Tupfen. «So ein Haus möchte ich haben», sagte der Vater. «Man könnte es immer zur Sonne drehen!»

Sollte es etwa deshalb das beste Haus von der Welt sein? Lita schüttelte den Kopf: «Das beste Haus von der Welt ist unser Zuhause!» – Sie verabschiedeten sich, und Lita war froh, als sie aus der engen Mühle, die so knirschte und rumpelte, wieder ins Freie springen konnte. Sie legte den Kopf hintenüber. Wahrhaftig! Da rauschten die vier Flügel wie riesige Rabenfittiche durch die Sommerluft! – Unterwegs wurde die Frage besprochen, ob das vielleicht der Müller Pumpfuss gewesen sei, der den Leuten Streiche spielte.

Sie wanderten weiter. Vom Waldrand führte ein schmaler Weg zum «Witten Hüseken». Tief im dunklen Wald steckte es unter herabhängenden Zweigen, eine alte Hütte, in der niemand mehr wohnte. Oder doch? Es war totenstill. Immer war es so: das Unheimliche lockte und stiess ab.

An der Landstrasse, einem sandigen Karrenweg, lag im Gebüsch unter Zitterpappeln ein Steinhaufen. Was er bedeutete, hatte Lita schon oft gehört. Er hiess «Judentotschlag», und jeder, der dort vorbeiging, musste einen Stein auf den Haufen werfen – zum Seelenfrieden für den armen Hausierer, der dort erschlagen wurde. Aber warum wurde er erschlagen? Vielleicht wollten Räuber ihm die Sachen wegnehmen, die er in seinem Bauchladen mit sich herumtrug und in den Gehöften zum Verkauf anbot – Garn und Zwirnsterne und Schnürsenkel und rosa Fingerhüte und Kinderringe mit funkelnden Steinen? Eigentlich wussten es wohl nur die Zitterpappeln. Obwohl die ja selbst ein schlechtes Gewissen hatten. In der Nacht, als Jesus gekreuzigt wurde, hatten sie nicht geschwiegen. Jetzt mussten sie in alle Ewigkeit plappern.

«Totschlag» – das Wort erinnerte so furchtbar an die Geschichte vom Förster und dem Wildschwein, die Litas Vater im Weiterwandern erzählen musste. An drei Abenden hintereinander hatte eine Stimme vor dem Forsthaus gerufen: «Schiess mich nicht, sonst treff' ich dich!» Und jedesmal, wenn der Förster nachschauen ging, hatte er es weiss aufblitzen sehen, wie von den Hauern eines mächtigen Keilers. Als dann das grosse Jagen war und das erlegte Schwarzwild auf den Wagen verladen wurde, hatte der Förster gelacht und gerufen: «Hast mich nicht erwischt, alter Keiler!» Doch da war der tote Keiler vom Wagen gerutscht und hatte dem Förster den Bauch aufgeschlitzt.

Mittlerweile hatte sich der Wald gelichtet, und Litas Vater wollte sich unter den fünf Linden ausruhen, deren Kronen sich schattig über einen flachen braunen Stein wölbten. Das war aber kein guter Platz zum Ausruhen, denn der Stein hiess der «Opferstein» – ob der Vater wirklich nicht wusste, weshalb er so hiess? Die alte Eichstädten hatte es Lita erzählt: der Stein war braun von vergossenem Blut. Er stammte aus der Zeit, als die Leute dortherum noch nicht an Jesus, sondern an den Wendengott Czernebogk glaubten. Doch so etwas durfte man nicht wissen – der Vater wollte nicht, dass die alte Eichstädten den Kindern Geschichten erzählte. Und das Wort «Opferstein» hatte Lita sowieso nicht verstanden.

Es war besser, weiterzugehen, an der Kiefernschonung entlang, wo die schwärzlichen Morcheln sich unter dürrem Gras im Sand versteckten und wo hoch über den Köpfen kleiner Mädchen der Adlerfarn aufragte. Das Grosstun nützte ihm nichts: ein Stiel musste dran glauben und wurde mit Vaters scharfem Taschenmesser abgeschnitten, damit Lita am Grunde des Stiels das Bild eines Adlers mit ausgebreiteten Flügeln erkennen konnte.

Allmählich wurde es schummerig. Wenn sie doch ein einzigesmal ein Irrlicht sehen dürfte! Aber die Lüchtemännchen erwachten erst, wenn es stockfinster war. Ausserdem waren sie gefährlich. Sie lockten einsame Wanderer in den Sumpf, in die Irre. Schon von weitem roch es jetzt nach Binsen und Schilf, nach Seerosen und gelben Mummeln, die man nie, nie, nie holen durfte, sonst versank man wie im Märchen der arme Heino. Hier unter den Erlen gab es ein Holzgerüst – vielleicht war es früher das Schloss der Schlangenkönigin gewesen, das Heino gesucht hatte. Oder wollte er das Kraut holen, auf dem es nicht taut? Was für ein Kraut mag das gewesen sein? Sicher nicht das Sumpfherzblatt mit seinen durchsichtigen Adern, auch nicht der helle Siebenstern. Vielleicht die Braunwurz mit ihren dunklen Blüten, die wie lebendige Augen starrten?

Kreischend flatterte ein Vogel vor ihnen auf. Sie waren dem Nest zu nahe gekommen. «War es eine Rohrdommel?» fragte Lita. Sie hatte einmal nachts gehört, dass eine Rohrdommel traurig muhte – wie eine Kuh, die ihr Kälbchen sucht.

Der Abendwind hatte sich aufgemacht und pfiff durch die Kusseln, deren Zweige nach Litas Kleid griffen. «Lass uns nach Hause gehn, Vater!» bat das kleine Mädchen. «Es ist dunkel genug für die Zauberlaterne!»

Vorbei, vorbei auf lichter Wand im Nu
der Zauberlampe bunte Schatten schweifen...

Wannsee – Kattenvenne – Königsberg – Wirballen

Lita war wach, aber sie schlug die Lider noch nicht auf. So rasch wollte sie sich nicht von ihrer Traumwelt trennen. Es war wieder der alte Traum vom Fliegen. Leicht und frei schwebte sie durch die Luft, ohne ihr Zutun, hoch über der Strasse. Dort der Mast mit den Porzellanglöckchen, nun an den Telegrafendrähten entlang, die wieder summten...

Summten? Flüsterten? Sie schlug die Augen auf. Vor dem Dachfenster bewegten sich die Kronen der alten Kiefern im Morgenwind und zischelten leise. Kiefern und Rosen, dachte sie. Wenn sie genug gespart hatte, würde sie einen Garten mit Kiefern und Rosen haben – so wie hier vor Tante Wandas Haus. Durch das schräge Fenster sickerte das seidige Grau des Morgenhimmels herein. Kiefern ... und Rosen... Später! Dann, wenn...

Heute war der Dreizehnte. Freitag, der dreizehnte April. Heute würde sie auswandern. Heute würde sie in die Mandschurei fahren. Als erste Frau nach dem Krieg allein über Sibirien. Vierundzwanzig Jahre alt. Mit dem Jahrhundert gehend. 1924.

Auf einmal stand ihr der gestrige Tag vor Augen. Am Wannsee. Im Kiefernwald. Das Wasser schien so dunkel von all den braunen Nadeln, die in vielen Sommern und Wintern hineingefallen waren, Schicht um Schicht einen Seegrund bildend, der gleich der Rückseite eines Spiegels die heimatliche Welt einfing und widerspiegelte. Ein einzelnes gelbes Birkenblatt – vom Vorjahr? – trieb nicht weiter, es lag ganz still, und ihr Freund Fridel drehte sich um und suchte die Birke. Mit ihrem weissen Stamm stand sie allein zwischen all den Kiefern.

«Schade, dass die Heide nicht blüht!» hatte er plötzlich gesagt.

«Die Heide ist immer schön!» hatte sie entgegnet. «Lass uns nachschauen, wie sie jetzt aussieht!»

Er hatte nur mit dem Kopf genickt, und die schwarzen Haare waren ihm ins Gesicht gefallen, über die ruhigen grauen Augen. Der Wald tat sich auf, und vor ihnen dehnte sich die Heide, graurosa, von der Farbe verblichenen Brokats, und durchwirkt vom Goldgefieder des vorjährigen, dürren Farnkrauts. Steil und streng wie Ausrufungszeichen ragten die dunklen Mahnmale der Wacholderbüsche. «Warum willst du weg, Lita?» hatte er gefragt, als er sah, wie gierig ihre Augen das Bild in sich hineintranken. «So weit! Und so lange!»

Sie hatte nicht mehr antworten können, denn über ihnen hing drohend eine stahlgraue Himmelsdecke, aus der vereinzelte weisse und gelbe Wolkenfetzen niederfegten. «Wir müssen zurück in den Wald!» sagte sie, und schon während sie rannten, klatschten dicke Tropfen auf sie und verschwanden im gelben Sand, der das Nass wie Löschpapier schluckte. Aufatmend erreichten sie eine mächtige alte Kiefer und setzten sich auf den trockenen braunen Nadelteppich. Er öffnete die Tasche mit seinem Klepper-Umhang, der weit genug war, sie beide einzuhüllen. Der Wolkenbruch ging in einen sanften Landregen über. «Lass uns etwas warten!» bat er.

Im herben Duft der Regenwelt begann er zu erzählen, natürlich wieder von seinem Geschichtsstudium und von den Violinstunden, die er vor seinem Vater geheimhalten musste, und wie schwer beides zu vereinen sei, wie langsam er mit der Arbeit für das Staatsexamen vorankomme, auf dem sein uneinsichtiger Vater beharrte. Dazu das Elend ringsumher, der Kummer um Deutschland... «Das macht mir das Herz ebenso schwer wie dir», warf sie ein, «aber denk doch dran, dass es ausser den Geldgierigen und den Machtgierigen auch noch Menschen gibt, echte Menschen, solche wie Romain Rolland! Denk an sein Wort ‹Armer Bruder, Deutschland!›, das uns immer getröstet hat!»

Um auf andere Gedanken zu kommen, sprachen sie von Kleist, der hier am Wannsee in den Tod gegangen war. «In Staub mit allen Feinden Brandenburgs!» lächelte Fridel bitter.

Ein Frösteln überlief sie. «Hoffentlich hast du keine Erkältung aufgeschnappt?» fragte er besorgt und schlug vor, umzukehren und vor dem Essen noch ein Weilchen in sein Zimmer zu gehen, wo sie sich am elektrischen Öfchen aufwärmen könne. Er hatte keine Studentenbude, sondern – als Sohn reicher Eltern – ein Zimmer in einer Villa. Das «Öfchen» war eine Sonne mit kupfernem Hohlspiegel, der langsam zu erglühen begann. Als sie schwieg, holte er die Geige hervor und spielte, bis die Hausbesitzerin anklopfte, den Kopf zur Tür hereinsteckte und Gute Reise wünschen wollte. «Eine so lange Fahrt! Sechzehn Tage!» staunte sie.

Am Abend im Restaurant ... Tische mit dunkelroten Lämpchen an den Fenstern ... Liebfrauenmilch ... Sie war noch nie in so einem Restaurant gewesen, hatte die hellen Fenster von «Haus Kossenhaschen» am Erfurter Bahnhofsplatz nur von aussen gesehen. Sogar jetzt gab es dergleichen, 1924, und dabei waren die Folgen der Inflation noch nicht überwunden. Beim Wein war sie wieder übermütig geworden und konnte ihre Reiselust kaum noch verhehlen. Er stiess mit ihr an: «Aufs Wiederkommen, Lita! Schmetterlinge sollten nicht 7000 Kilometer weit wegfliegen!»

Als er sie bis zum Haus in Dahlem begleitet hatte, küsste er ihr feierlich die Hand. «Morgen um zehn – am Bahnhof!» –

Morgen um zehn? – Das war ja heute! Entschlossen stiess sie die elegante Seidendecke zurück. Selbst in der Dachstube – immerhin Gastzimmer genannt – eine seidene Steppdecke! Das sah Tante Wanda wieder mal ähnlich, dachte Lita spöttisch. Im Nu war sie fertig, sprang die Treppe hinunter – Vorsicht war nicht nötig, die Stufen waren dick mit grausamtenem Spannteppich belegt, und kein Schritt würde den Morgenschlaf des angeheirateten Herrn Onkels stören. Leise schob sie die Glastür zwischen Wohn- und Esszimmer auseinander und setzte sich an den bereits gedeckten, runden Frühstückstisch, der von Silber und Kristall glitzerte. Ohne dass sie geklingelt hatte (übrigens befand sich eine Klingel unter der Mahagoni-Tischplatte), erschien das weissbeschürzte Mädchen und fragte, was das Gnädige Fräulein zum Frühstück wünsche. «Nur Tee und Brot!» antwortete Lita herablassend (und sofort mit schlechtem Gewissen, denn das arme Ding war nun einmal so dressiert worden in diesem überkandidelten Haushalt.)

Dann dufteten ihr die warmen Brötchen in die Nase: Berliner Schrippen – und echte Butter (zu Hause gab's nur Margarine) und Schweizer Erdbeer-Marmelade (wo er die wohl herbezogen hatte, der angeheiratete Onkel, im Jahre 1924?). Und schon erschien Tanta Wanda, zart und rosig, mit kunstvoll frisiertem Blondhaar und im seidenen, gesteppten Morgenrock.

«Hast du gut geschlafen, Lita – die letzte Nacht in der alten Heimat?» säuselte Tante Wanda und gab

Lita eine weiche weisse Hand. Unvermittelt (oder doch nicht so ganz unvermittelt, denn «freisteigende Apperzeptionen gibt es nicht!» hatte der Direx in der Psychologiestunde erklärt) sah sie jetzt die verarbeiteten Hände ihrer kleinen Mutter und spürte einen an Zorn grenzenden Ärger aufsteigen. Aber gleichzeitig fielen ihr die weisen Abschiedsworte ihrer Schwester Totti ein: «Bleibe im Lande und nähre dich redlich!» Deshalb konnte sie lachen. Reisefroh. Selbstsicher.

Um zehn Uhr auf dem Vorortbahnhof Dahlem. Auch dort zischelten die Kiefernkronen, aber es roch nicht nach Wald, sondern nach Qualm und Eisen, dem üblichen Bahnhofsgestank. Der Zug kam von Eichkamp her. Fridel hatte die Tür schon einen Spalt offen und half ihr, die Koffer ins Abteil zu heben. Vorortbahn. Umsteigen in die Strassenbahn. Als sie am Schlesischen Bahnhof ausstiegen, zeigte Lita aufs Pflaster bei der Haltestelle: «Das war meine erste Hürde! Vor drei Jahren!» Fridel sah sie so verständnislos trübselig an, dass sie erklären musste: «Schau hin, oben auf dem Bahnsteig! Da läuft gerade der Zug ein, der an meinem ersten Hürdensprung schuld war! Als ich 1921 meine erste Stelle als Hauslehrerin in Westpreussen antreten wollte – das weisst du doch –, da sprang ich mit den beiden Koffern in der Hand aus der Strassenbahn, weil ich den einfahrenden Zug mit dem Schild SCHNEIDEMÜHL erkannt hatte – *meinen* Zug, wie ich glaubte, aber es war bloss ein Bummelzug. Natürlich bin ich längelang aufs Pflaster gefallen, hab' mir am Kinn und auf der Wange die Haut abgeschabt – hab' ich dir das denn nie erzählt? Wahrscheinlich hab' ich mich zu sehr geschämt, hatte auch allen Grund, wie es sich dann bei meiner Ankunft auf dem Gut Kotzbüttel herausstellte.»

Ihm war kein Lächeln zu entlocken: er war und blieb in Abschiedsstimmung, schleppte die Koffer zum hochgelegenen Bahnsteig hinauf, brachte sie fürsorglich in ihrem Abteil im richtigen Zug Schneidemühl–Königsberg–Wirballen unter, in ihrem Schlafwagen, der bis Riga fuhr.

«Also ich schreib' dir wie immer, Fridel – einmal die Woche, genau wie aus Erfurt und Budapest – und sogar aus Kattenvenne, obwohl wir uns da fast jeden Monat gesehen haben, so nah bei Berlin! Und überhaupt sind drei Jahre eine Kleinigkeit!»

Er lächelte gequält: «Du Schmetterling!»

Sie verteidigte sich: «Du weisst genau, dass es nicht nur meine Reiselust ist, weshalb ich ...»

Der Zug fuhr an, und sie winkte und dachte bei sich: «Nun weiss ich wieder nicht, ob ich gebunden bin!» Während sie sich in die Ecke der blauen Polsterbank lehnte – im ersten Schlafwagen ihres Lebens –, rollten die Räder aus Berlin hinaus, rollten und stampften im Takt zu dem alten Spottvers, mit dem sie sich manchmal geneckt hatten: «Ein frommer Knecht war Fridolin, doch weniger fromm das Feminin», auch wenn sie weder «Frida» hiess noch sonst irgendwie Fridels «Feminin» war. «Fridolin, Fridolin», dachte sie grübelnd, liess sich vom Takt der Räder betäuben – und vergass «Fridel, Fridel, Fridolin ...»

Aber sie durfte nicht eindrusseln. Pflichtbewusst holte sie den «Kleinen Mohr» aus dem Koffer, ihr Chinesisch-Lehrbuch, um sich die krausen Zeichen und Wörter einzuprägen. Doch da flitzte ein kleiner Bahnhof vorbei – was? – schon Kattenvenne?

In Kattenvenne hatte sie die letzten sechs Monate vor der Ausreise verbracht, um dort zu unterrichten und etwas zu verdienen: Monatsgehalt in Inflationsmark – einem Zentner Roggenwert entsprechend. Sie hatte nicht länger bei den Eltern in Erfurt herumsitzen wollen und auf das kleine Inserat geantwortet. Mit einer Zusage. Obwohl sie wusste, dass sie nach sechs Monaten ihre Ausreise nach Mukden antreten musste. Ihrer Mutter hatte ihre Unentschlossenheit eingeleuchtet. Gleichzeitig war nämlich das andere Angebot eingetroffen, ein reizender Brief aus Untergrainau bei Garmisch-Partenkirchen von einer so netten Arzt-Familie – und seit Jahren war es ihr Wunsch gewesen, die Berge, die Alpen wiederzusehen. Aber sich für zwei Jahre fest verpflichten, wo doch nach sechs Monaten China winkte?

«Du hast die Wahl zwischen dem Spatz in der Hand und der Taube auf dem Dach», hatte ihre Mutter sie geneckt.

«Und sogar dem Adler am Himmel – ach, ich muss mich für den Spatz entscheiden! Und Ostern dann den Adler!» hatte sie geseufzt und auf die armselige Postkarte geblickt, auf der es hiess: «Der Kutscher erwartet Sie am Bahnhof, wenn Sie den Abendzug nehmen. Kattenvenne, Oktober 1923.» –

Während der Zug sie weiter und weiter von Kattenvenne, von Berlin, von Erfurt entfernte, begann sie an Kattenvenne zu denken, an die seltsame Ankunft ... Als sie auf den kümmerlich beleuchteten Bahnsteig hinunterkraxelte, war kein Mensch zu sehen, und sie hätte wie Christian Morgensterns Huhn spektakeln können: «Wo – wo ist der Stationsvorsteher?» Sie ging um das niedrige Bahnhofsgebäude herum, sah einen Einspänner stehen, und ein Mann trat auf sie zu, legte den Finger an die Mütze: «Sind Sie das Frollein für Kattenvenne? Fürs Schloss?»

Er hatte ihr den Koffer abgenommen, und dann waren sie ins Dunkel hineingefahren, auf einer Art Chaussee – kein Asphalt, eine einfache Landstrasse, rechts und links Obstbäume, deren weiss gekalkte

Stämme im flackernden Licht der Kutschlampen wie Phantome aufleuchteten und rasch verschwanden. Ein unbehagliches Gefühl hatte sie beschlichen. Sie ahnte nicht, wohin der schweigsame Mann sie fuhr. «Warum ist denn nirgends ein Lichtschimmer zu sehen?» rief sie zum Kutschbock hinauf.

«Alles Sümpfe, Frollein! Die heissen hierzulande ‹Venn›, darum heissen Dorf und Schloss eben Kattenvenne.»

«Ist es noch weit?» Der Mann auf dem Kutschbock murmelte etwas Unverständliches und trieb den Braunen an, dem aber der Schmitz mit der Peitsche gleichgültig war: er zockelte weiter.

Endlich schienen sie in eine Zufahrt einzubiegen. Kieselsteinchen knirschten unter den Rädern. Der Braune trabte flott. In völliger Finsternis hielt er mit einem Ruck und blieb vor der Schlosstreppe stehen. Aber wo war das Schloss? Erstaunt blickte Lita hoch. Umrisse wie von Türmen schienen in den Nachthimmel zu ragen. Der Kutscher sprang vom Bock, nahm den Koffer, stieg ein paar Stufen hinauf, die das Wagenlicht aufzuckend beleuchtete. Mit dem Peitschenstiel klopfte er an das schwere Portal, das sich irgendwo oben in der Finsternis verlor. «Warum macht man nicht hell?» drängte Lita.

«Die elektrische Leitung führt nicht am Schloss vorbei. Der Herr konnte sich nicht entschliessen. Dann kam der Krieg. Und jetzt ist er tot. Gefallen.»

Zögernd öffnete sich der eine Türflügel. Ein ältliches Fräulein, in der Hand eine Petroleumlampe, fragte: «Sind Sie's, Lehmann? Haben Sie das Fräulein mitgebracht?»

Der Kutscher hielt die Frage für so überflüssig, dass er statt einer Antwort nur: «'n Nacht auch!» knurrte.

«Willkommen in Kattenvenne!» zwitscherte das

ängstliche Wesen. «Ich bin die Hausdame. Die Baronin erwartet Sie!»

Lita wurde in ein saalartiges Zimmer geführt. Frisch aufgelegte Birkenscheite loderten auf dem Kaminrost und beschienen die Schlossherrin, die reglos in einem hohen Lehnstuhl sass. Ein zierliches Kind lief auf Lita zu, nahm ihre Hand und zog sie zum Kamin: «Mama, hier ist sie!»

Die Baronin schaute ernst zu Lita auf. «Sind Sie gut gereist, Fräulein Schüler? Das ist also Cécile! Sie freut sich sehr auf Sie. Fürchten Sie sich nur nicht vor unserm dunklen Kattenvenne! Es liegt recht geschützt in seinem Sumpfland.»

«Geschützt?» staunte Lita.

«Ja, geschützt. In dieser Zeit der Not streifen üble Horden umher. Und hoffentlich finden Sie es nicht zu einsam!»

«O nein. Ich habe Bücher mitgebracht.»

«Wir leben ganz zurückgezogen seit dem Tode meines Mannes.» Sie schwieg und sah in die Flammen. Die Hausdame räusperte sich. Die Baronin schrak zusammen: «Ach ja, noch etwas. Leider muss ich heute abend auf unser Nachbargut fahren — eine Kindervorstellung, die ich Cécile nicht vorenthalten möchte.»

Jetzt verstand Lita, warum das Kind so festlich angezogen war. Die Baronin dagegen war in tiefes Schwarz gekleidet. Sie wandte Lita ihr schmales, trauriges Gesicht zu. Das aschblonde Haar war von Silberfäden durchzogen.

«Fräulein Vissering wird Ihnen Ihr Zimmer zeigen.» Die Hausdame verneigte sich. «Und der geschlossene Wagen soll vorfahren!»

Cécile wollte mit Lita davonspringen, aber ein Blick ihrer Mutter hielt sie zurück. In der Halle nahm die Hausdame einen Leuchter vom «Lampentisch», zündete die Kerze an und führte Lita eine prachtvoll geschwungene Treppe mit breiten Stufen hinauf. «In den Gastzimmern gestattet die Baronin nur Kerzenlicht», sagte sie. «Das Petroleum ist knapp und teuer!»

Der endlose Gang, den sie entlangschritten, machte eine kleine Biegung. Der rote Velourläufer lag nicht mehr auf Parkett, sondern auf weiss gescheuerten Holzdielen. «Wir sind jetzt im alten Bau. Diesen Flügel hat ein Kreuzfahrer der Familie errichten lassen. Haben Sie sein Bild über dem Kamin bemerkt? Mit dem Mohrenknaben? Den hat er aus dem Morgenland mitgebracht.»

Nahm der Gang denn nie ein Ende? Lita fühlte sich bedrückt. «Sind diese Zimmer alle bewohnt?»

«Jetzt nicht – seit der Herr tot ist. Es sind Gästezimmer.» An den Türen standen Aufschriften wie «Studentenstube», »Philosophenzimmer», «Poetenstube», «Prinz-Frédéric-Zimmer» – sogar ein Napoleonszimmer gab es.

«Sie wohnen hier im Jagdzimmer. Das letzte am Gang. Weil es ein Eckzimmer ist, hat es einen schönen Ausblick nach zwei Seiten.»

Lita trat ein. An den Wänden erkannte sie Geweihe von Damwild und Rotwild, dazwischen wertvolle Stiche, Jagdszenen darstellend. Über der Tür hing der Kopf eines mächtigen Keilers.

«Gefällt es Ihnen? Stören Sie sich nicht an dem Wildschweinkopf da oben. Sie werden selbst noch Schwarzwild antreffen im Wald hinter den Sümpfen, wenn Sie mit Cécile ausfahren.» Fräulein Vissering stellte den Leuchter auf die helle Tischdecke, wo ein verlockender Imbiss bereitstand. «Erfrischen Sie sich, und gehen Sie dann wieder hinunter! Jetzt im Herbst ist es im Ess-Saal vor dem Kamin am gemütlichsten. Ich warte unten auf Sie.»

Lita wusch sich am altmodischen Waschtisch in einem hellgrünen Fayence-Geschirr, ass etwas, nahm ein Buch und machte sich auf den Rückweg. Sie fragte sich, wie es in diesem Dornröschenschloss bei Tage aussehen mochte. Morgen musste sie der Baronin erklären, dass sie nur sechs Monate bleiben könne, weil ihr vom Reichsauswanderungsamt unverhofft das Angebot für eine Stelle in der Mandschurei vermittelt worden war.

Als Lita jetzt an die Zeit in Kattenvenne zurückdachte, konnte sie nur noch lachen über die ausgestandenen Ängste. Denn der erste Abend erwies sich als ein abscheuliches Abenteuer – ihrer überreizten Nerven.

Von den Wänden des langen Ganges blickten missbilligende Gesichter aus dunkler Leinwand auf sie nieder. Ahnen gab es hier im Überfluss, fand sie. Der sogenannte Neubau war weniger bedrückend. Die Stufen der Freitreppe knarrten. Eine in Lebensgrösse gemalte Ahnfrau mit gesteiftem Mühlsteinkragen schien spöttisch zu lächeln.

Die Hausdame öffnete die Tür zum Ess-Saal. «Haben Sie hergefunden? Die Baronin ist inzwischen weggefahren. Cécile lässt Sie grüssen: ein liebes Kind, aber so einsam unter uns Grossen. Ich ziehe mich jetzt auch zurück. Öffnen Sie bitte niemandem – es ist zu ängstlich bei all dem Gesindel, das herumschleicht. Die Mädchen sind wahrscheinlich alle im Dorf, wenn auch zum Teil unerlaubterweise. – Können Sie nachher die Lampe löschen? Sehen Sie, so! Es ist ganz einfach. Gute Nacht also!»

Lita schaute ihr etwas verdutzt nach. Immerhin, es war warm am Kamin. Der weinrote Glasschirm der Lampe gab ein freundliches Licht, das jedoch nur auf die nächste Umgebung fiel. Die Scheite im Kamin sanken zusammen. Das Zimmer war so riesig. Überall an den Wänden sah sie Gemälde von Generälen und Ministern.

Im anstossenden Zimmer knisterte es. Lita zuckte zusammen. Sie hob vorsichtig die Lampe auf und trug sie zur offenstehenden Tür des Zimmers nebenan. Es war ein kleines Schreibkabinett, geschmückt mit Miniaturen von Rokoko-Schönheiten. Der zierliche Schreibtisch war überhäuft mit Papieren. Beim Schimmer des Lichts hatte das Geräusch aufgehört. Dann war es bestimmt nur eine Maus gewesen!

Lita sah sich in den hohen, nicht verhangenen Fenstern widergespiegelt. Merkwürdig, dass die Vorhänge nicht zugezogen waren! Dabei lag der Saal doch fast ebenerdig. Jeder konnte sie also sehen... Sie setzte sich auf eine Polsterbank und begann zu lesen, ohne den Sinn zu erfassen. Der Wind hatte aufgefrischt und rüttelte an den alten Fensterrahmen. Die Parkbäume standen anscheinend dicht am Haus, denn ab und zu streifte es schurrend über die Aussenwand. Das waren wohl die Zweige, die der Wind hob. Alles liess sich auf natürliche Weise erklären. Lita versuchte wieder zu lesen.

Aber warum rasselte es so im Kamin – wie trocknes Holz? Vielleicht ein Gerippe, lachte Lita sich selber aus. Sie erstarrte aber, als es irgendwo leise stöhnte. Sie bekam eine Gänsehaut und klappte das Buch zu. Jetzt schwoll das Stöhnen zu einem lauten Wehklagen an. Das war ja grässlich! Gespenster gab es doch nicht! Nicht heutzutage! Stille... Das Mäuschen nebenan knabberte vertraut. Oh, schon wieder der entsetzliche, langgezogene Klagelaut. Sie sah zum Kamin auf. Über der Feuerstelle hing der ehrenwerte Herr Kreuzfahrer. Warum hatte er den armen

Mohrenknaben mitgebracht? Ihre Phantasie machte tolle Sprünge...

Da pochte es an einem der schwarz spiegelnden Fenster. So pochte der Wind nicht! So pochte nur eine Hand! Geängstigt schlug sie ihr Buch wieder auf und tat, als sei sie in ihre Lektüre vertieft. Niemand sollte ihr die Furcht anmerken. Aber klagend jammerte und heulte es – im Kamin? Neben dem Kamin? Darüber? Scheu spähte sie über den Buchrand. Was war denn das? Eine Mohrenfratze hinter der Fensterscheibe? Sie löschte die Lampe und stand auf. Zitternd fand sie die Tür.

Auf dem Lampentisch in der Halle brannte zum Glück ein Nachtlicht, ein Docht, der in einem Glas schwamm. Hastig zündete sie ihre Kerze an, nahm den Leuchter und eilte gehetzt zur Treppe hinüber, schreckte aber sofort zurück. Was stand denn dort in der Ecke für ein Kerl? Ach, es war die alte Ritterrüstung, die sie vorhin mit einem halben Blick bedacht hatte. Welcher Sadist hatte diesem Skelett aus Stahl einen herabhängenden Schnauzbart zwischen sein Visier geklemmt? Lita war empört. Es wurde ihr eng im Hals.

So schnell es mit der blakenden Kerze ging, hastete sie die Treppe hinauf, den endlosen Flur entlang, nun in den alten Bau, und da war ihr Zimmer, Gottlob! Die Türe zu! Den Riegel vor! Den Schlüssel zweimal herumgedreht! Erschöpft fiel sie auf einen Stuhl. Hier war es besser! Zugezogene bunte Gardinen, ein weisser Kachelofen mit lustigen Jagdbildern. Kalt freilich. Sie kam wieder zu sich. Es ging doch nichts über eine verschliessbare Tür! Fast konnte sie sich schon auslachen.

Dann öffnete sie den Koffer und packte aus. Ihre eigenen Sachen würden den letzten Spuk verjagen. Es dauerte lange, bis sie alles nach ihrem Geschmack geordnet hatte. Sie las noch ein Weilchen – bei Kerzenlicht. Sehr schädlich für die Augen, hatte ihre Mutter immer gesagt. Sie zog sich aus, stieg ins Bett und streckte sich, sprang aber sofort wieder erschrocken heraus. Was war da in ihrem Bett gewesen? Kalt und kratzig? Vorsichtig schlug sie die Decke zurück und lachte: eine Puppe war es mit zersprungenem Zelluloidkopf! Darunter ein Zettel. Lita las die krakelige Kinderschrift.

«Dis is mein Liblingskint, heisst Amahlia. Damit Sie heut nacht nich so ahlein schlafen. Sonst schläft sie bei mir.»

Mit gemischten Gefühlen betrachtete Lita das angeschmuddelte Lieblingskind. Aber sie freute sich auf Cécile.

Sie wollte das Licht löschen. Ihr Blick fiel auf den ausgestopften Wildschweinkopf mit seinen widerlich weissen Hauern. Sie schnitt ihm eine Grimasse, blies das Licht aus und kroch unter die Decke – wenn auch nicht zur Puppe Amalia. Allmählich beruhigte sich ihr Herz.

Gerade fühlte sie ihre Atemzüge langsamer werden, da flog etwas Schweres auf ihr Federbett und sank tief ein. In abgründigem Entsetzen verkrampfte sie die Hände. Nein, das war zuviel! Hier konnte sie nicht bleiben! Morgen – falls sie da noch lebte – würde sie abreisen. Jetzt veränderte das Ding seine Lage! Es war also tatsächlich etwas Lebendiges!

Sie schlug sich das Laken übers Gesicht. Was sollte sie nur tun? Es gab ja nicht einmal einen rettenden Lichtschalter! Ihr Herz hämmerte. Plötzlich glaubte sie zu hören, wie jemand auf ihre Türklinke drückte. Einmal. Zweimal. Vorsichtig steckte sie die Nase unter der Decke hervor und flüsterte heiser: «Was ist?» Niemand antwortete, doch «es» drückte wieder auf die Klinke. Weiter weg hörte sie leise Schritte –

als ob jemand eine Treppe hinaufschliche – stehenblieb – und weitertastete. Sie lauschte angespannt. Warum hielten die Schritte immer inne?

Jetzt wieder das Niederdrücken der Klinke! Dann hauchte eine Stimme durchs Schlüsselloch! Aber was denn – das war ja die kleine Cécile! Sie tuschelte: «Fräulein Schüler? Nicht aufmachen!»

«Warum nicht?» krächzte Lita ängstlich.

«Bitte, bitte, nur den Schlüssel rumdrehn!»

Ihre kleine Taschenlampe fiel ihr ein. Dass sie die auch vergessen hatte vor lauter Angst! Vorsichtig schob sie die Hand zum Nachtkästchen. Licht! In alle Ecken des Zimmers liess sie den Lichtstrahl fallen. Niemand war zu sehen. Sie ging zur Tür. Wieder flüsterte es beschwörend: «Nicht aufmachen! Nur den Riegel weg und den Schlüssel umdrehn!»

Lita gehorchte. Die Tür prallte auf, und mit derbem Plumps landete der schwarze Dobermann Poll auf ihren Pantöffelchen.

«Haben Sie's gesehen?» triumphierte Cécile. «Ganz richtig gesehen? Er kann jetzt alle Türen selber aufmachen!» Poll blickte schwanzwedelnd zu seiner Lehrmeisterin auf.

«Hat er – hat der Hund also immer auf meine Klinke gedrückt?» fragte Lita noch etwas beklommen.

Cécile nickte – ein bisschen unsicher.

«Aber was war das für ein greuliches Schleichen?»

«Ich hab' mich raufgeschlichen – auf der Turmtreppe, damit Mama es nicht merkt. Ich wollte bloss meine Amalia holen. Mir war so einsam. Mama denkt, dass mich die Auguste auszieht, aber die ist im Dorf, bei ihrem Freund.»

«Sind das böse Menschen – die im Dorf?» fragte Lita und setzte sich auf die Stuhlkante.

«Zu mir sind sie alle nett. Warum? Haben Sie vielleicht das Mohrengesicht gesehen? Huh, der Schlimme! Das war der Schweinehirt. Der will alle ‹Neuen› erschrecken! Er macht sich Russ ins Gesicht. Darf ich mal an Ihrer Taschenlampe knipsen? Unser Verwalter hat auch eine, aber er gibt sie mir nicht. Er heisst General von Donnersmarck, und er ist sehr streng!»

Lita liess sich nicht ablenken. Sie zündete die Kerze an und forschte weiter: «Wer steckt im Kamin?»

Cécile lachte und knipste aus und an: «Im Kamin? Da kann doch keiner drin stecken! Das wär' ihm viel zu heiss. Ach, Sie meinen wohl den Speiseaufzug? Ja, der klappert manchmal, wenn es sehr windig ist.»

«Aber das –». Lita stockte. Sie wollte sich nicht lächerlich machen. «Das Stöhnen, das war bestimmt im Kamin!»

«Das ist die Aeolsharfe auf dem Dach! Kennen Sie denn keine Aeolsharfe? Sie singt so schön traurig im Wind! Es ist furchtbar windig geworden. Aber sehen sie bloss mal den Poll! Was sucht und schnüffelt er denn? So aufgeregt ist er bloss, wenn ... Poll! Poll!»

Poll hatte die Vorderpfoten aufs Bett gestemmt und verscheuchte die dicke Katze, die sich am Fussende eingekuschelt hatte. «Immer will sie aufs Bett, die Faule! Sie möcht' gern bei mir schlafen, aber das erlaubt Poll nicht!» erklärte Cécile.

Dieser Fülle von harmlosen Aufklärungen waren Litas Nerven – die in Erfurt ein schwieriges halbes Jahr miterlebt hatte – nicht mehr gewachsen. Sie brach zuerst in Lachen aus, dann warf sie sich aufs Bett und weinte. Cécile bat bedrückt: «Aber weinen Sie doch nicht, Fräulein Schüler! Was fehlt Ihnen denn?»

«Lass nur ... Morgen fahre ich wieder weg!»

Das kleine Mädchen starrte sie fassungslos an. «Weg? Wo ich Sie doch schon so liebe? Und meine Amalia hab' ich Ihnen geborgt! Soll ich Ihnen meine kleinen Frösche schenken?» schmeichelte sie. «Sie liegen im obersten Schubfach von meiner Kommode, viele, viele Froscheier, und ganz bald müssen sie auskommen!»

«In der Kommode?» wunderte sich Lita.

«Ja, da haben sie's schön warm. Ich hab' einen Zettel ins Schubfach gelegt: ‹Dieses Schubfach nicht aufmachen!› Bald müssen sie fertig sein. Sie stinken ein bisschen, aber kleine Frösche sind so süss!»

Lita hatte Gewissensbisse. Cécile schien vernachlässigt zu sein. «Bist du immer ganz allein?» fragte sie. «Ohne Geschwister?»

«Nicht zu Weihnachten. Da kommt meine grosse Schwester aus dem Fräulein-Stift. Und meine beiden Brüder von der Ritter-Kademie. Frech sind die! Und lustig! Sie werden's schon merken, an Weihnachten! Sie bleiben bei uns, nicht wahr?»

Lita nickte. Es war wohl nur eine *kleine* Hürde. Am nächsten Morgen gestand sie der Baronin, dass sie bloss sechs Monate bleiben könne. Sie stiess auf grosses Verständnis. Obwohl die Baronin den raschen Wechsel bedauerte, erlaubte sie Lita sogar, die grosse Bibliothek im Altbau zu benutzen und sich das Archiv im Souterrain anzusehen, das so wertvolle Briefe von deutschen Dichtern barg.

Kattenvenne! dachte Lita. Längst lag es hinter ihr; der dunkelblaue Wagons-Lits-Zug hatte es hinter sich gelassen, als wäre es nie ein amüsanter und wohltuender Zeitabschnitt in Litas Leben gewesen. Die Bibliothek mit den alten Büchern fiel ihr ein, der grosse Park, die Gewächshäuser, in denen sich gelbe Marèchal-Niel-Rosen mit knorrigen Stämmchen bis zur Glasdecke rankten: unbekümmert um Krieg und Revolution und Abdankung des Kaisers dufteten sie in ihrer adeligen Vornehmheit weiter – in ein neues Zeitalter hinein.

Was für ein Unterschied zwischen diesen letzten sechs Monaten in Kattenvenne und dem Jahr 1921 in Kotzbüttel, wo sie ihre erste Lehrerinnenstelle gehabt hatte. Ein grosses Pachtgut nördlich von Schneidemühl. Übrigens mussten sie doch bald in Schneidemühl sein, wo sie damals umgestiegen war, um mit der Bummelbahn das Bahnhöfchen in Westpreussen zu erreichen? An die Zeit in Kotzbüttel mochte sie nicht denken – nie mehr! Und doch fiel ihr unweigerlich der üble Empfang in Kotzbüttel ein: wie der Kutscher sie auf dem Kleinbahnhof abholte, wie sie im offenen Wagen durch den Regen fuhren, wie ihre Wunden (vom ersten «Hürdensprung») brannten, als der feine Nieselregen auf das rohe Fleisch sprühte, und wie die Gutsherrin, die Pächtersfrau (oder war sie das etwa nicht, auch wenn es 6000 Morgen waren, die in Pacht bearbeitet wurden?), Lita misstrauisch begrüsste und argwöhnisch ihr Gesicht musterte: «Was haben Sie denn da für Stellen im Gesicht? Sind die immer da?» – als wäre es eine Geschlechtskrankheit und sie eine Prostituierte (obwohl sie, die damals einundzwanzigjährige Innocentia, nicht wusste, wie die eigentlich aussahen)! Das einzige Positive an Kotzbüttel war das Nachbargut gewesen, auf dem sie eine kluge Kollegin gefunden und einen Verwandten des Hauses kennengelernt hatte, nämlich Fridel, damals blutjunger Student mit Geige, heute drei Jahre älter, immer noch Student mit Geige – und noch schwermütiger. Was nützt alles Geigen, wenn's dich nicht in Schwung bringt, Fridel? Aber er war ihr Brief-Freund geworden, den sie nicht missen mochte.

Unerfreulich hatte es in Kotzbüttel begonnen, und unerfreulich hatte es nach einem Jahr geendet, als sie erklärte, sie könne den zweijährigen Vertrag nicht einhalten, weil sie in Budapest eine Stelle als Deutschlehrerin angenommen habe. «In Budapest? Da werden Sie gleich unter die Räder kommen!» hiess es verächtlich. Lita konnte sich eine kleine Pieke nicht versagen: »Ich habe dort Verwandte, meinen Onkel und meine Tante, Exzellenz von Fiebich-Ripke!» lächelte sie der dicken Gutsherrin ins rote Gesicht.

Der Zug verlangsamte die Fahrt und kam im Bahnhof Schneidemühl zum Stehen. Ein Schild besagte jedenfalls, dass es der Bahnhof von Schneidemühl war, dieses einst so wichtigen Knotenpunkts, als während der Kriegsjahre die mit singenden Soldaten besetzten Züge nach Osten rollten und die Verwundeten-Züge zurückkehrten, Züge voll russischer Kriegsgefangener, Welle um Welle von Flüchtlingen! Jetzt lag der Bahnhof wie ausgestorben da, zeigte noch immer Spuren des Krieges, von denen sich der Bahnhof in Erfurt doch längst befreit hatte.

In Erfurt hatte Lita während der letzten Kriegsjahre bei ihren Eltern gewohnt, hatte dort das Oberlyzeum besucht – sehr zum Ärger ihres Vaters, der seiner Ältesten einen weniger brotlosen Beruf als den einer Lehrerin zugedacht hatte. Zwar war er selbst Lehrer, sah aber die zukünftige Entwicklung des gesamten Lebens voller Missbehagen voraus und wollte Lita auf die Handelsschule schicken. Doch Lita kannte ihre schwache Seite – Mathematik! Rechnen und Zahlen waren ihr verhasst. Im Abitur war sie nur dank ihrer Leistungen in Literatur, Sprachen und Religion vom Mündlichen befreit worden – Mathematik hatte sie mogelnd geschafft! Dann die Seminarjahre, und trotz des Kriegs noch mehr Schwelgerei in Kunst und Dichtung, Weimar und Goethe, Jena und Schiller, dazu die botanischen Exkursionen mit ihrem Vater: Damals stand es für Lita fest, dass sie nicht lange Lehrerin bleiben würde. Wenn sie genug Geld beisammen hatte, wollte sie Botanik studieren, am liebsten in München, in der Nähe der Alpen, vielleicht gleich nach den drei Jahren in der Mandschurei...

Vor lauter Zukunftsträumen musste sie eingenickt sein! Sie hatte Westpreussen verschlafen, hatte die Weichsel verschlafen. Der Zug eilte durch Ostpreussen, Richtung Königsberg. Anstatt an Kant und den Kategorischen Imperativ zu denken, anstatt an Tilsit und den Schandfrieden von 1807 zu denken oder, im Zusammenhang damit, an 1919 und den Schandvertrag von Versailles, spielte Lita, die Patriotin, verträumt mit ihrer Bernsteinkette und dachte an goldenen Bernstein. Wurde der nicht hier oben gefunden, im Samland, dem alten Preussengau? Tränen aus Kiefernharz, die in ihrem durchsichtigen Gold fürwitzige kleine Fliegen einschlossen. Im Eozän – vor soviel Millionen Jahren – hatte sich ein winziges Fliegenbaby nicht vor dem tropfenden Harz retten können! Aus Kiefernstämmen tropfte es, die in der Abendsonne kupferrot aufglommen, aus Kiefern, ihren Lieblingsbäumen. Weil sie in der Schule immer die Bernsteinkette trug, hatte man ihr das Buch von der *Bernsteinhexe* geschenkt, hatte ihr Angst machen wollen. Aber sie liebte das warme, lebendige Gold, musste es spüren in ihrer Hand, hatte den kleinen Nachbarskindern im Schummern auf der Gartentreppe «Zauberkunststücke» mit zerzupftem Seidenpapier und den goldenen Kugeln vorgeführt ... im Schummern, wenn die kleinen Rotznasen sich ohnehin gruselten, hatte sie ihnen Gruselmnärchen erzählt, so dass sie nachts nicht einschlafen konnten und die Mütter sich beschwerten...

Auch Königsberg lag im Dunkel. Wie lange der Zug hier schon hielt! Sie fasste nach der Kette, die warm um ihren Hals lag. Plötzlich wurde die Tür aufgerissen, und ein Gepäckträger liess eine keuchende Dame ins Abteil, wuchtete auf ihren Befehl (in welcher Sprache? Russisch? Litauisch? Lettisch?) den einen Koffer ins Fach über der Tür, eine duftende Hand gab ihm eine Münze, er sprang aus dem abfahrenden Zug. Eine Sechzigerin, neureich gekleidet im «Schwarzen», mit Spitzen und Samt und Perlen, einem Veilchenstrauss auf dem geöffneten Persianer und am Hütchen einen Halbschleier mit Chenilletupfen! Flüchtig und kalt glitt ihr Blick über Lita hin.

Ob sie mit Sechzig auch so aussehen würde? Was für ein Witz! Sie zupfte am Ärmel ihres selbstgestrickten gelben Jumpers, der sich über dem grau und gelb gestreiften Faltenrock bauschte, von ihrer Mutter genäht: sie hatte im Krieg Schneider- und Schusterkurse besucht und zum stillen Vergnügen ihrer drei Töchter so manchen «Murks» fabriziert. Aber Litas alten Wintermantel hatte sie in eine flotte Sportjacke verwandelt. Mit dem breiten Biberkragen von Tante Liese und drei höchst überflüssigen Pelzknöpfen (Mutters Geschmack!) baumelte die Jacke durchaus nicht unansehnlich am Haken hinter Lita. Wozu also der kalte Blick der fremden Dame? Der gelbe Jumper übrigens war für den Geschmack ihrer Mutter zu tief ausgeschnitten, und unter Kopfschütteln («Du bist doch nicht die fromme Helene!») hatte sie ihr tatsächlich in letzter Minute einen keuschen Einsatz hineingearbeitet.

Lita fragte die Dame in verschiedenen Sprachen,

ob man schon zum Essen in den Speisesaal gehen könne (mittags hatte sie sich von heimatlichen Goldparmänen ernährt). Sie bekam keine Antwort. Einerlei. Die Dame war bloss ihre Nachtgenossin im Unterbett, und nachts brauchte man nicht zu sprechen, falls man nicht im Schlaf sprach (was Lita leider tat).

Als sie aus dem Speisewagen zurückkehrte, hatte der Schaffner bereits die Betten aufgeschlagen und eine Leiter an Litas Oberbett gelehnt. Die Tritte waren mit blauem Plüsch bezogen, aber das Ding schien trotzdem aus Spinnweb zu bestehen. Lita kletterte unsicher hinauf – bei ihrer Länge, eins zweiundachtzig, gar nicht so einfach, und vor der Turnstunde hatte sie sich stets nach Möglichkeit gedrückt. Sie zog sich so weit aus, wie man es ihr empfohlen hatte, nur den Rock und den Jumper – und dann in die Pyjamajacke geschlüpft, was auch einige Verrenkungen kostete. Aus Misstrauen vor der Unbekannten war aus dem Waschen und Zähneputzen die reinste Katzenwäsche geworden – aber lieber rasch ins Bett, ehe die Unterbettgenossin erschien! Die Tür wurde nach kurzem Anklopfen geöffnet, und ein Kellner stellte eine Flasche Mineralwasser und ein Glas auf das Fenstertischchen. Wie nett von der Schlafwagengesellschaft! Nicht umsonst stand WAGONS-LITS in goldenen Lettern auf den vornehmen blauen Wagen. Ob sie es riskierte, nochmal hinunterzuklettern? Ein Glas war ja rasch eingegossen und geleert! Mit nachfolgendem Schluckauf natürlich – Mineralwasser! Zufrieden turnte sie wieder hinauf und deckte sich mit dem fremden, bretthartem Bettzeug zu: wie sie das hasste, fremde Stoffe so nah auf der Haut zu haben!

Dann überlegte sie, ob sie den braunen Zopf abstecken solle, den ihr Tante Liese (die rührende

Patentante) aufgedrängt hatte, weil sie sonst keine «Frisur» habe. Drahtig und hart sass er mit vielen stählernen Haarnadeln über ihrem seidig dünnen Haar und reichte rechts und links in Form von «Schnecken» (der damals beliebten «Puppchen-Frisur») über die Ohren. «So etwas Unechtes will ich nicht!» hatte sie sich gesträubt. Aber Tante Liese, Litas «zweite Mutter», bei der sie während des zweiten Kriegsjahres gewohnt hatte, war unerbittlich gewesen. «Wie kann ich dich denn sonst hübsch kleiden – bei derartigen Finzelhaaren!» Sie hatte Lita sogar eine echte Schildpatt-Agraffe geschenkt, «um den Ansatz zu verstecken». Streng und energisch und gut war sie: im zweiten Kriegsjahr, als sie zu Besuch bei Litas Mutter war, hatte Lita ein Gespräch mit angehört: «Also eine von deinen Dreien kann ich dir abnehmen. Welche ist die Ordentlichste?» – «Das ist Lita», hatte die Mutter zögernd geantwortet, denn sie hätte ihr wohl lieber ihre verfressene Zweite, das dicke Pummelchen, mitgegeben. Hinter der halb offenen Tür hört – und begreift – man allerlei, und so war Lita mitten im Krieg aus dem versponnenen Städtchen Herborn im stillen Westerwald in die Grossstadt Essen an der Ruhr verpflanzt worden. Damit den andern Schwestern genug zu essen übrigblieb. Leider musste Lita nach einem Jahr in den Schoss der Familie zurückkehren, denn Tante Liese konnte «das Kind» trotz zweimal täglich Mehlsuppe mit Klümpchen nicht mehr sattkriegen.

Nein, den Zopf wollte sie nicht abstecken, wohl aber die schöne Schildpatt-Agraffe – sie könnte zerbrechen. Behutsam legte sie sie in das Netz – wie praktisch – gleich neben ihrem Kopf, wo schon das Chinesisch-Lehrbuch und die Handtasche wie in einer Puppen-Hängematte lagen.

Die Tür ging auf. Duft verriet die eintretende

Unterbettgenossin. Ein schielender Blick nach unten (vom Oberbett), ein empörter Blick nach oben (von der Dame, die jetzt die Flasche gegen das Licht hielt und feststellte, dass etwas vom Inhalt fehlte: von dem im Speisewagen bestellten und bezahlten Mineralwasser). Da half nur eins: sich unter dem Laken zu verkriechen. Lita schlief «ungewiegt» – oder vielmehr: vom ungewohnten Rhythmus der rollenden Räder in Schlaf gewiegt.

Wirballen – Riga – Moskau

Am nächsten Morgen hinaus zur Grenz-Revision. Leute aller Rassen schwatzen durcheinander, rufen aufgeregt nach einem Träger, schleppen Gepäck unnütz hin und her, schauen ängstlich nach ihrem Pass aus, besorgt, ihn nicht *rechtzeitig* zurückzuerhalten. Sie sind noch nicht auf die Ruhe und Gemächlichkeit eingestellt, an die man sich für die lange Reise gewöhnen muss. Gleich hinter Wirballen, zehn Kilometer hinter der Grenze zwischen Ostpreussen und Litauen, wird man darauf vorbereitet, wie es Lita mit offenen Sinnen zur Kenntnis nimmt. Durch weite Ebenen fährt der Zug, langsam rollen die breiten Wagen mit den kreischenden, stossenden Achsen. Die Lokomotive brüllt von Zeit zu Zeit auf wie ein wildes Tier, das durch den Urwald schnaubt. Doch was nützen Signale, denkt Lita, wenn Kinder aus einem Weiler das Bahngeleise für einen Fussballplatz halten? Ein hartes Bremsen – und schon liegt ein kleiner Junge wie tot auf der Böschung. Als endlich einer aus dem Haufen der gaffenden Bauern ihm die stark blutende Kopfwunde verbindet, beginnt der Junge so entsetzlich zu heulen und zu strampeln, dass man den Unfall nicht mehr für gefährlich ansieht.

Und weiter geht's durch die gleichförmige Landschaft: endlose Ebene, Schnee, Wasser, Überschwemmung, Tannen, Birken, Erlen, Tannen. So zerfetzt der blaue Himmel von Wolken ist, so zerstückelt ist das Land von Wassertümpeln und überfluteten Bächen. Gleicht es Litas Heimat, der Mark? Nein – dort ist alles ordentlicher, bewohnter. Ab und zu ein paar Gehöfte unter zerzaustem Strohdach, weit auseinanderliegende Weiler, eine kleine Holzkirche, ein Friedhof mit Birkenkreuzen. Das Traumhaft-Unwirkliche des dämmerigen Landes nimmt sie gefangen, spinnt sie ein. Gestern Berlin und das Grossstadtleben – wie schnell alles versinkt!

Aber spät abends fährt der Zug – es gibt also doch noch Städte – unter lautem Brüllen über die mit Eisschollen bedeckte Düna in Riga ein. In der Nacht macht Lita im Hotel ihre erste Bekanntschaft mit Wanzen und betrachtet empört das berüchtigte Tapetenmuster «Kometenschweif», von zerquetschten Blutsaugern herrührend. Trotz der unruhigen Nacht schlendert sie am andern Morgen vergnügt über die Boulevards der lettischen Hauptstadt, wo neben grossen europäischen Wohnblocks die elegantesten Pariser Modesachen in einstöckigen Holzhäusern ausgestellt sind, auch raffinierte Damenschuhe zu lächerlich billigen Preisen. Aber der Wind pfeift ihr zu eisig um die Nase.

Bald wärmt sie sich am Kachelofen bei Leuten auf, deren Tochter sich ihr anschließen wollte, um zu ihrem Verlobten nach Shanghai zu gelangen. Doch wie es sich herausstellt, hat sie noch nicht alle Papiere beisammen. «Dann fahre ich allein», lacht Lita. Ob sie denn nicht Angst habe? «Ich habe immer Angst», lacht Lita. Sie erkundigt sich, wie es ihnen jetzt in Riga ergeht; aber über die politische Lage schweigen sie sich aus, oder sie wagen nur ein paar bedrückte Andeutungen. Erst in der Mittagsstunde unternimmt sie eine Entdeckungsreise durch die Altstadt, durch winklige Gassen, in denen sich alles zusammendrängt: Frauen in bunten Kopftüchern, Männer im

Pelzrock, flinke Droschkenpferdchen unter dem breiten Holzbügel. Am Ende einer Gasse schaut der dicke Pulverturm hervor, und schlank und zierlich steht die feine Silhouette des Petri-Kirchturms vor dem noch winterlichen Himmel. Auf dem Marktplatz das Schwarzhäupterhaus, und dann der alte Dom – letzte Grüsse einer ehemals deutschen Kultur, Zeugen der Hanse.

In russisch-orientalischer Buntheit drängen sich am Düna-Ufer Marktbuden Reihe an Reihe mit einer Überfülle von Lebensmitteln. Lita ist froh, als sie, ohne mit dem Kopf an die zahllosen Schinken und Speckseiten anzustossen, aus den engen Verkaufsreihen herauskommt und den weiten Hafen vor sich liegen sieht, die breite Düna, aus der, noch vom starken Eisgang her, die Trümmer der Holzbrücke herausragen, die einst die Deutschen angelegt hatten.

Als sie im Zug Riga–Moskau frühmorgens aus dem Fenster schaut, ist alles weihnachtlich dick verschneit, mit Neuschnee beladen. Das reinste Winterwetter jetzt im April! Durch hohen Schnee stapft sie in Sebesch zur Zollrevision: Grenze zwischen Lettland und Russland! Im Wartesaal könnte man allerneueste Sprachkenntnisse anwenden, aber die von Lita bewunderte, schön geschmückte und geschminkte Russin weiss ohnehin, dass man flüssige Hitze braucht, heissen Tee mit Zitrone oder dampfende Kohlsuppe. «Lassen Sie sich nur Zeit!» rät der Dicke, der sich an ihrem Vierertisch als Architekt Frey vorstellt, Freund von Ernst Boerschmann, dem Verfasser des Prachtbandes BAUKUNST UND LANDSCHAFT IN CHINA – von Lita schon bei Mohrs in Hamburg bewundert. Es war ihm nicht entgangen, dass Lita sich an der heissen Suppe den Mund verbrannt hatte. «Ohne uns fährt er nicht ab!» Wie er jetzt erzählt, hat er die Reise vor zwei Monaten in umgekehrter Richtung gemacht, als er von Peking nach Berlin fuhr. Er kennt sich also aus – was von den drei andern am Tisch mit Erleichterung vermerkt wird. ‹Sicher ist jedem von uns ein bisschen bänglich zumute›, denkt Lita und mustert die zukünftigen Reisegenossen. Da ist der lange, dunkelhaarige Oesterreicher, ein Ingenieur, der nach Shanghai will, und ein blassblonder, kesser Berliner mit grosser Klappe, der einen Auftrag für eine Exportfirma in Tientsin hat.

«Immer mit der Ruhe!» rät der dicke Herr Frey, und er hat recht: die Lokomotive schreit auf, einmal, zweimal, fährt langsam an, und erst dann bequemt man sich, aufzuspringen. Man besucht sich in den geräumigen Abteilen, kennt sich bald und erzählt vom Reiseziel. Als einzige Dame im Wagen wird Lita wieder angestaunt und mit guten Ratschlägen überschüttet. Aber davon hat sie jetzt genug! Sie erzählt von ihrem Auftrag, in Mukden eine Schule einzurichten, vorläufig aber als Hauslehrerin bei Dr. G. abzuwarten, der Herrn Frey gut bekannt ist. (In China kennt sich alles.)

Zur allgemeinen Erheiterung schildert sie ihren Abschiedsbesuch bei einem Kollegen ihres Vaters, der früher mit seiner Frau in Tsingtau in der deutschen Kolonie unterrichtet hatte. Als sie hörten, daß Lita nach Mukden gehen solle, schrien beide entsetzt: «Um Gotteswillen – in die Mandschurei? Ins Land der Verdammnis? In Mukden gibt es nichts als Staubstürme und Gräberfelder!» Neben andern guten Ratschlägen gab ihr die Frau Professor eine zusammenlegbare Waschwanne aus Wachstuch, mit der sie in der sibirischen Bahn das Waschbecken auslegen müsse, um sich nicht zu infizieren – und ausserdem eine Tüte, die Lita neugierig öffnete und niesend wieder schloss. «Pfeffer!» erklärte die Frau

Professor. «Falls jemand in Ihr Abteil eindringen will!» Litas Vater wollte sich kranklachen. Er brachte sie zu einem andern Kollegen, einem Botanik-Professor, der ihr ein zweites Reiseziel auftrug.

«Wohin denn noch alles?» fragte der bedächtige Architekt, der an seinen alten Wohnort in Peking zurückkehrte und um Lita besorgt war.

«Nicht weiter weg! Nur ein Auftrag», erklärte sie. «Professor Bornmüller ist Kustos vom Herbarium Haußknecht in Weimar, einem grossen Haus, das vom Keller bis zum Dach mit getrockneten Pflanzen angefüllt ist, und die seltensten liegen in Schaukästen. Er hat mich vor ein dürres Gezweig geführt und bat mich, es mir einzuprägen. Ich las SECURINEGA RAMIFLORA, eine zweihäusige Pflanze. Er hat nur die weibliche, und ich soll ein männliches Exemplar suchen, Zweige und Blüten.»

Architekt Frey schüttelte den Kopf, aber der lustige Oesterreicher lachte: »Sie wird's schon schaffen!»

«Aber warum wollen Sie überhaupt so weit weg?» fragte der neugierige Berliner.

«Weil ich es in Deutschland nicht mehr aushalten konnte», fährt sie ihn an, «mit all dem Elend – und all den verantwortungslosen Dummköpfen und Schreiern.» Er grinst seltsam hämisch. Die beiden andern schweigen betreten.

Der Schnee draussen ist nicht mehr so dick: hin und wieder tauchen grosse Wasserpfützen auf, in denen sich die violetten Birkenäste und die weissen Wolken spiegeln. Nachts glitzert der Mond auf der leichten Frostdecke. «Das ist russischer Vorfrühling», sagt der Deutschrusse, der im Gang neben ihr steht und seine Zigarette raucht. Er schwärmt von der schwermütigen Schönheit des Landes, das man liebgewinnt, wenn man tagelang durch seine Wälder und Ebenen rollt. Sie glaubt es ihm gern ...

Dann tauchen endlich grüne Kuppeln auf, goldene Türme leuchten über weissen Mauern. Sie haben Moskau erreicht. Das Auto, das die Vier zum Hotel bringt, springt und stolpert über das holprige Pflaster. Die zerfallenen, teils unbewohnten Häuser mit den roten Fahnen sehen nicht gerade ermutigend aus. Restaurants und Kaffeehäuser sind noch nicht wieder erstanden, aber sie freuen sich, dass es in dem sogenannten Hotel etwas zu essen gibt, denn das tagelange Fahren ohne Speisewagen war unerquicklich. Die «Zimmer» im vierten Stock waren wohl ehemals Kellner-Mansarden des einst berühmten Hotels; das ihre hatte, wie Lita erst am späten Abend feststellte, weder Schloss noch Riegel, nur ein Loch. durch das man auf den Flur blinzeln konnte (oder in der umgekehrten Richtung?). Lita überstand die zwei Moskauer Nächte nur, weil sie eine Kommode vor die Tür zerrte und oben drauf einen Stuhl stellte. Das würde wohl genug Lärm verursachen, falls jemand ... Aber es passierte nichts. Alles war staatlich geregelt, vom staatlichen Reisebüro INTOURIST geregelt, das sie auch vorschriftsmäßig auf den Jaroslawl-Bahnhof geleitete. Doch in den Tagen davor, die ihr durch ihren allergischen Schnupfen etwas verdorben wurden, besichtigten sie gemeinsam die Stadt.

Der berühmte Alexander-Garten, der früher wohl sehr schön war, hat jetzt nur unsagbaren Schmutz, Horden von Strassenjungen – den Besprisornyje – und mit Krähen geschmückte tote Bäume aufzuweisen. Während sie die Kreml-Mauer entlanggehen, tauchen überall Türme und blinkende Kuppeln auf. Vorne blitzen die Goldkuppeln der Dreifaltigkeitskirche in der Frühlingssonne, und in der Moskwa spiegeln sich hohe weisse Mauern. Doch das Märchenhafteste ist die Basilius-Kathedrale! Üppige Phantasie hat jede einzelne der siebzehn Kuppeln anders gestaltet, und trotzdem klingt alles in wunderbarer Einheitlichkeit zusammen. Das machen vor allem die beiden ruhigen Grundtöne, das Gelb der Steppe und das dunkle Grün der russischen Wälder. Um die Hauptkuppel führt ein im Schatten der grossen Nebenkuppeln liegender Säulengang: Lita fühlt sich an geträumte Oasen mit königlichen Zelten erinnert und denkt an alles, was sie über die Zeit Iwans des Schrecklichen und seinen furchtbaren Machtwillen gelesen hat. Ein unheimlicher Zauber ist in dieser Kathedrale beschlossen.

An der Kremlmauer soll aus Marmor ein Grabmonument für Lenin errichtet werden: für den einbalsamierten Lenin, der überall wie ein Heiliger verehrt wird. In jedem Laden, auf jedem Bahnhof, in jedem Knopfloch sehen sie sein Bild.

Abends in der Oper war russisches Ballett unerlässlich: Lita war nicht begeistert. So glänzend die Technik war, sie fand alles geistlos und varietéhaft. Ihre Reisegefährten lehnten sich gegen ihr Urteil auf. Das Publikum, in armseliger Kleidung, liess sich zu Beifallsstürmen hinreissen. Beim Heimweg zu Fuss wurde der äussere Zerfall Moskaus besonders deutlich. Ein Frühlingsregen machte das Berg- und Tal-Pflaster zu einem wahren Verkehrshindernis, die Löcher in den Bürgersteigen wurden von den Giessbächen überschwemmt, die aus zerbrochenen oder nicht vorhandenen Dachrinnen in den Schlamm niederstürzten.

Moskau – Baikal

Litas Sibirienreise begann natürlich auch wieder mit einem Hürdenlauf. Da stand er auf dem Jaroslawl-Bahnhof, der herrliche Transsibirien-Express, aber das ihr zugewiesene Abteil befand sich am Ende des Zweiter-Klasse-Wagens, es enthielt drei Betten, und sie sollte es mit zwei burjätischen Offizieren teilen! Das war selbst für einen anpassungsfähigen Wandervogel zuviel. Der Schaffner blieb unerbittlich, auch Herr Frey konnte ihn nicht umstimmen. «Dann müssen Sie eben in den Internationalen Wagen mit den Erster-Klasse-Abteilen übersiedeln», meinte er. Das Geld für den Mehrpreis wollte er auslegen, Herr Dr. G. würde es ihm schon zurückerstatten. Er wies den Schaffner an, Lita in einem Abteil mit einer andern Dame unterzubringen, einer jungen Schwedin, die mit ihrem Ehemann nach China reiste, der aber die Fahrt als Hochzeitsreise betrachtete und fast weinte, als er sich von seiner Frau trennen sollte. Da Herr Frey sein Abteil bereits mit dem Österreicher teilte, wurde Lita das noch freie Bett im Abteil des Berliner Blondlings angeboten. «Aber nur, wenn ich das Oberbett bekomme!» willigte sie zaudernd ein.

Mit einem mehrstündigen Aufenthalt auf einer kleinen Station bald hinter Moskau begann die Sibirienreise nicht gerade verheissungsvoll. Die Feder des letzten Wagens sei gebrochen! So verwunderlich war das zwar nicht, wenn man die zum Teil unterspülten und ungleichmässig hohen Schienen bedachte. Der schwerwiegende Herr Frey brachte sie sogar zum Wippen, und Gesetze über Parallelen konnte man an ihnen nicht nachweisen, denn sie schlängelten sich in Wellenlinien bis zu einem nie erreichten Schnittpunkt. Dementsprechend waren die Nächte: Lita fürchtete nachts oft, aus dem Oberbett gerollt zu werden. Sonst war der Internationale Wagen aber in Ordnung: tagsüber waren die Abteile gemütliche Stübchen mit Sofa, Tisch und Stuhl und einem eigenen Waschraum. Durch weisse Tischdekken und eine Blumenvase (die allerdings morgens und abends ihr Zahnputzglas war) machte Lita Eindruck bei den Besuchern. Andere Abteile waren bald schaurige Behausungen, in denen Eierschalen, Fettpapier und Zigarettenstummel den Boden bedeckten.

In Perm drängen sich alle um die Auslagen mit den feinen Holzarbeiten. Nicht nur die ineinander verschachtelten Holzpuppen gibt's da zu kaufen, sondern hauchdünne Schalen aus rotem Holz. Im schönsten Sonnenschein spazieren die Damen auf dem Bahnsteig herum, in weisser Sommerbluse und Lackschuhen oder – wie manche Russinnen – in gestickten Lederpantöffelchen, die Männer in hohen Schaftstiefeln und Kittelblusen. Die Zuschauer aus dem Ort stecken in mehr oder weniger zerfetzten Pelzen und unglaublich großen Pelzmützen – je kleiner der Kerl, desto wuchtiger seine Mütze. Arme Frauen in Strümpfen aus Zeitungspapier – oder sind es ihre Schuhe? – verkaufen saure Gurken. Lita holt heisses Wasser vom Kipjatok, um Tee aufzubrühen, und kauft billige Eier – zu drei Kopeken das Stück.

Allmählich geht es den Ural «hinauf», der zwar ein paar Felsendurchbrüche präsentiert, sonst aber wie ein harmloses Mittelgebirge wirkt – mit prächtigem Waldbestand, seltsam geformten Kiefern und einigen

Tannen. In Jekaterinburg die gleiche Kauflust wie in Perm, nur muss man hier schon tiefer in den Beutel greifen, auch wenn die geschmacklos gefassten und sehr schönen ungefassten Ural-Edelsteine verhältnismässig billig sind.

Wieder nimmt das endlose Schienenband sie auf; tagelang rollt der Zug weiter. Lita kann sich die Welt kaum noch ohne Räderrollen vorstellen. Das chinesische Diplomatenkind, das die weite Reise von Genf nach Peking macht, bringt Leben in die verschiedenen Abteile. Es ist furchtbar verzogen, heult nachts und hat besonders Lita ins Herz geschlossen, die der Kleinen sehr bald mit ihrem neuesten Chinesisch «Komm wenig!» nachruft.

Ein freundliches Gesicht schaut zu Litas Abteiltür herein: «Wie wär's mit einer Partie Skat?» fragt Herr Frey. Geduldig bemühen sich die drei Herren, ihr Skat beizubringen – bis es Zeit ist zum Essen im Speisewagen, wo ihnen zwei «Lämmergeierkellner» für die erbärmlichen Schuhsohlenschnitzel mit Rotkohlsalat die Rubel aus der Tasche holen. Die Nacht vergeht unter einschläferndem Räderrollen; bisweilen wird man durch heftige Stösse aufgeschreckt, die eine kleine Entgleisung befürchten lassen.

Draussen endlos weite Steppe, dürres Gras, Birkengestrüpp, eisverzuckerte Wasserlachen. Etwas abgestumpft starrt Lita hinaus: plötzlich schlägt rote Lohe am Fenster hoch. Dicke graue, weisse und schwarze Rauchschwaden stehen wie Mauern in der Steppe, und darunter erblüht es wie von roten Mohnblumen, die sich biegen und drehen und züngeln, ein ganzes Feld. In der Nacht geht der Vollmond glutrot über dem Rauch auf, am Horizont die rote Flammenwand, vom Wind langsam weitergetrieben. Kein Haus, kein Baum – nur der Zug rollt einsam durch das weite Land.

Mitten in der Steppe am mächtigen Irtysch liegt Omsk. Am Rande der ausgedehnten Stadt ertrug Dostojewski in einem Gefangenenlager vier Jahre lang die Verbannung. Während Lita mit dem brieflich benachrichtigten Verwandten eines Kollegen am entferntesten Ende des Bahnsteigs steht und ihm die mitgebrachten Nähnadeln und etwas Garn aushändigt, werden sie argwöhnisch von allen Seiten beobachtet. Er wagt nur zu flüstern. Interessant für Auslandsohren.

Dann wird es wieder Winter. Der breite Ob, dessen Brückenköpfe noch besetzt sind, trägt eine Eisdecke. Kalter Schneewind weht über Nowo-Nikolajewsk, die neue Grossstadt Sibiriens, die 1893 aus nur wenigen Siedlerbaracken bestand: die günstige Lage am Ob wird sie bald auf eine Stufe mit Tomsk stellen, der abseits liegenden Hauptstadt.

Viel eintöniger sieht die Steppe jetzt aus, wo sie verschneit ist. Lita kramt ein blaues Schulheft aus dem Koffer; auf dem Schildchen steht Rtgb. «Was heisst das?» fragt ihr aufdringlicher Abteilgenosse. »Reisetagebuch!» antwortet Lita knapp. «Ich muss etwas nachtragen.» Der Berliner wird ihr allmählich lästig. Er will sie zu seinen politischen Ansichten bekehren, die nicht die ihren sind, nein, keineswegs. Sie hat noch genug von dem Grauen, als 1918 in Thüringen die Revolution ausbrach. Als sie, um ihren Füllfederhalter reparieren zu lassen, den «Anger» überqueren wollte – jene breite Erfurter Hauptstrasse, die eigentlich ein in die Länge gezogener Platz ist –, ertönten plötzlich schrille Pfiffe, dann Sirenen. Offene Lastwagen, vollgepackt mit stehenden Soldaten, brausten an ihr vorbei, dann knatterte Gewehrfeuer los, Maschinengewehre, die sich am Kopfende des Angers verbarrikadiert hatten. Lita floh unter das Vordach einer Bank und presste sich in die Türnische. Wieder peitschte eine Salve durch die menschenleere Strasse, und ein Stückchen Mörtel fiel ihr auf den Kopf. Erst lange nachdem das Tack-tack-tack verstummt war, wagte sie sich in einer grässlichen Stille aus ihrem Versteck, hastete von Torweg zu Torweg die Bahnhofsstrasse hinab, sah plötzlich ein Menschenknäuel grölend, pfeifend um einen blassen Mann geschart, der abwehrend die Hände hob, der niedergerissen und mit Fusstritten traktiert wurde ... «Sie haben ihn totgetrampelt», stotterte sie weinend, als sie es ihrem Vater erzählte. «Totgetrampelt! Menschen – einen Menschen!»

Es war das grausigste Erlebnis jenes Krieges gewesen, obwohl ja schon der Friede verkündet war, der berüchtigte Versailler Unfriedens-Vertrag, der sie alle mit Verzweiflung erfüllte. Ja, jetzt, zum erstenmal in ihrem Leben, hasste sie. Sie war achtzehn, nie hatte sie gehasst, jetzt hasste sie die *Masse*. Ahnte die ganze Gemeinheit und Dummheit der Masse und fürchtete sie. Damals wurde ihre Einstellung zum *Menschen* geprägt.

Den Krieg, das ganze sinnlose Abschlachten, hatte Lita nie aus nächster Nähe erlebt. Wohl hatten sie am Bahnhof die endlosen Züge mit Verwundeten gesehen, hatten alte und junge Soldaten verpflegt, Blumen in die Hospitäler gebracht, vorgelesen, den Hilflosen Briefe geschrieben, die furchtbare Ironie der Siegesfeiern in der Schule durchschaut, sie und ihre Kameradinnen. Aber bei wem konnte sie sich aussprechen? Ihr Vater war immer schweigsamer geworden. Natürlich hatte er Gold gegeben, seine Uhr, seinen Trauring, aber seinen Pessimismus durfte er nicht äussern, bis er ihn schliesslich im bitteren Ende bestätigt fand.

Und dann das Nachspiel, der Irrsinn der Revolution, die nicht endenden Hungerjahre, die immer größer werdende Armut – und all die verschiedenen Schreihälse, die das Kriegspielen fortsetzen wollten und «Eichenkranz am Stahlhelm» sangen, «Brigade Ehrhardt» genannt wurden und in München Unruhe stifteten. – Und da glaubte dieser alberne kleine Berliner, er könne ihr seine Hetzblätter aufdrängen? «Verschonen Sie mich!» sagte sie ärgerlich.

Wenn sie Unterhaltung brauchte, ging sie zu Herrn Frey hinüber, der ihr Wunderdinge von Peking erzählte oder sie im Schachspiel besiegte. «Wo haben Sie Schach gelernt?» fragte er. «Bei meinem Vater», erzählte sie eifrig; «da musste ich nicht nur gut, sondern auch schlecht spielen, denn wenn ich gewann, fegte er einfach alle Figuren vom Brett. Wenn ich verlor, bekam ich zehn Pfennig oder etwas Seltenes aus seinem Raritäten-Schubfach. Er hatte einen Schreibschrank aus rotem Kirschbaumholz; rechts und links über der schwarzen Schreibplatte waren die Schlitzfächer für Briefe und Papiere; in der Mitte, zwischen ihnen, war ein mit Intarsien verziertes Schränkchen eingebaut, dessen Rückwand die Tür zu einem Geheimfach bildete. Was er dort aufbewahrte, wussten wir nicht. All die schmalen Fächer wurden überragt von einem breiten, vorkragenden Fach. Darin lagen Seesterne und Seeigel – Zeichen einer nie gestillten Reiselust, denn er war nicht am Meer gewesen – und versteinerte Schnecken und Donnerkeile von fossilen Tintenfischen. Zuoberst auf dem Schrank bewahrte er in einem schönen Holzkasten seine Violine auf. Daneben lagen Stösse von Fliesspapier mit gepressten Pflanzen. Schon als Fünfjährige durfte ich ihn beim Botanisieren begleiten; er sagte, ich habe Adleraugen, denen das kleinste Kräutchen nicht entgehe.»

«Deshalb wohl die Suche nach der Securinega?»

lächelte er. «Sie haben also eine schöne Jugend gehabt?»

«Ja, Vater war nie streng. Seinen Freunden stellte er uns als 'in Freiheit dressiert' vor.» Lita blickt träumerisch aus dem Fenster. Die Einöde der Steppe liegt hinter ihnen, und der Zug bohrt sich in die Taiga ein, den dichten Urwald, der im Sommer dumpfig und düster und wegen der Hitze eine Hölle von Mücken und Moskitos ist. Im Winter werden dort Bären und Zobel, Luchse und Marder gejagt; aber sosehr Lita Ausschau hält, sie sieht kein Untier, auch kein Wolfsrudel, wie sie gehofft hat. Nur ein flacher Schlitten fliegt über die meterhoch verwehten Wege.

Krasnojarsk mit seinen goldenen Kuppeln ist von verschneiten Bergen umringt. Seine ungeheuren Reichtümer, die Kohlen- und Goldgruben, interessieren schon nicht mehr, denn jetzt warten alle gespannt auf den Höhepunkt der Sibirienfahrt: auf Irkutsk und den Baikal-See. Um so grösser ist ihre Enttäuschung, dass sie sich Irkutsk, das «Klein-Paris Sibiriens», nicht ansehen dürfen. Der lustige Österreicher hatte ihnen, aus einem mitgebrachten Buch vorlesend, den Mund wässerig gemacht und sie belehrt, dass es ein Zentrum für Pelz- und Elfenbeinhandel, für Mammutzähne und Zobel aus der Arktis sei. Die Pelze dienten als Futter für die Mandaringewänder reicher Chinesen; die chinesischen Karawanen brachten ihrerseits Tee und Seide von Peking durch die Wüste Gobi zur Grenzstadt Kjachta.

«Na, wenn schon», spottet der Berliner. «Nachdem im vorigen Jahrhundert fast die ganze Stadt heruntergebrannt ist, wird wohl nicht mehr viel zu sehen sein!»

Aber später, vom Tal der Angara aus, haben sie den herrlichsten Blick auf die kirchengeschmückte

Stadt. Das Flusstal wird immer breiter, grosse Inseln mit Birken und Kiefern liegen im bereits eisfreien Fluss, dessen reissendes Wasser dunkelblau funkelt. An den Ufern klaffen noch dicke Eismassen. Schroffe Felsen springen vor, und plötzlich öffnet sich das Tal zum Baikal-See, hinter dessen starrer Eisdecke die im Abendrot glühenden Schneeberge in breiter Kette aufsteigen. Der See ist von überirdischer Schönheit. Am Ufer türmen sich haushohe grüne Eisbarrieren auf. «Bruder Österreicher» ist realistischer: «Hier wird Kaviar gewonnen», erzählt er, «vom Stör, der bis 500 Pfund wiegen kann und bis zu zwanzig Pfund Kaviar liefert!» (Tatsächlich war ihnen öfters Kaviar angeboten worden, in Wassergläsern, aber nicht der beste.) «Der See ist grösser als Bayern, und mit seinen 1600 Metern der tiefste See der Welt!»

Lita, die sich, angeregt durch ihr Literatur-Studium, schon immer für die nach Sibirien Verbannten interessiert hat, kann etwas (traurige) Romantik beisteuern. «Der See war der Fluchtweg der Verbannten. In ihren Booten sangen die Flüchtenden ‹Baikal, o Baikal, schick uns deine Stürme, uns zu beschützen!›»

Nur ein kleiner Südzipfel des Sees wird umfahren. Die Bahn schleicht mit vierzig Kilometern Stundengeschwindigkeit durch unzählige Tunnel. Auf der Westseite eines Durchstichs können sie ein Steinschild entziffern ZUM PAZIFIK. Auf der Ostseite des Einschnitts heisst es angeblich ZUM ATLANTIK. Die Umfahrung nimmt die ganze Nacht in Anspruch. Die Tunnelreihe will nicht enden.

Am folgenden Tag zeigt ihnen der schwedische Mitreisende sein Buch «Von Peking nach Moskau» – Sven Hedins neuestes Werk. Hedin hatte, von Peking kommend, die Mongolei durchquert und in

Tschita die Transsib erreicht. Sofort erwacht Litas Abenteuerlust. «Wie wäre es, wenn wir in Tschita den Zug verliessen und über Ulan Bator nach Peking reisten?» Doch aus dem Abstecher kann nichts werden, sie hat sich ja für Mukden verpflichtet, und ausserdem ist Tschita zum Aussteigen nicht recht geeignet, denn dort herrscht noch Kriegszustand zwischen Rot und Weiss. Litas Gedanken wandern zu den Dekabristen, die 1825 einen Aufstand unternommen hatten und hierher verbannt wurden. Einige wurden hingerichtet, andre wurden, zu Zwangsarbeit im Bergwerk verurteilt, nach dreissig Jahren begnadigt. Viele blieben, ihre Frauen folgten ihnen und schufen ihr eigenes gesellschaftliches und intellektuelles Leben.

Alle Reisenden mussten in Tschita den Zug verlassen und wurden über Nacht im Wartesaal eingesperrt, der kalt und überfüllt war. Die harten Holzbänke waren Marterbetten, vereinzelte Schüsse störten die Nachtruhe. Sie wussten, dass in einem Güterwagen auf dem Bahnhof Hinrichtungen stattfanden. Der dreiste Berliner hatte sich nicht mit dem Wartesaal abfinden wollen, war auf Hotelsuche gegangen und prompt verhaftet und auf die Kommandantur geschleppt worden, wo man ihn belehrte, dass zwischen fünf Uhr nachmittags und morgens um neun niemand auf die Strasse dürfe. Unter Bewachung von Soldaten wurde er in ein Hotel gebracht, das ihm einen Sessel in der Halle als Nachtquartier vermietete, wie er hinterher gestand – nach neun Uhr morgens natürlich, als die Eingesperrten endlich den Wartesaal verlassen durften. Zur Strafe sollte er das Gepäck im Wartesaal bewachen, damit die andern Mitreisenden auch in den Genuss der Vorteile kommen konnten, die das grosszügige Hotel bot. Sie wuschen sich, frühstückten, wechselten Geld und erhielten vom deutschsprechenden Hotel-Manager Auskunft über den Dekabristen-Friedhof, für den sich Lita besonders interessierte.

Aber was für ein Bild bot dieses Tschita! Ein Gemisch von modernen Wohnkästen und Holzhäusern mit geschnitzten Fensterrahmen an breiten, sandigen Fahrstrassen und erhöhten Holzplanken, die als Bürgersteig dienten. Und überall Schmutz und Schutt. Einem vierstöckigen Wohnhaus fehlte die ganze Seitenwand, und Badewannen baumelten an ihren Röhren frei in der Luft. Die alte Siedlung der Dekabristen war durch eine Kirche mit fünf grünen Kuppeln gekennzeichnet. Im Inneren duftete es nach Weihrauch. Inmitten von goldener Pracht hing ein bleiches Christusbild. Auf dem Kirchhof studierte Lita die Kreuze über den zerfallenen Gräbern: sie entdeckte Namen berühmter russischer Aristokraten.

Gegen Mittag traf der Anschlusszug ein, der zur Ostchinesischen Eisenbahn gehörte und einen weit besseren Speisewagen führte. Die Herren waren froh, dass sie gutes Bier und hellen Wodka in Karaffen erhielten, und Lita vergass ihre Ängste im Wartesaal. In der Nacht überquerten sie das Grosse Chingan-Gebirge, und in Tsitsikar, einem christlichen Bischofssitz mit «gotischer» Kathedrale, wurde auch der Ferne Osten greifbarer. In Harbin ergötzten sie sich an dem bunten Gemisch russischer und chinesischer Einflüsse, das Lita schon aus William Gerhardies Romanen bekannt war und das sie jetzt in aller Wirklichkeit sehen, hören und riechen konnte. Von Harbin an war die Landschaft so chinesisch, wie Lita sie sich vorgestellt hatte: auf dem Sungari lagen Dschunken mit breiten braunen Segeln, und kleine Boote, die Sampans, flitzten hin und her. Nach abermals einer Tagereise mussten sie in Changchun in die Südmandschurische Eisenbahn umsteigen, die den Japanern gehörte, denn sie wollten sich mittels «friedlicher Durchdringung» so allmählich die ganze Mandschurei aneignen, wie Herr Frey erläuterte. Aber was für eine Bahn war das auch! Womöglich noch viel sauberer und blitzender als die Chinesische Ostbahn, und was für ein Speisewagen!

Die Bergketten wichen zurück, die ausgedehnten Felder wurden für das wichtigste Produkt der Mandschurei, die Sojabohne, vorbereitet, kleine Lehmhäuser lagen verstreut zwischen den Feldern.

Auf dem Bahnhof in Mukden umringen sie unzählige Rikscha-Kulis und Ma-fus, doch Herr Frey mit seinem tadellosen Chinesisch schnauzt sie an: «Dsou ba!» (Geht weg!) Er befiehlt einem Ma-fu mit seinem Pferdewagen, ihre Koffer zu verstauen, und fährt mit Lita auf und davon, denn der Freund und Kollege, den er besuchen will, wohnt genau gegenüber von Dr. G.'s Haus.

Zuerst fuhren sie die schnurgerade Strasse durch die Japanerstadt, wo sich die Kolonisten aus Japan in unschönen Reihenhäusern dem rauheren Klima der Mandschurei anpassen müssen. Überall ragten hässliche Ofenrohre aus den Fenstern, Bündel von acht und zehn Rohren, aus jeder Wohnung eins, und der in ihnen angesammelte Teer sickerte aus den Ritzen hervor und rann dunkelgelb und braun die hellen Aussenwände hinab. «Hier wohnen auch weissrussische Flüchtlinge», erklärte Herr Frey.

«Und wohin jetzt?» fragte Lita verblüfft, denn sie hatten die Häuser hinter sich gelassen, und das Pferdchen, ein langhaariges Mongolen-Pony, trabte munter auf einer breiten Chaussee weiter, die durch freies Feld führte. «Das ist das Gelände der geplanten internationalen Konzession. Chinesische Unternehmer haben bereits ein paar Häuser hingestellt.» Sie bogen in die San-djin-lu ein, die dritte Querstrasse, immer noch durch unbebautes Land, und erst nach einer Weile erschienen sechs düstere Häuser aus grauem Ziegelstein. Ein Karrenweg, die Leo-we-lu, die sechste Querstrasse, brachte Lita ans Ziel.

Klägliche junge Weidenstämmchen stellen zukünftige Strassenbäume vor. Sie halten vor einem der vier Häuser rechterhand. Litas hilfreicher Begleiter schlägt mit der flachen Hand gegen das hohe grüne Tor, sie verabschieden sich, Lita dankt ihm, und er geht zu einem der beiden Häuser auf der andern Strassenseite hinüber. Lita kann nicht über das Tor spähen: die graue Mauer ist zwei Meter hoch – aber sie hört Stimmengezwitscher. Ein lächelnder alter Chinese in wattierten Hosen und weisser Jacke, dessen Zopf sich als Kranz wie eine Gretchenfrisur um den verwitterten Kopf legt, öffnet ihr, und ein langbeiniges Mädchen mit weisser Schürze springt aus dem Haus, während hinter ihr die Gittertür aus Moskitodraht zuklappt. «Ich bin Gertrud», stottert sie und blickt Lita mit dunklen Augen in einem lieben Gesicht verlegen an.

Leo-we-lu

Gertruds Vater, ein gemütlicher Sachse, der als Ingenieur bei einer kleinen deutschen Firma angestellt war, erhob sich aus seinem Sorgenstuhl, die Pfeife in der Hand, und erklärte Lita, er sei Strohwitwer, weil seine Frau im Deutschen Krankenhaus in Tsingtau einen Sohn bekommen habe und sich noch etwas erhole. Er zückte seine Taschenuhr. «Packen Sie später aus! Zwölf Uhr nullnull ist hier Essenszeit!»

Wenn er sich als gestrenger Herr aufspielt, dachte Lita amüsiert, dann meint er es sicher nur halb so wild.

Beim Kaffee in seinem Zimmer begann er: «Herr Mohr vom Ostasiatischen Verein in Hamburg, den Sie ja auch kennen, erwartet also einen Bericht über Ihre Reise – will ihn in seiner Zeitung veröffentlichen, damit Sie Ihre Schulden bei ihm loswerden! Ich soll Ihnen meine Schreibmaschine leihen. Können Sie überhaupt tippen?» Als Lita belustigt den Kopf schüttelte, fuhr er fort: «Ich kann auch nur mit zwei Fingern was zusammenstümpern. Aber nun bitte Ihren Lebenslauf! In Kurzfassung!»

Lita ging vergnügt auf seinen Ton ein. «Im vorigen Jahrhundert in Joachimsthal am Werbellinsee geboren – Volksschule und die vom Vater gegründete Höhere Schule besucht – 1913 Vater nach Herborn versetzt – Mittelschule bis zum Einjährigen besucht – dann ein Jahr Lyzeum in Essen – 1916 Vater nach Erfurt versetzt – ich Oberlyzeum und anschliessend

Seminar besucht – nach Staatsexamen für Höhere Schulen Stelle in Westpreussen, Gut Kotzbüttel, akzeptiert – nach einem Jahr Budapest als Hauslehrerin Anfrage beim Reichswanderungsamt, ob Lehrstelle in Ostasien frei – Angebot Deutsche Schule Tokio konnte nicht angenommen werden, weil in Budapest dringend benötigt – Ostern 1923 zurück nach Erfurt – Reichswanderungsamt wegen Ostasien bestürmt – im Herbst Antwort: die an meiner Stelle nach Tokio gegangene Lehrerin sei beim grossen Erdbeben umgekommen, ob mir Kuba zusage – stellte mich dem in Europa weilenden ‹Brotgeber› aus Kuba vor: Ablehnung seinerseits: Sie werden uns gleich weggeheiratet! – 6 Monate Kattenvenne bei Berlin als Hauslehrerin – Ostern 1924 nach Mukden, Leo-we-lu!»

Wieder zückt er die Uhr: «Höchste Zeit für mein Drehbänkel, arbeite an einer Erfindung.»

Während Lita auspackte, drang immer lauter eine seltsame Musik an ihr Ohr, und Gertrud stürmte ins Zimmer: «Schnell! Ein chinesisches Begräbnis, gleich neben unserm Haus!» Vom Balkon aus sahen sie das fremdartige Schauspiel: den langen Leichenzug weiss gekleideter Trauergäste, denen die Musikkapelle – persische Trompeten und Zimbeln – mit ohrenbetäubendem Getön vorausschritt. In der Mitte des Zuges wurde eine kleine Bahre mit dem Bildnis des Verstorbenen getragen, geschmückt mit weissen Ranken und Blüten aus Papier. Aus weissem Papier und Bambus waren auch die folgenden Gestalten, Pferde und Hunde, Männer und Frauen in Lebensgröße. «Die werden alle verbrannt», erklärte Gertrud, «damit sie den Toten ins Jenseits begleiten können und er dort seine Bedienung und seine gewohnte Umgebung hat.»

Nach einem langen Zeremoniell wurde der Verstorbene auf dem Ackerland beigesetzt, das seiner Familie gehörte und das der Nekromant als angemessen bezeichnet hatte, weil es das richtige «Fengschue» (=Wind-Wasser) besass. Der Geruch verbrannten Papiers stieg bis zum Balkon auf. Die Traugäste verschwanden in sämtliche Himmelsrichtungen. «Wo mögen sie alle hergekommen sein – in dieser unbewohnten Gegend?» fragte Lita. «Ich sehe nur zertrampeltes Feld, unsern Karrenweg und eine einsame Ulme!» Aber Gertrud deutete auf das hohe Gebäude in der Ferne (das Südmandschurische College) und die Dächer der Japanerstadt, während sich in genau entgegengesetzter Richtung die Mauern der Chinesenstadt abzeichneten.

Die ersten drei Wochen mit Litas Schülerin Gertrud verliefen sehr harmonisch: das gutherzige Kind war eifrig bemüht, Lita in die ihr so fremde Welt einzuführen.

Sie hatten ein sehr geruhsames Leben zu dritt, umsorgt vom alten Kochboy und einem jungen Kuli. Von Schulehalten war noch keine Rede, weil «die andern Kinder» noch nicht eingetroffen waren, Kinder der aus Europa erwarteten Werkmeister und Ingenieure. Ein riesiges Arsenal sollte auf Wunsch des alten Marschalls Chang tso-lin errichtet werden, wie es mit den ausländischen Import- und Exportfirmen vertraglich abgemacht war. Jenseits der Chinesenstadt war es geplant.

Litas zukünftiger Chinesisch-Lehrer hiess Le laoye. Nach den geheimnisvollen Andeutungen ihrer Schülerin, die bereits einige Stunden bei ihm gehabt hatte, stellte sie sich unter diesem Namen einen würdevollen chinesischen Weisen vor. Aber es zeigte sich, dass er ein Deutscher war, der weltbekannte Sinologe Ferdinand Lessing. Am Tage ihrer Ankunft sprach er in Gertruds Elternhaus vor, jedoch nicht, um Lita wegen ihrer Sprachkenntnisse auf den Zahn zu fühlen. Es war ein reiner Freundschaftsbesuch. Litas ehrfürchtige Bewunderung versuchte er zu dämpfen, indem er Kölner Witze erzählte (er stammte aus jener Gegend) und ständig ein Lächeln um seine Lippen und das graue Ziegenbärtchen spielen liess. Le lao-ye war einfach die chinesische Umschrift für «alter Herr Le».

Doch Litas Bewunderung wurde hinterher wieder geschürt, als sie von Gertrud hörte, Le lao-ye sei nur vorübergehend an der Mukdener Hochschule tätig und gehe hier und in Peking seinen Privatstudien nach, er spreche an die fünfzig Sprachen, selbstverständlich auch Mongolisch und Mandschurisch, und während einiger Wochen habe er seinen kranken Freund, einen Abt, vertreten und für ihn die Messe im Lama-Tempel zelebriert. Übrigens sollte er bald ans Orientalische Seminar nach Berlin berufen werden und dann an die Berkeley-Universität in Kalifornien gehen.

Litas Erwartung auf die erste Unterrichtsstunde war daher hochgespannt. Auf dem Weg zu Le lao-yes Haus liess Gertrud die Rikschas vor der japanischen Markthalle warten, weil sie Le lao-ye Obst mitbringen wollte. Noch nie hatte Lita dergleichen gesehen: eine ringförmig gebaute Halle, in deren Mitte, einem offenen Hof, sich alte Lattenkisten, Stroh und andres Verpackungsmaterial auftürmten, während sich im gedeckten Ring ein Verkaufsstand an den andern reihte: im ersten Viertel Lackwaren und Porzellan von schlichter, edler Schönheit. «Für ihren eigenen Bedarf lieben die Japaner das Einfache», erklärte Gertrud, die in Japan aufgewachsen war. Im nächsten Viertel, das ihnen schon von weitem entgegenstank, wurden die wunderlichsten

Fische verkauft: grosse Tintenfische mit Glotzaugen, rötliche Lachse und Störe, grellroter Kaviar und dicke, durchsichtige Algen, dazu getrocknete Gemüse und Früchte, wie sie die Japaner, fern von ihrer Insel-Heimat, eben nicht missen wollten.

«Aber die Mandschurei gehört doch den Chinesen!» wandte sich Lita unsicher an ihre Schülerin.

«Die Japaner haben einen breiten Landstreifen rechts und links von der mandschurischen Bahn gepachtet», sagte Gertrud, «und das nennt man *peaceful penetration*, und Papa findet es bedrohlich.»

Doch im dritten Viertel waren so entzückende Kleinmöbel ausgestellt, dass Lita sich davon ablenken liess und nur insofern an die Zukunft dachte, als sie sich vornahm, ein zierliches Nähkommödchen mit Geheimfach zu kaufen, sobald sie bei Kasse wäre.

Im letzten Viertel wählten sie unter einer Fülle der herrlichsten Früchte, die Lita gänzlich unbekannt waren, für Le lao-ye einen kinderkopfgrossen Pummalo aus. «Den liebt er», sagte Gertrud.

Da Professor Lessing in der Japanerstadt wohnte, war sein Haus eins der vielen Kolonistenhäuser, zweistöckig und dem rauheren Klima angepasst, von aussen hässlich, innen jedoch echt japanisch mit schönen Hölzern zwischen den Schiebewänden und mit Tatamis belegt, den dikken, in Lackholz eingefassten Binsenmatten. Sie zogen die Schuhe aus und schlüpften in die bereitstehenden Filzpantoffeln. Im Ess- und Empfangszimmer unten stand der Professor, in ein chinesisches Übergewand aus blauer Seide gekleidet, und begrüsste sie lächelnd, die Hände in den weiten Ärmeln verborgen. «Den Ischang hat er Ihnen zu

Ehren angelegt», flüsterte Gertrud, als sie hinter ihm die steile Treppe aus lichtem Holz hinaufstiegen.

Vom Arbeitszimmer war Lita überwältigt. Es war nicht japanisch eingerichtet – dafür bedeckten zu viele Büchergestelle die Wände, und die Bücher waren nicht gebunden, sondern steckten in blauen Kassetten, die mit Elfenbeinstäbchen verschlossen waren. Lita war ganz in den Anblick der grossen Fotografien versunken, die wie ein Fries hoch über den Büchern rings um alle Wände liefen, Fotos von Figuren, die ihr gänzlich fremd vorkamen. «Das sind die Lohan – buddhistische Heilige der obersten Erkenntnisstufe – aus einem Kloster in Shantung», antwortete Le lao-ye auf ihren fragenden Blick. «Zu fünfhundert sitzen sie in Überlebensgrösse feierlich aufgereiht an den Wänden.» Ausdrucksvoll und ehrfurchtgebietend blickten sie auf die kleinen Menschenkinder nieder, während Herr Lessing fast eine halbe Stunde über den Buddhismus in China sprach.

«Jetzt sollte eigentlich die Sprachstunde beginnen», sagte er und drückte Lita ein Exemplar des von ihm verfassten Lehrbuchs Lessing-Othmer in die Hand, das viel wissenschaftlicher als Litas «Kleiner Mohr» aussah. Doch schon beim dritten Schriftzeichen – zwei Frauen unter einem Dach = Streit – ergab sich eine neue Abschweifung zur Lehre des Konfuzius, der in einem Moralsystem Lehren für menschliches Verhalten aufgestellt hat. «In ihrer sittlichen Grösse haben sie China seit dem 5. Jahrhundert v. Chr. durch die Jahrtausende geführt», erklärte Herr Lessing mit so überzeugendem Nachdruck, dass Lita bat, ob er ihr eins der alten Weisheitsbücher leihen könne. «Ja, den Dschuang-Dse», sagte er, «von Richard Wilhelm übersetzt und kommentiert. Da haben Sie einen Schatz für Ihr ganzes Leben!»

Aber nun klopfte es, die Schiebetür ging auf, und die chinesische Dienerin erschien mit einer blauweissen Porzellanschale, in der ein zartrosa Fruchtsalat lag. «Das ist der zurechtgemachte Pummalo, den Gertrud mitgebracht hat. Ich bin gespannt, wie er Ihnen schmeckt.» Das von Häuten befreite Fruchtfleisch schmeckte so ähnlich wie eine Grapefruit, war aber nicht sauer. Lita glaubte, dass nach der erfrischenden Pause der Sprachunterricht beginnen werde.

«Leider müssen wir jetzt aufhören», sagte Le laoye. «Wie Sie wissen, fährt der Sibirien-Express nur zweimal die Woche nach Europa, und ich muss einem Berliner Kollegen etwas chinesische Seide besorgen. Dabei kann ich Ihnen gleich die Chinesenstadt zeigen. Sie kommen doch mit? Ich habe schon einen Pferdewagen bestellt!» Gertrud klatschte begeistert in die Hände: »Dann darf ich auf den Bock klettern? Mama lässt mich nie neben dem Ma-fu sitzen!»

Auf der langen Chaussee, die aus der Japanerstadt führt, rollten sie wieder durch unbebaute Felder, bis endlich ein Quartier mit gelben Lehmbuden und ein paar niedrigen grauen Häusern erschien. «Das hier heisst *ausserhalb der Lehmmauer*», erzählte Herr Lessing, «denn ein ringförmiger gelber Wall schliesst in einigem Abstand den quadratischen Stadtkern ein. Die Mukdener Chinesenstadt ist ein Musterbeispiel *en miniature* einer jeden gut erhaltenen Stadt, wobei Sie sich unter Miniatur nichts Falsches vorstellen dürfen, denn Mukden zählt eine Million Einwohner.»

Litas Blicke flogen über die Hütten und offenen Läden, die sich im Raum zwischen Lehmwall und Stadtmauer drängten, und bald ragten vor ihren Augen die mehr als zwei Stockwerk hohen Mauern aus grauen Quadersteinen auf. «Und breit sind sie auch», sagte Herr Lessing. «Auf der Mauerkrone können zwei Wagen aneinander vorbeifahren. Wir lassen den Wagen am Fuss der Mauer warten und gehen die schräge Rampe hinauf, dann bekommen Sie den richtigen Eindruck.»

Tief unter ihnen brodelt und kribbelt es von Leben. Das Gewirr der ein- und auch mehrstöckigen Häuser ordnet sich für Lita erst, als Le lao-ye sie auf die vier grossen, sich kreuzenden Hauptstrassen hinweist, die entsprechend den zwei Toren in jeder Mauer schnurgerade durch die Stadt zu den gegenüberliegenden Toren verlaufen. Dazwischen ein Gewimmel schmaler und auch krummer Gassen. Gertrud deutet auf ein besonders hohes Haus: «Das ist das grosse Seidenhaus», ruft sie, «ich kenne es!»

Sie fahren an Geschäftshäusern vorbei, und Le lao-ye liest die poetischen Firmennamen vor, die senkrecht, in goldenen Schriftzeichen, auf schwarzlackierten Holztafeln prangen. *«Halle zum Ewigen Frieden»*, sagt er, «oder hier *Tor zu Glück und Reichtum!* Dabei verkaufen sie vielleicht bloss Stoffschuhe oder Medikamente.» Der Ma-fu hält scheinbar unaufgefordert vor dem Seidenhaus.

Eifrige junge Angestellte bedienen sie, während die älteren in einigem Abstand lächelnd zuschauen und nur ihre Finger spielen lassen. «Sie haben zwei Nüsse in der Hand», erklärt Gertrud, «und wenn es heiss wird, holen sie hinter dem Rockkragen die Fächer hervor und fächeln sich – aber ganz sachte, nicht so wild, da kühlt man besser ab.» Lita kann sich einstweilen «die heisse Zeit» noch nicht vorstellen, ausserdem muss sie die geduldig herbeigeschleppten Ballen der schweren, lederstarken Damastseiden bewundern. Sowie Herr Lessing gewählt hat, beginnt das kunstvolle Verpacken und das Rechnen mit dem Rechenbrett, dessen Kugeln hin und herflitzen. Höfliche Verbeugungen, die dem berühmten Herrn Le und seinen Sprachkenntnissen gelten, begleiten sie zur Straße.

«Wie hat Ihnen die erste Sprachstunde gefallen?» fragt Herr Lessing verschmitzt, und Lita dankt ihm begeistert. «Ich muß es gleich in mein Tagebuch eintragen!»

Zu der nächsten Unterrichtsstunde kommt es nicht: Le lao-ye holt seine beiden Schülerinnen mit dem Pferdewagen ab. «Hoffentlich haben Sie tüchtig gebüffelt?» fragt er Lita. «Wir wollen nämlich den Rest des schönen Tages anderweitig verbringen! Mit einem Ausflug zum Be-ling, dem Nördlichen Kaisergrab.»

Wieder gibt es für Lita neue Aspekte des fremden Landes zu bestaunen. Zuerst das ihr schon in Erfurt prophezeite «Gräberfeld»: kahles Gelände mit dürrem Steppengras und zerlöchertem Boden, von Erdhörnchen bewohnt, den Überträgern der Lungenpest, falls sie gerade virulent auftritt! «Lungenpest ist 100% tödlich, daher viel gefährlicher als Beulenpest!» erklärt Herr Lessing, der neben Lita sitzt – Gertrud klebt gegenüber auf dem schmalen Bänklein –, und alle Drei werden in dem klapprigen Gefährt tüchtig durchgeschüttelt. Hin und wieder bemerkt Lita grössere, längliche Löcher, aus denen morsche graue Bretter hervorragen; manchmal flattert ein vergilbter Zettel darüber. «Alte Gräber, längst vergessen!» sagt Le lao-ye. «Wenn es frische Gräber wären, würde eine Schale mit Reis dastehen, und der Gedenkspruch wäre noch entzifferbar auf weisses Papier gepinselt.» Staub weht über das Gräberfeld, Staub folgt ihrem Wagen, der auf staubiger Strasse und grauer Erde zum Be-ling ruckelt.

Lita sieht schon von weitem die breiten Kronen der Schwarzkiefern in den Himmel ragen: ein schützender Hain, der das Kaisergrab ringsum einschließt. Sie steigen aus und lassen den Wagen warten. Der Ma-fu hängt seinem Gaul einen Futterkorb um den Hals und zieht eine dünne Pfeife mit winzigem Kopf aus dem wattierten Rock. Zwischen dem vorjährigen Gras zeigen sich überall die ersten grünen Spitzen, und wilde Veilchen gibt es «wie zu Hause». An der «Geisterallee» stehen zu beiden Seiten die drolligsten Pferde und Kamele und Elefanten, von einem bäuerlichen Steinmetz mit mehr Fleiss als Kunstfertigkeit zustandegebracht. Jetzt nähern sie sich dem ersten Tortempel mit seinen ockergelb glasierten Dachziegeln, der nach vier Seiten offen ist. Le lao-ye liest die Inschrift auf dem Gedenkstein vor, die im Vergleich zu Litas Schulfibel-Chinesisch merkwürdig archaisch anmutet.

«Aber diese glasierten Dachziegel», ruft sie begeistert, «die sind gar nicht ockergelb, sondern von einem leuchtenden Goldgelb! Und wie gut passt es zu dem Terrakotta-Rot der Mauern, die den ganzen Tempelbezirk einfrieden!» Sie findet alles unsagbar schön: unvergesslich der erste Anblick der chinesischen Tempel und Tempelchen mit dem geschwungenen Dach, unter dem vielerlei bunte Malereien das in Bündeln herauskragende Gebälk schmücken! Hinter dem Haupttempel in der Mitte der Anlage ein kahler, haushoher Hügel, zuoberst ein Baum. «Angeblich mit der Krone in den Boden gepflanzt!» lächelt Herr Lessing. «Was Sie sehen, sind also seine Wurzeln. Unter dem Hügel ruht der erste Mandschu-Kaiser, Tai-tsu, gestorben 1626. Der Grabhügel des zweiten Mandschu-Kaisers, Tai-tsung, liegt weit östlich der Stadt, daher Dung-ling, der Osthügel. Die Pforte am Fuss des Hügels ist seit Jahrhunderten verschlossen, im hohlen Inneren sind Kaiser und Kaiserin aufgebahrt, mit ihnen ihr Grabgefolge. Die Nebenfrauen liegen ausserhalb des Tempelbezirks im ‹Prinzessinnengrab› – bald können wir dort nach den ersten Maiglöckchen suchen.»

Dabei fällt Lita ihr Auftrag ein, nach der Securinega zu fahnden – sie schaut sich um, aber das Gesträuch zwischen dem mit Marmorplatten ausgelegten Hof ist niedrig und dürr. «Und wo sind die späteren Kaiser begraben?» fragt sie.

«Das Geschlecht der Mandschu nahm 1644 seinen Sitz in Peking, und Mukden wurde als Residenz aufgegeben. Die Ming-Kaiser wurden von den mächtigeren Mandschus entthront, aber die Rivalität zwischen Mandschus und Chinesen blieb bestehen.» – «Bis wann?» – «Bis die Kaiserinwitwe Tze-hsi starb und China zur Republik erklärt wurde. Und jetzt herrscht hier im Norden der mächtige Räubergeneral Changt so-lin über die drei ‹Östlichen Provinzen›, das heisst, über die Mandschurei, ein Reich, das grösser als Deutschland ist!»

«Können wir auf die Mauer gehen?» bittet Gertrud.

Sie meint die zwei Stockwerk hohe Mauer, die den Grabhügel umringt und auf deren Krone man herumspazieren kann. An die Brüstung gelehnt, wird Lita neben ihrer Schülerin fotografiert. «Das erste Bild in China – für Ihre Eltern!» lächelt Le lao-ye und freut sich der Überraschung.

Sie blicken auf die Dächer aller Tempel. Um die Wipfel der alten Kiefern ziehen Milane ihre Kreise ...

Als sie wieder im Haus an der Leo-we-lu sind, sagt Lita: «Das war ein unvergessliches Erlebnis – in noch unverdienten Ferien. Wenn die Schule erst anfängt, findet sich hoffentlich bald eine Freundin für dich!»

Gertrud hat inzwischen ihre Scheu überwunden. «Ach, ich war immer allein, mein Leben lang. Wie ist das eigentlich mit Freundinnen?» fragt sie zutraulich. «Hatten Sie welche? Erzählen Sie mir ein bisschen darüber?» Sie sitzen beide auf dem Balkon, während unten der Hausherr an seinem «Drehbänkel» arbeitet.

Lita besinnt sich, findet erst allmählich den Weg zurück – vom Be-ling nach Deutschland. «Zuerst hatte ich auch keine Freundin – da hatte ich ‹die Kinder›. Ich meine, Dicki und Totti, meine beiden jüngeren Schwestern. Immer spielten wir zusammen, wir Drei: im Sommer im Wald in selbstgebauten Mooshütten oder unter den alten Bäumen beim Haus, auf einem herrlichen Spielplatz mit Schaukel und Barren und Hängematte. Im Winter bauten wir uns in der Kinderstube mit umgekippten Stühlen und Tischen eine eigene Wohnung, spielten Mutter und Kind oder Schule. Als wir dann nach Herborn im Westerwald zogen, wurde zu meiner Enttäuschung alles anders: ‹die Kinder› wurden mir untreu! Totti freundete sich mit einer Maria Maus an (nie werde ich den verhassten Namen vergessen!) und Dicki mit einem Duala-Neger aus Kamerun, der von seinem Vater, einem Pfarrer, durch die Mission zu unsern Nachbarn geschickt worden war. Vor dem Einschlafen in unsrer kleinen Dachkammer im dritten Stock – die Elternwohnung war im Erdgeschoss – trug ich den Schwestern Abend für Abend Balladen und Gedichte von Schiller und Uhland vor, ellenlange, doch sie beklagten sich bei Mutter. Dann suchte ich mir auch eine Freundin, sie war aber viel älter als ich und besass schon eine ‹Hamsterkiste›, in die sie selbstgestickte hübsche Sachen legte – für später. Ich hab's ihr nachgemacht, obwohl ich erst fünfzehn war! Und als sie im Hospital die Verwundeten zu pflegen begann, ging ich auch zu ihnen, brachte ihnen Blumen und las ihnen vor. Einmal machten wir einen Ausflug in den ‹Hohen Westerwald›, ihre drei Brüder kamen mit. Dort sah ich zum erstenmal Basaltgestein, sechseckige Säulen (was meine Lernbegier mächtig anregte), und in einem Dorf einen Töpfer, der die schönsten Vasen auf seiner Töpferscheibe herstellte. Weil meine Mutter merkte, wie einsam ich mir trotz allem vorkam, schickte sie mich zu zwei alten Schweizer Damen, bei denen ich Wäschenähen erlernen sollte. Aber es half alles nicht viel.»

Gertrud nickte verständnisinnig. «Und dann?» fragte sie.

«Dann kam ich ja zu meiner Tante Liese nach Essen in die vornehme Luisenschule und konnte meine Mitschülerinnen nicht ausstehen. Es waren affektierte Grossstadt-Pflanzen. Schliesslich – du warst doch dabei, als ich es deinem Papa erzählte – wurde es mit der Lebensmittelversorgung zu schwierig, und daher kam ich wieder zu den Eltern, die inzwischen nach Erfurt verzogen waren. Da ging's erst richtig los mit dem Hunger.»

«Haben *Sie* denn auch gehungert?» staunte Gertrud.

«Und wie! Wir sind oft hungrig zu Bett gegangen, meine Schwestern und ich, und waren aufsässig, wenn Vater ein Ei bekommen hatte und wir nicht. Aber mein Vater war ein baumlanger Riese, der im Krieg hundert Pfund abgenommen hatte, und wenn er aus den unteren Bücherregalen ein Buch holen wollte, wurde ihm schwindlig, weil er sich nicht so tief bücken konnte.»

«Und Ihre Mutter?»

«Ach, unsre Mutter: so zierlich und klein, dass man sie einfach nicht mehr sah, wenn ihre drei in die Höhe geschossenen Mädchen sich lachend um sie herum aufstellten! Die schwarzäugige ‹Kleine› wurde immer tapferer, je länger der Krieg dauerte. In der fremden Grossstadt hatten wir als neu Hinzugezogene keine ‹Beziehungen› zu Lebensmittelgeschäften. Um uns alle vor dem Verhungern zu bewahren, fuhr ‹die Kleine› aufs Land, bettelte bei Bauern um fünf Stück Kartoffeln, ein Ei, eine Speckrinde, wurde mit Hunden vom Hof gejagt, immer voller Angst vor Polizisten, denn ‹Hamstern› war verboten. Einmal hatte sie nur ein Pfund Gerste bekommen ...»

«Gerste? Wozu?» fragte Gertrud gespannt.

«Um sie wie Kaffee zu rösten – auch mit Wickensamen ging es –, aber die Gerste hat ihr ein Polizist abgenommen, als sie schon glücklich in Erfurt im Bahnhof anlangte. Er hat sie auf die Schienen gestreut, die Gerste. Sie zeigte uns das leere Säckchen, das er in einer geheimen Tasche entdeckt hatte ... Die Polizisten wussten, dass ‹die Hamsterer› es so machten. Aber die wahren Übeltäter, die Schieber, die erwischten sie natürlich nicht.

«Es war ein unabsehbarer Kummer – bis ein freundlicher Kollege im Seminar unserm Vater riet, wir sollten doch ‹Winterschüler› bei uns aufnehmen: Bauernsöhne, die im Winter in Erfurt die Landwirtschaftliche Schule besuchten und deren Eltern sie gern in netten Familien untergebracht wissen wollten. Da wurde alles plötzlich rosiger! Oder doch nicht? Zwar, gutes Essen war auf einmal da: die jungen Burschen brachten reichlich mit, wenn sie sonntagabends von den Höfen ihrer Eltern, wohlhabender Bauern, in die Stadt zurückkehrten. Oft kam auch die Mutter mit, um sich zu überzeugen, dass die Herren Söhne es gut hatten bei uns! Diese Söhne, die sich in zwei Schlafzimmern und in unserm grossen Wohnzimmer breitmachten, junge Burschen mit schweren Stiefeln, vor denen sich mein Vater und auch wir drei Mädels naserümpfend zurückzogen, der Vater in sein Studierzimmer mit dem Winter- und dem Sommerschreibtisch. Mutter und ich sassen oft auf der Ofenbank vor Vaters grünem Kachelofen, ich mit einem Tassenkopf in der Hand und Mutter mit der Kanne voll Malzkaffee, an der sie sich die verarbeiteten Hände wärmte und mir ihre Sorgen anvertraute. Und immer musste sie mich zärtlich tadeln: ‹Kappele nicht, Kind!›, wenn ich vor Übermut auf der Ofenbank zu kappeln begann... Wir waren doch jung damals, die reinsten Kinder...»

«Und in Erfurt hatten sie dann Freundinnen?» fragte Gertrud.

«Ja», lachte Lita, «viele, viele! Aber davon erzähl' ich dir vielleicht nach dem Abendbrot – hörst du nicht, wie ungeduldig dein Papa auf den Gong hämmert?»

Ja, sie würde es diesem so behütet aufgewachsenen und doch so einsamen Kind erzählen, wie sie trotz Krieg und Grauen ihre Jugend geniessen wollten und sich nicht schämten, das Elend manchmal zu vergessen.

«Ihr zwei habt wohl Geheimnisse miteinander?» fragte Dr. Grumbach nach dem Essen, als Gertrud ihrem Vater einen auffallend flüchtigen Gutenacht-Kuss gab und ihrer Lehrerin die Treppe hinauffolgte...

Lita setzte sich hinter den Schreibtisch, und als sie ein blaues Heft hervorholte, machte Gertrud ein langes Gesicht.

«Ich will dir nur mal mein Reisetagebuch zeigen, wie es vollgekritzelt ist mit Berichten über all die Wanderungen, die ich mit meinen neuen Freundinnen gemacht habe. Wir waren lauter Wandervögel; ein paar gingen in meine Klasse, andre arbeiteten schon in einem Büro, die älteste war Gärtnerin. Sie hatte eine Gitarre, und natürlich hatten wir alle den

Zupfgeigenhansel, das Liederbuch, du kennst es ja. Wir sangen immer: beim Wandern, beim Lagern und abends am Feuer, wenn abgekocht wurde – scheussliche Suppen, oder wir assen ‹Kartoffelsalat› aus Kohlrüben, den unsre kleine Mutter bereitwillig mit einer sauren Gurke verschönt hatte. Wir machten Ausflüge zu romantischen Burgen, sangen ‹Aus alten Märchen winkt es hervor mit weisser Hand, da singt es und da klingt es von einem Zauberland› – doch das gelang nur unsrer besten Sängerin. Die Älteste erzählte vom Jugendtreffen am Hohen Meissner, und das Weserlied konnten wir gar nicht oft genug hören, denn wir waren erfüllt von Idealen, trotz der schweren Zeit, der Zeit zum Trotz.»

«Haben Sie auch Irrlichter im Wald gesehen, wenn Sie nachts wanderten?» erkundigte sich Gertrud gespannt.

«Irrlichter gibt's nur in Sümpfen, da war es uns zu feucht, aber Glühwürmchen sahen wir, und dann immer die Sterne hoch über uns zwischen den schwarzen Tannenwipfeln des Thüringer Waldes. Kickelhahn und Ilmenau und andre Goethe-Gedenkstätten besuchten wir auch mit der Seminarklasse, im Zusammenhang mit dem Literatur-Unterricht. Oder nur zu dritt, die engsten Freundinnen: mindestens einmal die Woche gingen wir in Weimar ins Theater, in der Nachkriegszeit, als man wieder mit der Bahn fahren durfte. Da verdienten wir uns schon Geld mit Privatstunden, fünfzig Pfennig die Stunde, für Stehplätze hat es immer gereicht. Eines Abends hatten wir, berauscht von Goethes TASSO, den Zug verpasst. Der nächste ging erst um Mitternacht. Also in den Park, an die Ilm, bei Mondschein zu Goethes Gartenhaus – du kennst mein Bildchen – ja, das ist es – und in ‹seinen› Garten hinein, auf die Bank unter dem alten Birnbaum. Eine von uns deklamierte ein Goethe-Gedicht – plötzlich erschraken wir, weil es hinter uns raschelte und plumpste. Goldgelbe Birnen waren reif und saftig vom Baum gefallen. Wir fühlten uns bewirtet – du kannst dir wohl denken, von wem. – Und sogar mit den Fahrrädern fuhren wir los, ins Maintal hinunter und von Vierzehnheiligen und Bamberg und Würzburg bis Rothenburg, zu all den herrlichen Kirchen und alten Städten. Wir schwelgten in Kunst, und meine Malerfreundin Dore skizzierte jeden Winkel.» Lita lachte: «Ich bin ins Schwärmen geraten! Inzwischen war ich ja auch viel älter geworden, als du es heute bist. Aber du wirst auch so glückliche Tage erleben, und Freundinnen bekommst du sicher bald!»

Gertrud strahlte. Und Lita hatte Mühe, einzuschlafen. Sie freute sich aufs Unterrichten, besonders auf die Deutschstunden und auf Geographie, verbunden mit Kunstgeschichte ... falls die Kinder nicht zu jung waren!

San-djin-lu

Der Unterricht bei Herrn Lessing wurde immer abwechslungsreicher. «Die Umgangssprache können Sie auch vom Kleinen Mohr oder von Ihrem Hausboy erlernen», erklärte er. «Die Zahlen kennen Sie längst. Wichtig ist in China die Frage: ‹Wieviel kostet das?›» spöttelte er. «Nein, wir wollen uns lieber in den Lao-dse vertiefen!» Ein schwieriges Unterfangen, das angenehm unterbrochen wurde durch das Studium von Bach-Chorälen (er besass ein Harmonium, und Lita sang gern Kirchenlieder) und durch einen grösseren Ausflug mit der Bahn, um ihr in der Wildnis von Huo-lien-djai Gelegenheit für die Suche nach der Securinega zu geben. Sie fanden aber nur wilde Azaleen, und Gertrud pflückte einen ganzen Strauss der rosa Diptam-Blüten, was jedoch verhängnisvolle Folgen hatte. Die Drüsen auf der Blatt-Unterseite riefen Brandblasen hervor, und die arme Gertrud musste täglich die weiche Innenseite ihrer Arme behandeln lassen.

Der friedliche Rhythmus ihrer Tage geriet ohnehin etwas aus dem Gleichgewicht, als die Taitai (Hausfrau) mit dem Baby und der Amah erschien. Das Baby brüllte Tag und Nacht, und die Kinderfrau trippelte auf ihren verkrüppelten Füsschen (den «goldenen Lilien») umher und wunderte sich in drolligem Tsingtau-Deutsch: «Mich schon ganich wissen, walum Baby imma weine-weine machen!» Mit dem Kaffeestündchen nach Tisch war es natürlich vorbei, und Lita benutzte die Zeit, sich noch mehr in die Bücher zu vertiefen, die ihr Herr Lessing geliehen hatte: über chinesische Geschichte (die dicken Bände von Bland und Backhouse), Kulturgeschichte und Kunst, die Übersetzungen Richard Wilhelms von Kung-dse und Dschuang-dse und den herrlichen Gedichtband CHINESISCHE TAGES- UND JAHRESZEITEN, der sie zu eigenen Gedichten anregte.

Als der Hausherr einen Geschäftsbesuch in Fushun erledigen musste, wurden sie alle zu den riesigen, im Tagbau betriebenen Ölschiefer-Gruben (in japanischem Besitz) mitgenommen. Dr. Izeki, ein besonders kleiner Japaner, führte sie umher und zeigte ihnen auch den Bernstein, der sich auf dem Grund der abgestuften Terrassen vorgefunden hatte. Er war dunkelbraun und nicht so golden-durchsichtig wie der preussische. Was für Bäume mochten ihn erzeugt haben? Dr. Izeki wusste es leider nicht, wie er Lita unter zahllosen Verbeugungen versicherte. Zwei Tage später berichtete der Hausherr, Dr. Izeki habe Heiratsabsichten auf Fräulein Schüler angedeutet. Das allgemeine Gelächter kam dem kleinen Mann zum Glück nicht zu Ohren. Offenbar besass er nicht genug Phantasie, um sich vorzustellen, wie er neben der Riesin Lita wirken würde.

«Und überhaupt: eine Ehe mit einem Japaner!» rief die Tai-tai und erzählte von ihren Beobachtungen in Japan, wo sie so lange gelebt hatten. Das Los einer japanischen Ehefrau schien Lita nicht beneidenswert. Aber das Land mit seinen Naturschönheiten liess sie sich immer wieder schildern: es war – als Land der Blumen – ursprünglich das Ziel ihrer Reisesehnsucht gewesen, die sich vielleicht doch einmal erfüllen liesse.

Im Juni traf der (mit von Dr. Mohr geliehenem Geld gekaufte) Überseekoffer ein, den Lita noch mit ihrer Mutter zusammen in Erfurt gepackt hatte. Natürlich musste sich der weisse Schuhpuder ausgerechnet in ihre Kamera ergiessen! Aber sonst – all die lieben Sachen – Bücher und Bilder, selbstgenähte Stoffpuppen (eine ihrer Spezialitäten) und selbstgenähte und bestickte Kleider.

«Darf ich zuschauen?» fragte Gertrud. «Oh, was für schöne Bilder! Wollen Sie sie alle aufhängen?»

«Einige», antwortete Lita und liess den Blick über die Wände des winzigen Zimmers schweifen. «Wenigstens das Aquarell hier, mein Elternhaus, von einem Schüler meines Vaters gemalt. Mein Vater gab seinen Seminaristen ausser in Mathematik und Botanik auch Unterricht im Zeichnen – im Sommer im Freien, da wurde ‹nach der Natur› gemalt. Das hier ist unser altes Haus im Paddengang, er hat es mir für China mitgegeben. Wir haben Joachimsthal zwar schon 1913 verlassen – wegen der Versetzungen meines Vaters –, aber an dem schönen Haus hingen wir alle, es war unsre wahre Heimat. Siehst du das mächtige Dach? Wie eine Glucke! Darunter lag der ‹Boden› mit einer klobigen Wäschemangel, die mit Feldsteinen beschwert war. Und natürlich Gastzimmer und Räucherkammer und so weiter.»

«Warum heisst es ‹Im Paddengang›? Was ist denn das?»

«Offiziell hiess der schmale Fahrweg, an dem unser Haus lag, die Menzelstrasse – aber wer bedachte das schon? Höchstens der Briefträger. Am Ende einer langen Sackgasse stand das Haus und trug die Nummer ZWEI. Am Anfang lag die Gärtnerei Meister Zwiebelkorns, und seine Gärten und Frühbeete zogen sich auf der einen Seite des Paddengangs hin, bis zu einem kleinen Bach – da ist er, siehst du ihn? Er stiess an unser Grundstück. Von Zwiebelkorns Haus sahen wir überhaupt nichts, wir waren ganz von Grün und Bäumen eingeschlossen. Ach so, warum Paddengang? Padde ist das plattdeutsche Wort für Frosch. Die hüpften da nach dem Regen herum.»

Lita stellte das Bild auf ein Regal, konnte den Blick aber noch nicht abwenden. «Siehst du das Fenster hier an der Ecke? Das gehörte zu meines Vaters Arbeitszimmer. Und das Bäumchen daneben? Das ist ein Rotdorn. Als Vater eines Tages ans Fenster trat und nachsehen wollte, weshalb wir so ein Geschrei machten, entdeckte er, dass die andern Kinder mich, seine Älteste, mit seinem langen dunkelroten Wollschal an dem Rotdorn aufhängen wollten, denn wir spielten gerade die Szene aus dem Gedicht: ‹Es ging ein Mann im Syrerland, führt' ein Kamel am Halfterband ...› Die Idee stammte von mir, und natürlich schrie ich, als es Ernst wurde.»

Gertrud machte ein entsetztes Gesicht, deshalb sagte Lita: «Ich war immer für wilde Spiele, musste auch drunter leiden. Hier auf den Drahtzaun hat mich meine Schwester Dicki geschubst, als wir ‹Räuber und Prinzessin› spielten und ich fliehen musste. Ein Endchen vom Draht hat mir die Nase aufgespalten – man kann's noch sehen – ich bekam einen Verband, meine Schwester bekam Haue (leider – auch die andern hatten schuld), und der Doktor fragte mich, ob ich wie die Studenten auf der Mensur gewesen sei.»

Gertrud betrachtete Litas Nase: es stimmte! Dann fiel ihr Blick nochmals auf das Bild. «Was haben die beiden Bäume über den kleinen Lauben für komische Stämme?»

«Sie hatten sich einen dicken Pelz aus Efeu zugelegt. Obwohl mein Vater wusste, dass der Efeu die Stämme abwürgte, erfreute sich doch sein Künstlerauge an dem schönen Anblick, und ebenso freute sich sein Herz an den vielen Vögeln, die in dem dicken Gewucher ihre Nester bauten. Überhaupt all die Singvögel im Paddengang! Längs der ganzen Sackgasse verlief auf der einen Seite eine Hecke aus Hainbuchen (dahinter dehnte sich ein verzauberter Garten, in dem nie ein Mensch zu sehen war), und alle zehn Meter – sieh mal, hier und hier und hier – war ein einzelnes Hainbuchenstämmchen in die Höhe gezogen worden und bildete über der Hecke eine dicke Kugel. Dort bin ich oft hinaufgeklettert, da waren Nester mit hellblauen Eilein.»

Die Taitai steckte den Kopf zur Tür herein, und Lita erklärte: «Ich zeige Gertrud mein Elternhaus. Es ist über hundert Jahre alt: ganz früher war es ein Schulhaus, eine Morgenschule, die vor Beginn der Feldarbeit von den Kindern der Ackerbürger besucht werden musste. Jetzt erinnern nur noch die breiten Dielen aus rohem Holz an ehemalige Schulräume: allwöchentlich mussten sie mit Sand und Seife weiss geschrubbt werden.»

«Interessant», sagte die Taitai und fuhr fort: «In unserm neuen Haus werden Sie mehr Platz an den Wänden haben, um Ihre Bilder aufzuhängen. Wir bauen nämlich ein grösseres Haus an der San-djin-lu, und oben haben wir ein grosses Schulzimmer vorgesehen und für Sie und Gertrud ein gemeinsames Schlafzimmer.»

«Gemeinsames ...?» hauchte die vierundzwanzigjährige Lita. «Aber ich spreche im Schlaf!» Insgeheim sann sie auf Abhilfe. Wieder mal eine Hürde! Ich werde noch der reinste Champion im Hürdenlauf, dachte sie entschlossen, während sie hinter der Taitai die enge Holztreppe hinunter zum Abendessen ging.

Dann waren endlich die zehn – bis elf – bis dreizehn Kinder beisammen, die Lita unterrichten durfte und wofür der Konsul schliesslich zwei Zimmer im neuen Konsulat bewilligte. Leider waren sie durch einen Korridor getrennt, so daß Lita als einzige Lehrerin zwischen den beiden Klassenräumen hin und her pendeln musste, um die in fünf Jahrgänge gruppierten Kinder zu unterrichten und die Sonderwünsche der Eltern zu berücksichtigen: das Tschechenmädchen Ludmilla sprach kein Wort Deutsch, sollte es aber erlernen; zwei Chinesinnen nahmen nicht am Geschichts- und Erdkunde-Unterricht teil, weil sie bereits mit chinesischer Geschichte und Erdkunde belastet waren, und der Besitzer des neuen Hotels jenseits der Strasse wünschte sein neunjähriges Töchterchen vom Religions-Unterricht befreit zu sehen, weil er Atheist sei.

Inzwischen entstanden noch weitere Wohnhäuser an der San-djin-lu, auch eins für den baltischen Arzt, der mit seiner Familie erwartet wurde. Etwas abseits wurde ein prachtvoller DEUTSCHER KLUB errichtet, denn wie Lita von der Taitai hörte, «verkehren die in China lebenden Deutschen nicht mit den Alliierten und gehen auch nicht in deren Klub.» Bei Kriegsausbruch hätten die in Tientsin ansässigen ausländischen Damen die Torten in der Auslage der deutschen Konditorei bespuckt, die sie bis dahin nur zu gern gekauft und vertilgt hatten. Und ausserdem hätten die Alliierten das Schild am Park der Internationalen Konzession in Shanghai, das den Chinesen den Zutritt verbot, abgeändert in GERMANS AND DOGS NOT ALLOWED! Im Jahre 1924 schwelte das also immer noch! Lita kam zu der naheliegenden Frage: was mochten die Chinesen von den Weissen denken, die ihnen in ihrem eignen Land, dem «Reich der Mitte», den Zutritt zu einem Park verboten und obendrein die Angehörigen der eigenen Rasse so schimpflich behandelten?

Sobald die Häuser an der San-djin-lu fertig waren, zogen sie ins neue Haus. Lita wurde von Neuankömmlingen eingeladen, von der Arztfamilie, von einem musikalischen älteren Ehepaar und von einem lebenslustigen jungen Ehepaar, den «Semmels», bei denen man nach dem Abendessen auf sehr beschränktem Raum tanzte und bei denen ein Junggeselle, «Schnäcki» genannt, verkehrte; er wohnte in einem der grauen Häuser an der Leo-we-lu und war Lita bis dahin nur selten begegnet. Jetzt wurde sie zusammen mit Semmels zu ihm eingeladen, und er spielte ihnen die Frühlingssonate vor. Nachdem Lita sein Klavierspiel genossen und seine Bücherschränke mit Wohlgefallen inspiziert hatte, liess sie sich von ihm zu Ausfahrten in den Be-ling einladen.

Bei ihren Schülerinnen war sie im Nu als «Fräulein Schülchen» sehr beliebt. Ihr Lesehunger wurde weiterhin von Le lao-ye geschürt und mit Leihgaben seltener Bücher gestillt, so dass Fridel über die Vielseitigkeit ihrer Interessen staunte und ihr brieflich die Scherzfrage stellte: «Was ist paradox? – Wenn ein Schmetterling zu einem Bücherwurm wird.»

Der Arme ahnte nicht, dass der Bücherwurm in aller Frühe auf dem Balkon stand und nach einem Reiter auf einem Isabellenschimmel Ausschau hielt, der bei jedem Wetter, auch in der grimmigsten Winterkälte, seinen Ausritt machte. Sah Lita ihn, dann konnte sie zufrieden an den Frühstückstisch hinuntereilen, wo die Familie bereits beim Hirsebrei sass (an Stelle von Porridge) und nur der Papa und Lita «Buttersösschen» bekamen. Insgeheim erhoffte sie für den Nachmittag eine Fahrt in den (kaum) verschneiten Be-ling, wo sie Herrn Schnack vielleicht zu einer Schneeballschlacht verlocken konnte: der Winter war ja so herrlich, sieben Monate strahlte die Sonne vom ewig blauen Himmel nieder, indes das

Land immer trockener wurde und sich für die ersten Staubstürme sammelte. Längst hatte sie sich aus ihrem Monatsgehalt (dreissig Silberdollar) einen Ledermantel mit Schaffutter zusammengespart, vielmehr ihn abgestottert.

Nach dem langen Winter mit Temperaturen von minus 25 Grad Celsius erlebte Lita ihren zweiten mandschurischen Frühling, und zwar in Niutschwang (deutsch = Kuhdorf), wohin sie zu Pfingsten mit Freunden eingeladen wurde – auch Schnäcki war dabei. Dort lebte eine dänische Familie, die in dem gottverlassenen Kaff für jeden Hausbesuch dankbar war. Die Fahrt mit dem Bummelbähnchen dauerte nur fünf bis sechs Stunden und führte durch baumloses, plattes Land, das zuletzt in einen breiten Schilfgürtel überging. Mitten darin lag Niutschwang, eine ältere Siedlung englischer Kaufleute. In englischem Stil das graue Backsteinhaus mit den Veranden, englisch gekleidet der Hausherr, der sich gern englisch gebärdete, aber ebenso wie seine Frau Pülle von überaus herzlicher Gastfreundschaft war. Noch ein junger Neffe war da, Jablo, als Thronfolger bereits im Geschäft tätig.

Nach einem belebenden *egg-nog* (Eierkognak), den jeder sich selbst herstellen durfte, ging es in Rikschas durchs Dorf und zum «Creek», auf dem das Hausboot vor Anker lag, eine echte Dschunke, seetüchtig bei aller scheinbaren Plumpheit, mit gewaltigem Segel und zwei glückbringenden Augen am Bug, und innen aufs gemütlichste eingerichtet. Koch und Kuli waren schon an Bord, und bald wurde den Gästen ein dänisches Essen serviert. Unterdessen setzte sich die Dschunke in Bewegung, denn natürlich war auch ein Bootsmann mit seinen Kulis an Bord.

Sie «schipperten» aus der trüben Lurke hinaus, die

sich bei Flut im Creek ansammelte, und aufs Meer – doch das verschilfte Ufer blieb ständig nah. Bald hiess es: «Da ist der Golfplatz, hier legen wir an!» Frau Pülle schwenkte ein Kleidungsstück, das sich Lita anziehen musste: es war eine bis auf die Zehen fallende Rockhose. «Wir haben leider keinen Damensattel, aber Sie bekommen unsern schönsten Herrensattel – aus weichem Wildleder.»

Zu ihrer Überraschung hatte der Pferdeknecht die Pferde der Familie hergeführt, und nun sollte der Rückweg hoch zu Ross zurückgelegt werden. Seit Litas erster Stelle auf dem Gut Kotzbüttel hatte sie nicht mehr auf einem Pferd gesessen – aber Frau Pülle versicherte ihr, dass der Braune ein frommes Lamm sei. Doch das Lamm musste wohl gemerkt haben, dass es eine zaghafte Anfängerin auf seinem Rücken trug – es trabte munter los, schneller und schneller, und Litas lauter Zuruf spornte es zu einem tollen Galopp an. Sie liess die andern weit hinter sich zurück, der Wind sauste ihr um die Ohren, sie konnte sich mit dem empfohlenen «kräftigen Schenkeldruck» noch immer oben behaupten, doch dann stellte sich dem «Lämmchen» eine lange, hohe Mauer entgegen, im rechten Winkel bog es, dem Weg folgend, scharf ab – und die Reiterin lag auf der Erde.

Das «Lamm» blieb sofort stehen und beschnupperte sie, die sich – Ehrensache – nach kurzem Besinnen hochrappelte und der besorgt herbeieilenden Kavalkade versicherte: «Es ist bloss die Schulter!» Trotzdem durfte sie nicht wieder aufs Pferd, sondern wurde in eine Rikscha gepackt, die Jablo im nahen Dorf aufgetrieben hatte. Beschämt schunkelte sie «nach Hause», wo Frau Pülle die handgrossen, abgewetzten Hautstellen sachkundig behandelte (sie war ehemals Krankenschwester gewesen). Der Nachmittag verging mit Krocketspielen auf dem tadellosen englischen Rasen, den üppige Rosenbüsche der duftenden gelben ROSA HUGONIS vor den Blicken der Dorfbevölkerung schützten. Die geschundene Schulter brannte empfindlich, doch das störte nicht beim Krocketspiel, wo sie, «unter Tränen lächelnd» (nach Fritz Reuter zitiert), kräftig mogelte, denn sie trug noch den langen Reitrock, unter dessen Saum sie der Kugel mit der Fussspitze den Weg weisen konnte.

Auch das Abendessen überstand sie, bei dem es übrigens wieder sehr englisch zuging – Sherry vor dem Essen, zu jedem Gang einen andren Wein, und nach dem Essen zogen sich die Damen in den Drawing-Room zurück, obwohl sie ja nur zu dritt waren und die Herren nicht gestört hätten, die im Herrenzimmer vorschriftsmässig dem Portwein und dem Tabak huldigten. Dass sie sich für Damenohren ungeeignete Herrenwitze erzählten, war bei dem makellosen Benehmen des Hausherrn kaum anzunehmen; doch sie überliessen die Damen dem Klatsch, das heisst, die beiden verheirateten Frauen, Semmeline und Frau Pülle, zogen «die Schülerin» auf und hängten ihr frei erfundene Liebesabenteuer an – nur, um sie auszuhorchen, ob und wieweit sie verliebt war. In wen, das war kaum noch ein Geheimnis. Heldenhaft verbiss sich Lita beim Tanz mit «ihm» die Schmerzen an der Schulter. Wie schön hätte alles sein können, wenn «das lebhafte Lamm» sie nicht abgeworfen hätte, dachte sie auch noch in der schlaflos zugebrachten Nacht. War sie nun – oder war sie nicht gefangen? Eine Frage, die sich wegen der Schmerzen erst recht nicht lösen liess.

«Heiratet nicht vor fünfunddreissig!» hatte ihre kluge Mutter gewarnt – sie, die sich mit zweiundzwanzig Jahren ins Joch der Ehe begeben und bald gemerkt hatte, dass sie nicht auf Rosen gebettet war.

Jetzt hatte ihre Älteste in einer langen «Schmerzensnacht» Zeit genug, sich das Leben der kleinen Mutter zu vergegenwärtigen. Es war mühevollste Arbeit gewesen.

Ein unbändig fröhliches, schwarzhaariges kleines Ding hatte sich, wie es damals Sitte war, gutgläubig und zutraulich dem Ehemann gefügt – diesem baumlangen Menschen, der seinen Egoismus als selbstverständlich empfand und trotz seiner Gutmütigkeit in einen gewitterhaften Zorn geraten konnte. Von seinem Gehalt beanspruchte er von Anfang an die Hälfte ganz für sich persönlich, vor allem für Bücher. Seine fanatische Liebe fürs Gärtnern entwickelte sich erst, nachdem die Eltern aus der Notwohnung in ein eigenes Haus umgezogen waren, ins «Haus im Paddengang», zu dem ein riesengrosser Garten gehörte. Nun musste sich die kleine Mutter ständig nicht nur im Haus, sondern auch im Garten abrackern. Nicht etwa, dass er selbst dort *arbeitete* – er hatte genug Freiwillige, die seine alljährlich während der Ferien in der Gartenfachschule aufgesogenen Ideen in die Tat umsetzten: seine Schüler nämlich, die Seminaristen und angehenden Junglehrer, die in der Praxis ausführen durften, was sie in der Naturgeschichtsstunde bei ihm gelernt hatten. Aber sie verrichteten die Gartenarbeit, zu der sie kommandiert wurden, mit Humor und Freude; viele von ihnen stammten vom Lande. Ausserdem machte es Spass, für den gestrengen Lehrer zu arbeiten, denn der Schweiss war nicht umsonst vergossen. Nach der Arbeit wurden sie in Herrn Schülers Studierzimmer zu einem Glas Bier aufgefordert, das ihnen die kleine Mutter vorsetzte, auch wenn sie selber abgekämpft war.

Der Garten unterhalb des Hauses war mehrere Morgen gross, und jede interessante Neuzüchtung musste sofort ausprobiert werden. Mit Grauen dachte Lita an ihres Vaters Wunsch, ihnen ein englisches Gemüse schmackhaft zu machen, das er «einführen» wollte: es hiess Pastinak, und die erste Mahlzeit endete damit, dass Vaters Älteste in die Küche verbannt wurde, um das ihr widerstehende Gericht in Einzelhaft aufzuessen. Zu sehr hatte er sich auf den Gehorsam seiner Ältesten verlassen: sie benutzte die Gelegenheit, das Gemüse in den Mülleimer zu spedieren, was aber ans Licht kam und eine Bestrafung zur Folge hatte. Die beiden Kleinen dagegen würgten das Essen vor den Augen des Vaters hinunter und übergaben sich nachher in der Küche. Die Pastinak-Affäre war eine der wenigen unerfreulichen Neuerungen. Ganz anders erging es ihm mit den neuen Erdbeersorten: zehn oder zwanzig Beete wurden angelegt, und die besonders mühsame Pflege blieb der vielgeplagten kleinen Mutter überlassen, während Lita in aller Frühe die über Nacht gereiften Früchte mit der Patent-Erdbeerschere ernten durfte (auch so eine Erwerbung des vergötterten Vaters). Das Spargelstechen dagegen – eine ganze Plantage war angelegt worden – durfte nur die Mutter erledigen, stets vor Sonnenaufgang, noch ehe die Spargelstangen die Köpfe aus der Erde hervorsteckten und sich lila und grün verfärbten.

Spargelzeit und Erdbeerzeit fielen so ungefähr zusammen, um (wie Lita lange Zeit glaubte) Vaters Juni-Geburtstag zu verschönen. «Taufrischer Morgen, herrlich die Welt» sangen die Seminaristen, wenn sie ihrem Lehrer am Vierundzwanzigsten noch vor dem Frühstück ein Ständchen brachten und ein Bild überreichten, bei dem der Rahmen oft der Hauptwert darstellte. Aber war es nicht immer aufregend, sich, noch im Nachthemdchen, die Nase an der Fensterscheibe plattzudrücken und die Sänger zu beobachten? Und das war erst der Anfang des lieben

Geburtstags, an dem die drei Mädchen die von ihrer Mutter gedichteten Verse aufsagten und dem Vater Sträusse überreichten – auf einem heimlichen Spaziergang selber gepflückte –, denn Vaters Garten war für die Kinder unantastbar. Schon bald lernte Lita die schwierigen Rosennamen. Unvergesslich die erste rein weisse Rose in ihrem üppigen Ballettkleid – Frau KARL DRUSCHKY hiess sie – oder die dunkelrote SHERLOCK HOLMES oder die errötende Madame, deren Namen sie nicht aussprechen konnte. «MADAME TESTOU! Merk's dir mal so: was ta-*test du?*» sagte der Vater. Und so blieb es bis ins Jahr 1925 haften.

Aber war es nicht bezeichnend, dass sich immer das Bild des Vaters in den Vordergrund schob, selbst wenn sie sich ausschliesslich an ihre Mutter erinnern wollte? Vater war eben Vater, überwältigend war er! Statt von seiner Gartenbauschule direkt nach Joachimsthal zurückzukehren, machte er einen Umweg über Berlin, besuchte die Museen (das ging ja noch an), besuchte Buchhandlungen und bestellte Bücher oder «allerlei unvernünftiges Zeug», wie die arme Mutter dachte, zum Beispiel einmal eine Zauberlaterne, die in rascher Folge bunte Bilder auf ein nasses, über die Tür gespanntes Laken warf. Für die Kinder war es ein Erlebnis, aber die Mutter war traurig, denn nie reichte das Geld, das ihr für den Haushalt verblieb. Zwar hatte er sein festes Gehalt, Lita hatte es oft genug vom Stadtkämmerer abholen müssen – Goldstücke in einem Leinwandsäckchen –, wenn der Vater im Garten «unabkömmlich» war. Er bekam ja seinen «Anteil», und die kleine Mutter konnte sehen, wie sie fertig wurde. Dabei war sie so sparsam, so erfinderisch und gescheit – Lita hatte es ihrer sparsamen Mutter schon bald abgeschaut.

Vorsichtig drehte sie sich auf die andere Seite. Sie konnte einfach nicht einschlafen mit all den Blessuren, die sie beim Sturz vom Pferd erlitten hatte – und noch aus anderen Gründen nicht. Immer wieder kehrten ihre Gedanken zu der Frage zurück: Was tun, wenn der liebe Mensch darauf besteht, sie zu heiraten?

«Ich denke nicht an Heiraten», hatte sie oft lachend erklärt. «Ich muss viel Geld verdienen, damit ich nach München gehen und dort Botanik und Literatur studieren kann.»

«Wir könnten beide nach München gehen», schlug er zu ihrem Erstaunen vor. «Ich würde gern Geschichte studieren, nachdem es ja mit dem Medizinstudium bei mir nicht geklappt hat.» (Wie er ihr mal erzählt hatte, war ihm der Anatomiesaal zu widerlich gewesen.) «Aber wann?»

Es stand alles auf tönernen Füssen, aber eines Abends, keine zwei Wochen nach dem Niutschwang-Ausflug, erhielt sie einen ernsten Brief, der sie vor eine Entscheidung stellte. Falls sie nicht heiraten wolle, würde er sich nach Shanghai versetzen lassen, denn dass sie, wie ihr das so vorschwebte, einfach zu ihm in sein Junggesellenhaus ziehe und «bei ihm lebe», käme für ihn nicht in Betracht. Und auch für sie nicht, finde er. Auf einen so verrückten Einfall habe sie vermutlich das Beispiel seines Nachbarn, des Rumänen, gebracht?

Weil sie wusste, wie rasch sie sonst einschlief und wie fest sie dann bis zum Morgen schlief, dachte sich Lita etwas aus, um die ganze Nacht wachzubleiben und «zu überlegen». Sie streckte sich nicht behaglich in voller Länge aus, sondern setzte sich, den Rücken ans Kopfteil des Bettes gelehnt, aufrecht hin. Doch die stundenlange Folter führte zu nichts anderem, als dass sie am nächsten Morgen käseweiss am Frühstückstisch erschien und von der Taitai besorgt ausgeforscht wurde. Lachend wehrte sie ab.

Am Nachmittag, auf der Fahrt zum Be-ling, sass er so ernst und schweigsam neben ihr, dass sie auf die jetzt grünen, aber immer noch öden Gräberfelder wies und ihm etwas von ihrer Vorfreude auf die Blumen im Wald vorschwatzte. «Jelängerjelieber blüht bestimmt, und wahrscheinlich sind nun endlich die Lilien aufgeblüht, das zierliche feuerrote TENUIFOLIUM und die seltsame Schwertlilie, von der ich dir erzählt habe – die orange-gelbe mit den blutroten Tupfen, GEMMINGIA CHINENSIS heisst sie. Erinnert mich immer an einen Vers von Omar Chajjam, dem alten Pessimisten: «Mich dünkt, wo Tulpen blühn in Purpurglut, verspritzte ehmals eines Königs Blut...» – «Vielleicht hat er recht», murrte er, hiess den Ma-fu am Waldrand warten und steuerte zielbewusst auf ihren Lieblingsplatz unter einer knorrigen Kiefer zu.

«Hast du meinen Brief bekommen?» fragte er.

«Ich kann nicht kochen», war Litas letzter schwacher Einwand. «Bloss Kuchen backen – von der Tanzstunde her...»

«Kochen kann mein alter Liu, und der würde dich nie in ‹seine› Küche lassen», spottete er und zog sie an sich.

«Wenn ich wenigstens keinen Trauring tragen muss!» wehrte sie sich. Das wurde zugesichert...

Brief vom 25. Mai an Litas Eltern: «... und möchte mich Ihnen als Ihr zukünftiger Schwiegersohn vorstellen ... reiflich überlegt ... bin jetzt siebenunddreissig ... seit 1911 zuerst in Shanghai, dann in Mukden bei ein und derselben Ostasien-Firma tätig ... abgesehen von 5 Jahren Kriegsgefangenschaft in Japan, im Anschluss an die Verteidigung Tsingtaus gegen die japanische Übermacht ... würde mich gern ans Stammhaus in Hamburg versetzen lassen ... einstweilen hier unabkömmlich ... daher sind Ihre Tochter und ich übereingekommen, zunächst hier in Mukden ... wollen im August heiraten ... Hochzeitsreise in die Diamantberge Koreas geplant ... freue mich, Sie beim nächsten Europa-Urlaub kennenzulernen ...»

Lita konnte sich kaum eines mokanten Lächelns erwehren, aber schliesslich war er siebenunddreissig, da war man wohl so.

«Und bring mir ein Bild von dir mit, das ich dem Brief an meine Mutter beilegen kann», bat er. «Sonst glaubt sie's nie!»

Sie trafen sich nun öfter am etwas näher gelegenen Hun-ho, wo eine Baumschule mit dürftigen Pappelstämmchen eine Art Natur vortäuschte. Der Fluss war nur eine trübe, träge dahinfliessende rötlichbraune Sosse, doch die überhöhten Uferdämme deuteten an, dass er wohl auch bedrohlich anschwellen könne. Weit und breit kein Haus, nicht die ärmlichste Lehm-Fangdse.

Sie schickten die Rikschas weg, die sie ein Stückweit benutzt hatten, und Lita öffnete das seidene Furuschki (japanisches Tuch, allgemein anstelle einer Tragtasche benutzt). Mit verschmitztem Lächeln holte sie aus einem grossen gelben Briefumschlag ein Foto, das auf vergilbtem Karton ein dickes Pummelchen mit rundem Mondgesicht und spärlichem Haarwuchs zeigte, einen Sandeimer in der Hand, strahlend – aber die Füsse! «Bin immer ausgelacht worden, weil ich über den grossen Onkel lief», erklärte sie ihm. Sie drehte das Bild um. In ihres Vaters feiner Schrift stand da: «Litabeth Lulabeth. 18 Monate alt!» – «Besser konnte ich meinen Namen damals nicht aussprechen», sagte sie und reichte ihm das nächste Bild. «Hier sitze ich im hohen Kinderstühlchen, noch kein Jahr alt, mit Kulleraugen und winzigem Fünfpfennigsmündchen. Mucksmäuschenstill, ob du's glaubst oder nicht.»

Er räusperte sich. «Nun gib mal endlich ein richtiges Bild von dir, ein neues!»

Mit überlegener Miene – denn sie war eitel – gab sie ihm das Atelier-Foto aus Erfurt. Er schaute sie von der Seite an, verglich ihr Profil mit dem auf dem Foto: «Hast du wirklich eine so lange Adlernase?»

Vergnügt bestätigte sie es. «Schon bei meiner Geburt hat Tante Liese – Mutters Schwester – ausgerufen: ‹Das Kind hat ja 'n kleines Judennäschen!› Mein Vater hielt es eher für eine Römernase. Aber einerlei – eine Affinität muss vorhanden sein: Mein erster Freund, sechs Monate alt, hiess Walter Chaim und wurde von seiner Grossmutter, einer stolzen alten Jüdin, im Wäldchen hinter unserm Haus spazierengefahren, genau wie ich. Wir hatten beide am 23. Dezember Geburtstag, was Mutter und die alte Frau Chaim in Freundschaft verband, doch konnten sie sich nie genug wundern, dass Walter immer so still sass, während ich dauernd versuchte, ins Verdeck meines Kinderwagens zu klettern. Mehr als einmal bin ich koppheister auf dem sandigen Waldweg gelandet. Daher die gebrochenen Rippen auf meinem Röntgenbild – ein Schlachtfeld hat's unser Schularzt genannt. Hab' eben von klein auf zum Wald gestrebt.»

«Du wärst ja beinah ein Christkind geworden», sagte Otto. «Was für Vornamen hast du noch?»

«Also Elisabeth (genannt Lita) nach meiner Patentante Liese in Essen, und Margarethe nach meiner Mutter, und Johanna nach Vaters erster Braut.» Als er die Brauen in die Höhe zog, erklärte sie: «Johanna war Mutters Schwester. Sie war in der schönsten Jugend an Hirnhautentzündung gestorben, nach einer Verletzung auf der alten Kellertreppe. In unserm Joachimsthaler Haus gab's auch so eine Steintreppe, an der man sich den Kopf stiess, wenn man im Finstern hinuntergehen musste, um Senfgurken oder eingemachten Kürbis zu holen.» Sie kramte in dem dicken Briefumschlag. «Das da ist mein Elternhaus am Paddengang – so hieß der Weg, weil nach dem Regen immer soviel Frösche dort herumhopsten. Siehst du die zwei Hängematten und die Schaukel und den Barren? Hat Vater anlegen lassen. Und neben dem Sandhaufen die kleinen Hocker – wie Fliegenpilze angestrichen. – Hier sind Vater und Mutter, aber aus einer viel späteren Zeit, schon in Erfurt. Vergnügt schauen sie aus den Blumenfenstern heraus, die alle mit Kobäen berankt sind – Mutters Spezialität!»

Nachdenklich betrachtete er das Bild. «Ich habe meinen Vater nicht mehr gesehen, seit ich mein Elternhaus verliess – das war 1911. Er starb, während ich in Japan im Lager war. Kein Brief hat mich benachrichtigt. Ich las es zufällig in einer Zeitung.»

Um ihn abzulenken, zog sie drei grosse Bilder hervor – Landschaftsaufnahmen. «Sieh mal, wie schön mein Joachimsthal zwischen Seen gelegen ist! Heisst drum das ‹Märkische Interlaken›! Das hier ist der Werbellin-See, zwischen bewaldeten Hügeln, Ausläufern des Baltischen Höhenrückens, durch die Moräne eines Gletschers gebildet. Ein Paradies für Botaniker: hier finden sie alpine Pflanzen – in der Mark! Der andre See heisst Grimnitz-See. Dorthin ging ich mit meinem Vater, um den Weihnachtskarpfen zu holen. Beim Fischermeister standen hohe Bottiche mit Karpfen und Aalen ... Im Winter fror der See zu. Die Fischer schlugen Löcher ins Eis und stellten einen Pfahl mit einem Strohwisch neben die Wake, als Warnung für die Schlittschuhläufer. Im Frühling platzte die Eisdecke unter einem Dröhnen, das weithin zu hören war, und die dicken Eisplatten schoben sich haushoch übereinander – wenigstens schien's mir so, ich war ja noch klein damals.»

Sie spähte in den gelben Briefumschlag. «Bloss noch zwei: das hier ist die Kreuzkirche in Joachimsthal, und das hier ein wunderlicher Bau, in dem mein Vater seine angehenden Junglehrer unterrichter hat. Ursprünglich von einem Kurfürsten als Gymnasium erbaut worden, das dann nach Berlin verlegt wurde. Ein schöner freier Platz davor! Dort ergingen sich die jungen Seminaristen in der Pause, und wenn mein Vater auf seiner Trillerpfeife ‹Tüüüt!› blies, dann war die Pause zu Ende. Es trug ihm den Spitznamen ‹Der grosse Tüt› ein, und mich nannten sie den ‹kleinen Tüt›, denn ich brachte ihm immer sein Frühstücksbrot. Hier links steht als Lehrerhaus genau der gleiche Bau, mein Geburtshaus, aber nach einem halben Jahr zogen wir in das schöne Haus am Paddengang. Neben dem Torweg führt die Strasse ins Freie, da haben wir 1910 den Halleyschen Kometen beobachtet.»

Sie sammelte die Fotos wieder ein – bis auf das beanstandete mit der Adlernase –, holte einen Bleistift aus der Tasche und strichelte über das Glanzlicht. «Schon viel besser, was?»

Vor der nächsten Chinesisch-Stunde teilte Lita ihrem Herrn Le mit, dass sie sich mit Herrn Schnack verlobt habe. Nach einer langen Pause fragte er: «Haben Sie es reiflich überlegt?» Lita war äusserst erstaunt. «Freuen Sie sich denn nicht mit mir?» fragte sie.

«Das wäre zuviel verlangt», lächelte er mit seinen dünnen Gummibandlippen und blickte wie ein weiser Lo-han drein.

Zum Kummer ihrer Schülerinnen und zur Enttäuschung von deren Eltern unterrichtete Lita nur noch ein paar Wochen, bis zu den Grossen Ferien; dann trat sie aus ihrem dreijährigen Vertrag aus, ahnungslos wie immer in solchen Dingen. Erst Jahre später hörte sie von dem «Brautkauf». Ihr Verlobter hatte das volle Reisegeld für sie zurückerstattet. Für *board and lodging* – Essen und Wohnung – hatten alle Eltern gemeinsam bezahlt, das war also auch in Ordnung. Bis zum Hochzeitstag wohnte Lita als nicht ungern gesehener zahlender Gast noch im Haus von Gertruds Eltern. Die Schulkinder sprachen nicht mehr von «Fräulein Schülchen, der verlobten Dame», sondern von Fräulein Schnack und Herrlein Schnack.

«Er» hatte seit dem Tage seiner Ankunft in Mukden ziemlich gleichgültig in seinem Junggesellenhaus gewohnt. Zwar hatte er von seinem Europa-Urlaub 1921 (dem wohlverdienten, als er endlich aus der Gefangenschaft entlassen worden war und sich pfeiferauchend als mürrischer «Brite» ohne Pass nach China hineingeschmuggelt hatte) allerlei Hausrat mitgebracht, aber nicht viel ausgepackt, weil die politische Lage unsicher war. Doch jetzt eröffnete ihm Liu, sein schieläugiger, pockennarbiger Hausboy, dass es mit einer jungen Taitai zuviel Arbeit gebe, und man brauche noch einen Kuli. Was bewilligt wurde. (Nur war der kleine Kuli ein unverdorbener Junge vom Land, der entsetzt zurücksprang, als das Spülwasser fürs WC mit Getöse aus dem Tank herunterbrauste.)

«Was machen wir mit dem Haus?» fragte Litas Verlobter.

«Wir behaltens's natürlich.»

«Aber mit den Möbeln, die mein Vorgänger irgendwo erstanden und im Haus gelassen hat, als er ‹abgesägt› wurde?»

«Ja, die sind scheusslich, aber ich weiss schon, was

wir damit machen. Du wirst sehen, ich bin der perfekte Innen-Architekt. Völlig neu brauche ich nur ein Bett und einen Kleiderschrank. Die gelben Esszimmermöbel lasse ich schwarz lackieren, das ist todschick, das Schlafzimmer bekommt weissen Schleiflack, aus den beiden andern Zimmern im Oberstock lassen wir die Zwischenwand herausbrechen, dann haben wir unten das grosse Empfangszimmer und oben ein nettes Wohnzimmer für mich, du hast ja die schönen Sutschau-Vorhänge zum Unterteilen der Zimmer...»

Allmählich fiel es ihr auf, dass er gar nichts sagte. «Es wird alles wunderschön, du kannst dich auf mich verlassen. Die chinesischen Handwerker sind billig, und die Gardinen nähe ich alle selber. Fräulein Göbel leiht mir ihre Nähmaschine. Einen Teppich sollten wir vielleicht noch kaufen, für das Damenzimmer oben. Kann deine Firma...?»

Endlich kam er zu Worte. «Meinst du wirklich, du brauchst das Bett und den Schrank?»

«Warum? Weshalb...?» stotterte sie. Dann merkte sie, dass er sich über sie lustig machte.

«Warum diese Besorgnis und Sparsamkeit?» lachte er.

«Weil ich denke, du bist arm?!»

«Wer hat dir denn das erzählt?»

«Jemand von der Firma Brennemann!»

Er lachte wieder. «Ausgerechnet diese armen Schlucker, die sich vergeblich um einen Auftrag vom Arsenal bemühen! Ich werde dir ein Buch über unsre Firma schicken, die erste deutsche «Faktorei», die sich 1846 in Canton niederlassen durfte. – Aber sparen kann natürlich nie schaden, bei der doch recht ungewissen Zukunft!»

«Ungewisse Zukunft?» staunte sie. «Hier in China?»

«Mein gutes Kind, du musst wirklich anfangen, täglich die Zeitungen zu lesen. Politik ist jetzt wichtiger als romantische Gedichte über Eremiten, die in der chinesischen Waldeinsamkeit bei einem Glas Wein den Mond anschwärmen, wichtiger als alle Weisheit Ostasiens, die dir Le lao-ye vermittelt.»

«Aber ich hasse Politik!»

Er lachte: «Den grössten Teil kannst du unbesorgt mir überlassen – aber ein wenig solltest du schon im Bilde sein.»

Lita zog es einstweilen vor, sich an die Verschönerung ihres zukünftigen Heims zu machen. Doch das Buch über seine Firma imponierte ihr so, dass sie nicht nur die Bilder der vielen Filialen in ganz China betrachtete, sondern sogar den Text las. Was die alles importierten und exportierten! Unbedingt musste sie sich später die grossen Lagerhallen (die Go-downs) zeigen lassen. Sie hatte ja noch nicht einmal das Mukdener Geschäftshaus gesehen!

Einstweilen nähte sie Gardinen für elf hohe Fenster (die Zimmer hatten wegen der sommerlichen Hitze sehr hohe Decken), und für die Fenster im Erdgeschoss musste sie Scheibengardinen nähen. Sie verabscheute Scheibengardinen. Aber er bestand darauf. «Wir sind sonst zu exponiert», sagte er. Es wurde zu einem Witzwort, mit dem sie ihn jahrelang aufzog.

Noch vor der Hochzeit gaben die chinesischen Angestellten der Mukdener Firma Lita zu Ehren ein chinesisches Gastmahl – Einladung auf rotem Papier, schön gepinselte schwarze Zeichen. Lita war das einzige weibliche Wesen; die chinesischen Damen blieben wohlbehütet zu Hause. Otto und Lita fuhren im Pferdewagen hin, denn das beste chinesische Restaurant lag mitten in der Japanerstadt. Am Eingang wurden sie vom Gastgeber, Mr. Yang hsi-yeh, unter vielen Verbeugungen begrüsst und an einen nicht gedeckten Tisch geführt. Nur vor Mr. Yang standen zwei grosse Teller mit schwarzen und weissen Melonenkernen, von denen er jedem Gast eine Handvoll aufs kahle Tischtuch schüttete. Zu trinken gab es – ganz unchinesisch, und um so ehrenvoller – weissen Bordeaux in Wassergläsern. Mr. Yang trank Lita zu: »Good luck, Miss Hsü lao-ye!», und die ehrwürdige Miss Hsü musste, wie üblich, das ganze Glas leeren. Als auch die letzten Gäste eingetroffen waren, ging's zu Tisch.

Mr. Yang sollte neben Lita sitzen, weigerte sich aber standhaft, da es der Ehrenplatz gegenüber der offenen Tür war. Schliesslich hob ihn ein bärenstarker Nordchinese mitsamt dem Stuhl auf und setzte ihn neben Lita, wo er ihr dauernd mit «Gan be!» (leerer Becher) zuprosten und ihr die besten Stücke auf ihr Tellerchen legen konnte, selbstverständlich mit seinen eigenen Essstäbchen. Zum Glück waren die «Becher» die reinsten Finkennäpfe und fassten höchstens anderthalb Fingerhut Flüssigkeit – aber starke! Es sei Maiswein, Reiswein und Kaoleangwein, wurde Lita erklärt, die von dem Zutrinken all der vergnügten Herren bald beschwipst war.

Mitten auf dem runden Tisch standen Schüsseln mit den leckersten Gerichten, aus denen sich jeder zulangte, wobei Litas ungeschicktes Manipulieren der Essstäbchen zur allgemeinen Fröhlichkeit beitrug, ebenso ihre Scheu, Abfälle unter dem Tisch verschwinden zu lassen. Doch als dann die bräunlich gebratenen Froschschenkel kamen, konnte sie die übrigbleibenden weissen Knöchlein gar nicht schnell genug loswerden, so gut schmeckte ihr das unbekannte Gericht. Ebenso erging es ihr mit den Haifischflossen, und auch von den Hühnerleberchen nahm sie unbescheiden zu. Zwischendurch gab es klare Brühe mit Bambussprossen und eine süsse Suppe mit Lotuskernen und nach dem dreissigsten Gang die teuren Schwalbennester, eine fade Nudelgeschichte, für die man nicht fünfzig Dollar pro Pfund hätte zahlen sollen, fand Lita.

Dann wurde die berühmte Peking-Ente gezeigt und wieder entführt, um sie in der Küche zu zerlegen, damit man die Scheibchen zusammen mit einem Lauchstengel und einer scharfen Sosse in dünne Fladen wickeln und so verspeisen konnte. Köstliche Leckerbissen! Der Tintenfisch widerstand ihr, doch die faulen Eier, das Dotter dunkelgrün, umgeben von einer rotbraunen Gallertmasse, schmeckten ausgezeichnet, und sie sah es dem Manager von Carlowitz & Cie. (Herrn Otto Schnack) an, dass er mit dem Verhalten der jungen Miss Hsü zufrieden war.

Dann kam die letzte Schulstunde, und wie immer vor den Ferien erwarteten die Kinder von ihrer Lehrerin eine lustige Geschichte. Daher machten sie lange Gesichter, als Lita Geschichtszahlen auf die Wandtafel schrieb und eine Landkarte daneben hängte. KOREA. LAND DER MORGENSTILLE. «Wer weiss etwas über Korea?»

Schweigen.

«Lieber Himmel, es ist doch unser Nachbarland, auch wenn es neunzehn Stunden Bahnfahrt bis zur Hauptstadt Seoul erfordert.» Sie zeigte auf die anstossenden Länder: «Hier unsre Mandschurei, im Norden Russland, und dann die Meeresküste mit der langen Insel gegenüber – heisst –?»

«Japan!» piepste Hilmar, der einzige Junge unter all den Mädchen. Lita war öfters bei seiner Grossmutter eingeladen, die einen singenden Teekessel besass, um den Lita sie beneidete.

Nun meldete sich Lydia, die gescheite Tochter des übergescheiten Hoteliers: «Meine Grossmutter reibt sich ihr Knie mit Ginseng-Salbe ein, die kommt von einer Heilpflanze aus Korea, aber mein Vater lacht bloss drüber.»

«Ja, Ginseng wird in Korea angebaut und bringt dem Staat jährlich ein paar Millionen Yen ein. Auch die Chinesen schreiben dem Ginseng Wunderkräfte zu. Die Wurzel sieht wie ein Männchen aus. Eine wildwachsende Pflanze soll dreissig Jahre lang ihre Heilkraft behalten, aber eine angebaute nicht so lange. Für eine wilde Pflanze werden viele Tausende bezahlt. Deshalb verbringen manche Koreaner und Chinesen ihr Leben damit, in den Urwäldern nach ihr zu suchen. Man findet sie nur noch vereinzelt in schwer zugänglichen Gebirgen. Dort lebt der sibirische Tiger, der für den Beschützer der Ginseng-Pflanze gehalten und deshalb nicht abgeschossen wird. Ihr könnt euch denken, unter was für jahrelangen Entbehrungen so eine Pflanze gesucht wird. Wer eine findet, gräbt sie aus und betet sie an.»

«Ist alles Aberglauben, sagt mein Vater», warf Lydia ein.

«Wer weiss», erwiderte Lita. «Jedenfalls sind die Koreaner ein sehr naturliebendes Volk, teils Buddhisten, teils Christen. Weil Korea reich an Bodenschätzen ist, vor allem an Gold, haben sich fremde Eroberer dauernd um das Land gestritten. Zuerst wurde es von koreanischen Königen regiert, die Chinas Oberherrschaft anerkannten. Vom Jahre 1600 an musste sich das sanfte, friedliebende Volk gegen japanische Überfälle verteidigen. Als sich auch die Russen in Korea einrichteten, erklärten die Japaner den Russen den Krieg und besiegten sie 1905 in der Schlacht von Mukden, hier am Hunho. Das habt ihr auch noch nicht gewusst, was? Und Korea sackten sie ein und machten es zu einer japanischen Provinz. Seither werden die Koreaner von japanischen Beamten regiert.»

«Ich weiss, warum Sie uns heut in der letzten Stunde von Korea erzählen», meldete sich Gertrud, die Klassenälteste. «Weil Sie mit Herrn Schnack nach Korea fahren wollen!»

Lita musste es zugeben und zeigte mit dem Stock auf die Landkarte. «Hier an der Ostküste liegt ein Gebirge von unvergleichlicher Schönheit, der Keumgang-san, das heisst «Land der zehntausend Gipfel», auch Diamantberge genannt. Zwischen den himmelhohen Bergen brausen unzählige Flüsse, und Tausende von Wasserfällen stürzen zu Tal, die die schönsten Namen tragen, zum Beispiel «Fall der fliegenden Pfauen», «Perlenschnur-Fall», «Neun-Drachen-Fall» und «Fliehender Phönix». Die Wälder und Täler sind beinah weglos, aber da die Japaner grosse Naturfreunde und Wanderer sind, haben sie die Diamantberge etwas zugänglicher gemacht.»

«Und die Tiger? Haben Sie keine Angst vor denen?»

«Ach, die gibt es wohl kaum noch, vor allem nicht in Gegenden, wo lärmende japanische Touristen herumlaufen!»

Reise zu den Diamantbergen von Korea

Da Lita sich energisch gegen ein Hochzeitsfest gesträubt hatte, fuhren sie einfach mit ihren Trauzeugen, dem baltischen Ehepaar, zum Deutschen Konsulat, wo sie von Ottos Freund, dem Vizekonsul Kühlborn, ermahnt wurden, ernste Gesichter zu machen und ernst zu antworten, wenn er die notwendigen Fragen stelle. Lita bekam einen neuen Pass als »Frau Elisabeth Schnack» und liess sich gratulieren. Danach kehrten sie ins Haus ihrer Trauzeugen an der San-djin-lu zurück, nicht ohne kurz vorher von einem ohrenbetäubenden Geknatter abgebrannter Feuerfrösche begrüsst zu werden (eine ehrenvolle Überraschung, die sich der nächste Nachbar ausgedacht hatte).

«Herrgott, wie ich mich ins Land der Morgenstille sehne!» flüsterte «Herrlein Schnack», sobald der Lärm überstanden war. Kaum sassen sie im Wohnzimmer, da erschienen schon die Kinder – die Kleinen der Arztfamilie und Litas Schulkinder –, alle mit Kränzchen herausgeputzt. Lita wurde auf einem Tablett ein Rosenkranz überreicht und ins schon nicht mehr bräutliche Haar gedrückt. Sie war jetzt eine Taitai, eine gnädige Frau, was sogar der bei Tisch bedienende Boy wusste, als er diskret «Taitai?» fragte, ehe er ihr von dem hochzeitlichen Sekt einschenkte. Ihre Trauzeugen spendierten ihnen statt eines Hochzeitsmahls im grossen Kreis ein opulentes Gabelfrühstück zu vieren.

Um den Zug nach Korea nicht zu verpassen, konnten sie den liebevoll aufgebauten Gabentisch mit vielen schönen Geschenken kaum noch in Ruhe betrachten – dann rasch zum Umziehen ins eigene Haus an der Leo-we-lu, denn Lita musste ihr selbstgenähtes, duftiges Hochzeitsgewand gegen ein praktisches Reisekleid wechseln, und zwar mit gutem Grund. Wegen der Bruthitze – 48 Grad im Schatten – war es im Abteil nicht auszuhalten, deshalb setzten sie sich auf die offene Plattform des Aussichtswagens am Ende des Zuges und sahen nach sechsstündiger Reise durch dürres Land graugelb verstaubt aus. Nach der Passkontrolle in Antung und der Fahrt über den Yalu, den breiten Grenzstrom zwischen der Mandschurei und Korea, suchten sie im engen Gang des langen Pullman-Wagens ihre Betten, und Lita, für die der Pullman etwas ganz Neues war, stiess sich am Oberbett von irgendwem gehörig den Schädel. Es amüsierte sie, dass hinter all den spärlichen Bettgardinchen Japaner schliefen oder schnarchten. Wie sollte sie da ihren Mann wiederfinden?

Doch am nächsten Morgen fand sie ihn wieder – trotz des Gewimmels von Japanern, die im Kimono umherwandelten und sich inbrünstig die Zähne putzten. In Seoul stiegen sie, von einem japanischen Portier wie Fürsten begrüsst, die breite Marmortreppe des imposanten Yamato-Hotels hinauf, bekamen ein herrliches Zimmer mit wundervollem Blick auf einen Park mit alten Bäumen, Springbrunnen und japanischen Pavillons und im Hintergrund auf Felsenberge vor klarblauem Himmel. Das Baden war zwar eine Wohltat, aber sie wollten schleunigst auf Entdeckungsbummel gehen. Der überaus höfliche Empfangschef überreichte ihnen unter vielen, von leisem Zischen begleiteten Verbeugungen die nötigen bunten Prospekte. Otto stopfte sie weniger respektvoll in die Taschen seines rohseidenen Anzugs und liess sich Rikschas heranwinken.

Durch die Hauptstrassen gingen sie dann zu Fuss, denn es sollte auch fotografiert werden. Die spassigsten Gestalten waren überall zu sehen. Ebenso wie Sprache und Schrift unterscheidet sich auch die Tracht der Koreaner von der der Chinesen und Japaner. Das Unterzeug ist aus Grasleinen (aus der Nesselfaser Ramie hergestellter, kühlender Stoff), bei den Reichen schlohweiss, bei den Armen sandfarben; steif gestärkt steht es weit vom Körper ab. Wenn es sehr heiss ist, tragen die Männer auf der Haut eine Weste aus geflochtener Korbweide in der Form einer Ritterrüstung, die für Luftzirkulation sorgt. Jacke und Hose sind ebenfalls weiss und sehr weit, darüber wird ein weiter Mantel aus Grasleinen oder Gaze getragen, auch steif gestärkt und rechts oben auf der Schulter mit einer Schleife festgebunden, deren Enden lang herunterflattern. Die Hosen sind unten zugebunden, die Schuhe bestehen meistens aus braunem Gummi und sind wie kleine Gondeln geformt. Die Männer lassen sich das Haar nicht schneiden: es wird zuoberst auf dem Scheitel zu einer aufrechtstehenden kleinen Roulade zusammengedreht. Rund um den Kopf wird ein sehr steifes, acht Zentimeter breites Gestell aus schwarzem Rosshaar getragen: es dient als Unterlage für ein kleines Hütchen aus schwarzem Rosshaar, das in der Form einem Zylinder gleicht und durchsichtig ist, so dass der Haarknoten, der *top-knot,* wie eine Maus im Käfig aussieht. Die Regenhüte gleichen einem Zuckerhut, die Sonnenhüte sind breitrandige Strohkalabreser, die bis über die Schulter reichen und die Menschen in kopflose, wandernde Pilze verwandeln. Ist es da ein Wunder, dass Lita aus dem Lachen nicht herauskam und dass Otto dauernd knipsen musste?

Aber auch die koreanischen Frauen boten einen erstaunlichen Anblick: über mehreren sehr weiten Röcken tragen sie einen in tiefe Falten gelegten, zartfarbigen, bis fast zum Busen reichenden Rock. Das Jäckchen ist kurz und reicht knapp über den Busen, der auch oft unbedeckt ist. Alle andern Kleidungsstücke sind reinweiss und sehr sauber – überall an den klaren Gebirgsbächen konnte man später waschende Frauen sehen.

Vor den Holzhäusern mit verlockenden Auslagen war Lita kaum von der Stelle zu ziehen. Schreiner fertigten aus dunkelrotem Holz die mit ziseliertem Messing beschlagenen «Korea-Truhen» mit all den kleinen Schubfächern an, leider als Reisegepäck zu umfangreich, wie Otto ihr erklärte. Aber die Ketten! Bernstein und Korallen in allen Grössen und Farben und Formen, dazu Kunstgegenstände aus Jade und weissem Nephrit und Bronze – es war das reinste Museum, und alles zu kaufen! Aber sie sollten ja ihr «sight-seeing» erledigen, besahen Tempel und Museen und geschnitzte Tore und wagten sich scheu (völlig grundlos, denn die Koreaner sind das sanfteste Volk von der Welt) durch die Gassen der Armenviertel, wo die kleinen Holzhäuser vom Keller aus geheizt werden und der Rauch seitlich durch einen Steinkrug oder auch nur ein Loch im Lehm abzieht. Überall roch es nach Rauch – und nach Fisch, den die Koreaner sehr lieben. Sie essen übrigens jeder an einem Tischchen für sich allein – Stühle gibt es nicht, man hockt sich auf die Bodenmatte. Lita fand es nachahmenswert und sehr ästhetisch: «Da sieht niemand sein kauendes Gegenüber», meinte sie.

Sie assen aber sehr zivilisiert in ihrem (staatseigenen) Yamato-Hotel, das mit seinen Bankett- und Konzert- und Billardsälen einschliesslich des Essens sämtlichen andern Yamato-Hotels glich, wie Otto ihr erklärte, damit sie sich nicht etwa beeindrucken liess. Die Hitze hatte derartig zugenommen, dass sie ein paar Stunden Siesta nur mit Eistee überstehen konnten, während der elektrische Fächer ständig über ihre klebrigen Leiber huschte. Dann hatten sie wieder soviel Energie, um den herrlichen alten Palast Kai-fu-ku und andere Sehenswürdigkeiten aufzusuchen. Nach dem Dinner Eistee im Garten, nachts Eistee und den brummenden Ventilator. Was für eine Nacht! Zum Frühstück (wie in sämtlichen Yamato-Hotels) die stets gleiche Sorte Marmelade, Erdbeer und Orange, Lita sollte es ihr Leben lang nicht mehr vergessen.

Der Hotel-Manager wünschte ihnen mit einem Lächeln, das Lita ominös fand, glückliche Reise: die Regenzeit sei ja vorbei, und das Hochwasser sei längst abgelaufen. (Was meinte er wohl?)

Das Bummelbähnchen war so überfüllt, dass Lita seekrank wurde, aber sie mussten ohnehin bald aussteigen, denn sie hielten vor einem breiten Strom ohne Brücke. Ein einziger mächtiger Steinpfeiler stand noch, aber geborsten und stromab getragen, ebenso die halb im Sand vergrabenen Brückenbögen. An der Uferböschung konnten sie noch erkennen, dass das Wasser sechs Meter höher gestanden hatte. Eine Notbrücke aus Holz, zierlich wie Spinnweb und nur für Fussgänger, führte zum andern Ufer, wo ein Zug für die Weiterfahrt sie erwartete. Koreanerfamilien mit offenen, freundlichen Gesichtern trugen nicht zur Verbesserung der Luft bei, doch bald durften sie in Tetsugen eine elektrische Bahn besteigen, die sie bis Kinka brachte. Schluss. Kein Auto, kein Gepäck, kein Mensch, der Englisch sprach. Endlich wurden sie zu einem Parkplatz gefahren, wo sich mehrere Fahrer nicht einigen konnten, welches Auto für die Weiterreise geeignet sei. Schliesslich siegte ein flotter junger Koreaner, das Gepäck wurde rechts und links aussen auf den Trittbrettern aufgestapelt und festgebunden, nachdem die beiden Hochzeitsreisenden und ein Japaner, der auch in den Keumgang-san wollte, auf dem Rücksitz Platz genommen hatten.

Eine Autofahrt in die Berge, sechs bis sieben Stunden – wie bezaubernd hatte sich Lita das vorgestellt! Es wurde die entsetzlichste Fahrt ihres jungen Lebens – so unglaubwürdig, dass es sich nicht schildern lässt. Die Strasse aufgerissen und von Steinbrocken übersät, so dass die Drei im Wagen nach rechts und links und gegen die Wagendecke flogen. An Essen und Trinken (schade um die leckeren Lunchbeutel!) war nicht zu denken, sie hätten sich nur die Zähne eingeschlagen. Der Fahrer sauste nur so, um das zweite, mit Koreanern vollgepackte Auto nicht zu verlieren, denn jetzt kamen die kleineren Flussübergänge, brückenlos natürlich, also auf der Böschung anderthalb Meter tief ins Wasser hinunter und in der Strömung warten, bis die Koreaner des zweiten Autos ausgestiegen waren und das «Hochzeitsauto» die jenseitige Böschung hinaufschieben konnten. Als die zweite, die dritte, die achte Brücke *nicht* mehr da war, gab Lita das Zählen auf. Unangenehmer waren die nur *halb* abgesackten Holzbrükken, aber der Fahrer schaffte sie alle und blickte sich jedesmal triumphierend zu seinen drei eingeschüchterten Fahrgästen um.

Die Landschaft wurde prächtig: schöne Blumen am Weg, hohe Berge, ein sehr breiter Fluss. Die beiden Autos fuhren auf eine morsche alte Fähre, die Fahrgäste sassen (wegen der aufgebundenen Koffer) eingesperrt im Wagen. Dann ging es in die Berge hinein, steil bergauf, steil bergab, Strässchen, die an

Bergwänden klebten, ausgehauen aus dem Fels. «Steinschlag» konnte dem Fahrer nicht imponieren, er umfuhr die Felsbrocken um Haaresbreite, dicht am Abgrund. Steil hinab ins Haupttal und eine Weile *im* Fluss, über Steine von Kopfgrösse, raus und nur durch Geröll auf halb weggeschwemmter Strasse wieder ins Wasser. Der Wagen schwankte in der Strömung, und bums! steckte das eine Hinterrad in einem Loch. Aber der Ford schaffte auch das.

Mit Gebrause durch ein Dorf, durch Kiefern- und Tannenwälder, über zwei nagelneue Holzbrücken, eine Allee – und der Fahrer hielt – schon im Dunkeln – schwungvoll vor dem Choanji-Hotel. Das Gepäck – durchnässte Koffer – wurde abgebunden; gerädert und mit zerstauchter Wirbelsäule schwankte man in das Hotel, das unter Kiefern und Tannen an einem murmelnden Gebirgsbach zwischen hohen Bergen lag – aussen wie ein Chalet, innen japanisch eingerichtet, sauber und freundlich. Der Manager – *very sorry* – konnte ihnen nichts mehr zu essen vorsetzen, aber sie hatten ja einen Expeditionsvorrat an Konserven und Brot bei sich. Wäsche und Kleider zum Teil nass und angeschmuddelt – doch Bett und Schlaf waren wichtiger!

Die nächsten Tage wandelten sie wie in einem Traumland; tags flammte der rotblättrige Ahorn vor brennblauem Himmel, nachts glitzerten die Sterne, gross wie weisse Sonnen, durchs Tannengeäst. Sie folgten kleinen Pfaden längs der Bergbäche, lagen im Gebüsch in einer lila Wildnis von Glockenblumen, über denen hoher Fingerhut schwankte und die roten Feuerlilien verdrängte. Die mitgebrachten Bücher lagen meistens aufgeschlagen, aber ungelesen, auf Steinblöcken, die der Selbstklimmer mit seinen fünf Haftfüsschen übersponnen hatte, jedes Blättchen in einem andern Grün, Lachsrosa und Brandrot. Lita sammelte und presste sie – aber wer konnte all die Schönheit einfangen? Hatte die Sonne sie durchglüht, dann stiegen sie ins eiskalte Bergwasser, stellten sich unter kleine Wasserfälle, legten sich darunter.

«Warum heisst das Hotel CHOANJI?» fragten sie den Manager. «Nach dem Tempel – dem Tempel des Langen Friedens –, den sollten Sie sich ansehen!« «Und warum ‹Langer Friede›?» – «Weil der letzte Krieg hier vor 1700 Jahren stattgefunden hat. Sehen Sie dort den Gipfel über der kleinen Wolke? Das ist Man-gun-de, der Berg der Heerschau. Von dort aus beobachtete Kronprinz Ma-i-tä-dja die Schlacht.» Er gab Lita eine Wege-Karte mit verlockenden Ausflügen. Es sei zu empfehlen, zwei Führer mitzunehmen. Ein amerikanischer Alleingänger sei von einer Tour nicht zurückgekehrt. Ward nie mehr gesehen! *«Very sorry!»*

Sie zogen es vor, noch weitere Ruhetage zu geniessen. Zum Tempel des Langen Friedens schlängelt sich ein Fusspfad durch duftendes Gebüsch. Im Vollmondglanz breitet sich die Tempelanlage aus, überschattet nur von einem uralten Ginkgo-Baum. Lita stellt ihren Mann auf die Probe, ob er seinen Goethe kenne. «Das Gedicht über das Ginkgo-Blatt?» Er entsinnt sich nicht mehr. «Du musst!» ruft sie, und deklamiert es leise und endet betont: «Ist es *ein* lebendig Wesen, das sich in sich selbst getrennt? Sind es zwei, die sich erlesen, dass man sie als *eines* kennt?» Ein Gong ertönt. Man hatte ihnen gesagt, morgen sei das Fest der Seelen. Duft von Weihrauch und Sandelholz mischt sich mit dem betäubenden Geruch, den die Bosketts weisslich schimmernder Five-o'clock-Blüten verströmen. Ein alter Priester sitzt allein in der hohen Halle vor dem goldenen Buddhabild, betend oder meditierend.

Bei Tage zum «Spiegel der Fee», einem Bergbach folgend bis vor eine senkrechte, von der Feuchtigkeit blanke Felswand, an der sich ein stiller Weiher aufgestaut hat. Breitkronig neigt sich eine Linde darüber, lässt goldene Blätter auf das durchsichtige Wasser fallen. Hier badete die Fee, das «Perlenmädchen» der alten Sagen, von denen der ganze Keum-gang-san durchwoben ist. Die turmhohe, blanke Felswand diente der Fee als Spiegel, wenn sie sich das nasse Haar glättete. Schwärme kleiner Fische kommen neugierig herbei und stupfen mit ihren runden Köpfen gegen die nackten weissen Menschenleiber, die sich im klaren Wasser kühlen, unbesorgt um Zuschauer, denn niemand dringt in diese Waldeinsamkeit.

Schön ist der Blick vom Pot-tok-kul über das ‹Tal der 10000 Wasserfälle!› Wie ein buntes Schwalbennest klebt das Tempelchen am Felsen, nur von einem riesigen roten Pfeiler gestützt. Hier wohnt ein Einsiedler, hoch über dem Bergbach, hoch über der Menschenwelt. Vor vielen Jahrhunderten haben sich Fürsten, Literaten und Hofdamen in dieses Waldgebirge zurückgezogen. «Das Schriftzeichen für ‹Geist› ist zusammengesetzt aus den Zeichen für ‹Berg› und ‹Mensch›», erklärt Otto, der sich viel gründlicher als Lita mit der chinesischen Schrift beschäftigt hat. «Darum heisst es von berühmten Männern, dass sie an ihrem Lebensabend, nach getaner Pflicht, in die Berge gingen und Geist wurden. Auch ein Kaiser nahm Abschied von der Welt und empfing in einem einsamen Kloster seine Tonsur: wir könnten den Pass aufsuchen, der nach ihm benannt wurde. Es soll 32 buddhistische Klöster in den Diamantbergen geben.»

Als sie sich vor dem Essen im Abendschein ausruhten, kam Lita wieder auf den Buddhismus zu sprechen. Sie hatte zwei Bücher mitgebracht. «Ich muss dir aus dem Buch ‹Die Lieder der Mönche und Nonnen Gotamo Buddhos› vorlesen:

Zu Mittag, nach dem Bettelmahl,
steigt Kasyapa zum Felsen auf,
übt Schauung, haftet nirgends an,
geheilt von banger Furcht und Angst.
Wo man den Menschen nicht mehr trifft,
wo Herden Wildes fröhlich gehn,
wo sich der Vögel Volk ergötzt –
mein Felsenriff gefällt mir wohl.»

Sie blickte ihren Mann erwartungsvoll an. «Und in China dachte man ebenso», fuhr sie fort. «Hier in den von Richard Wilhelm verdeutschten ‹Tages- und Jahreszeiten›, die du mir vor einem Jahr als ‹Vielliebchen› geschenkt hast, finde ich dieselbe Stimmung wieder. ‹Ihr fraget mich, warum im grünen Wald ich niste? Ich lächle schweigend, und mein Herz ist selig leicht: es gibt noch eine Welt, von Menschen nicht erreicht.› Du kennst ja deinen Li-tai-peh?»

Er presste die Lippen zusammen. «Was wir hier in der Natur finden, armes Kind, das müssen wir bald zurücklassen. Widerlicher Gedanke, in das scheussliche Mukden, in die öde Mandschurei ‹heimzukehren›.»

«Doch! Da hast du's ja: heimkehren in unser *Heim!*» Sie lachte zuversichtlich. «Und ausserdem hast du deine Musik, und ich habe meine Bücher. – Aber morgen müssen wir zeigen, was wir können, und auf den Bogundai steigen, auch wenn der Manager sagt: ‹*Very hard, yääås! You must crimb!*›»

Und ‹crimb› (klettern) mussten sie, weiss Gott! Durch dichten Urwald eines Seitentals, bald auf dieser, bald auf jener Flussseite, immer über Steinblöcke kletternd, immer auf Blöcken das Wasser überspringend, immer höher hinauf, immer steiler, bis der

Führer ihnen die mitgebrachten Bastsohlen unter die Schuhe band und sie sich an Felswänden entlangdrückten, wo jeweils nur ein Schuh Platz fand, während der andre über dem Abgrund schwebte und die Hände sich am Wurzelwerk höherzogen. Dann ein Tal, wo Sturm und Regen gehaust hatten: ein Durcheinander von verkohlten Baumstämmen, abgebrochenen Ästen, undurchdringlichen Schlingpflanzen, aber keine Atempause für sie, denn an die nächste steile Felswand lehnten jeweils drei Baumstämme mit eingekerbten «Stufen», und das wiederholte sich immer wieder – immer mit Händen und Füssen hinaufgehangelt. Plötzlich eine verkohlte Hütte auf kleinem Felsplateau, wo sie assen und Stöcke und Hüte liegenlassen sollten. Der Führer bahnte einen «Weg» durch Gestrüpp, und vor ihnen steilte ein runder Granitklotz mit beinah senkrechten Wänden dreissig Meter hoch auf, völlig glatt, bis auf eine herabhängende eiserne Kette, an der man sich – bei wegstemmenden Füssen – Hand über Hand hochziehen sollte. Lita schaffte etwa drei Meter, dann liess sie sich fallen und zerschrammen. Der Abstieg zum Hotel war schlimmer.

An den folgenden Ruhetagen begann es immer stärker zu regnen, die Wildwasser brausten, die Flüsse stiegen, die Autostrasse war vollständig zerstört, das Hotel ohne Lebensmittel. Sie waren umringt von Wasser, aber Otto drängte weiter, zum sogenannten ‹See-Kongo›, wo sich das zweite Hotel befand. Keiner der eingezeichneten Wege war gangbar, also mussten sie – mit geflickten und ständig platzenden Autoreifen – eine Stunde fahren, bis Shimpori; dort erwarteten sie zwei Gepäckträger und eine Sänfte mit Trägern. Zuerst huckepack auf dem Rücken der Träger, auf überschwemmten Furten zweimal über eine Fluss-Schlinge, dann für Lita endlich die «Sänfte», ein gewöhnlicher Korbsessel mit zwei angebundenen Stangen, die Kulis hinterdrein mit acht Stück Gepäck. Stundenlang bergaufgestuckert bis zum Pass On-sei-ri, wo sich eine unendliche Weite auftat: zwischen Hügelketten öffnete sich ein breites Flussdelta mit vielen Inselchen – dahinter das blaue Meer!

Zum erstenmal in ihrem Leben sah Lita das Meer. Sie war auf eine Felsbank gestiegen und konnte den Blick nicht von dieser endlosen, beglänzten Fläche abwenden. Doch dann erspähte sie, zwischen üppigen Laubwäldern scheinbar zum Greifen nah, ein paar weisse Häuser. Der Hotel-Manager hatte ihr gesagt, vom Pass sähe sie das See-Kongo-Hotel – aber dann seien es noch gute drei Stunden talabwärts. Nun hatte sie auch Augen für die bizarren Gipfel rechts und links vom Tal, steile Felsnadeln, zahllose Wasserfälle, Kiefernsäume, durch die zarte Wolkenschleier streiften, unüberwindlich steile Felswände mit eingemeisseltem Schriftzeichen MAYTREJA (Name des kommenden Buddha) und am Fusse des riesigen Wasserfalls eine Tanne, die millimeterklein schien.

Das über heissen Quellen erbaute Hotel gewährte den an allen Gliedern zerschlagenen Reisenden in seinem grossen Badebecken die heilende Erholung: selbstverständlich mussten sie sich vorher seifen und duschen, ehe sie nackt in das grosse Schwimmbassin hinunterstiegen. Doch am nächsten Morgen war die Sehnsucht nach dem Meer noch stärker; die Autofahrt dauerte gut zwei Stunden, auch wieder unterbrochen durch eine Fluss-Überquerung ohne Brücke. Zu Fuss tasteten sie sich an einem Wehr entlang, jenseits wartete bereits ein zweites, vom Hotel bestelltes Auto. In einem kleinen Fischerdorf mieteten sie einen flachen, sehr breiten Kahn mit nur einem Ruder, das von dem hinten im Boot stehenden Koreaner bedient wurde. Ohne Verständigungsmöglichkeit gelangten sie zur schönsten, von hohen Basaltklippen eingeschlossenen Badebucht. Wie in einer Kathedrale ragten die gebündelten, sechskantigen Pfeiler beschützend auf; unten der feinste Sandstrand mit glatten, tischartigen Felsbrocken. Weit und breit keine Menschenseele. In der Ferne die kleinen Inseln mit grotesken Kiefernwipfeln, wie man sie auf den japanischen Holzschnitten Hokusais sieht. Es war ein Paradies! Und in Paradieskostümen genossen sie es: sonnten sich, badeten, faulenzten, schwammen wieder im durchsichtigen, flachen Wasser, unter sich den gerippelten, weissen Meeresgrund, über den ihre schwimmenden Schatten spielten. Nach dem Picknick vertiefte sich Otto in eins seiner Geschichtsbücher: wer von 1914 bis (schikanöserweise) 1920 die besten Jahre seines Lebens in japanischer Kriegsgefangenschaft zugebracht hat, dem ist es nicht zu verdenken, wenn er herausbringen will, welchem hirnverbrannten Strategen oder Politiker er sein Los zu verdanken hat.

Lita sammelte die verschiedensten Muscheln, als ihr eine auffiel, die sich eiligst weiterbewegte. Ein kleiner Einsiedlerkrebs steckte im Gehäuse. Vielleicht suchte er sich ein größeres Muschelhaus? Lita fand ein – ihrer Ansicht nach – viel schöneres und besseres. Mit unendlicher Geduld setzte sie ihn vor die schon gründlich ausgespülte Muschel, aber er war nicht zufrieden, kroch «aufs Dach» und holte mit seinen winzig kleinen Scheren ein Sandkorn nach dem andern heraus, bis er endlich geruhte, seinen butterzarten Hinterleib in das neue Gehäuse zu stekken. Blasiert zog er sich ganz ins Innere zurück.

Der Bootsmann hatte ihnen einen Abkürzer durch die Reisfelder gezeigt, auf dem sie unabhängig vom

Auto ins Hotel gelangen konnten. Brav wie eine ostasiatische Ehefrau ging Lita Schritt für Schritt hinter ihrem Gebieter auf dem schmalen Pfad einher, der die unter Wasser stehenden Reisfelder voneinander trennte, bis sie auf ein Flüsschen stiessen. Ein Steg, aus zwei Planken bestehend, führte hinüber. «Ich gehe grundsätzlich nicht über Brücken ohne Geländer», weigerte sich Lita. «Ich bin *top-heavy!*» Zuerst lachte er sie aus, dann kam es zu einem Zerwürfnis. «Du weisst, dass ich immer Angst habe – ganz besonders vor fliessendem Wasser!» Stumm standen sie da – einer hüben, einer drüben. Endlich kam eine Koreanerin vorbei, die einen Korb goldener Aprikosen auf dem Kopf trug. Sie zeigte ihnen eine bequeme Furt mit Schrittsteinen.

«Wie hast du Angsthase es überhaupt geschafft, nach China zu gehen?» spottete er, als sie wieder miteinander sprachen.

«Wer ein Hasenherz hat, ist besonders mutig – falls es sich lohnt!» lächelte sie überlegen.

Tagelang sassen sie auf der Holzveranda ihres gemütlichen Hotels, weil ein sanfter Landregen eingesetzt hatte – ganz regelwidrig, denn die Grosse Regenzeit war längst vorbei. *«Very sorry, very sorry!»* dienerte der Hotel-Manager. Otto las, und Lita hatte angefangen, eine schwarze Leinwand mit Blumen in den glühendsten Farben zu besticken, mit seidenen und Woll-Fäden in allen Formen. Am vierten Tag sagte Otto: «Jetzt packen wir und nehmen das nächste Schiff von Chanzen nach Genzan, wo die Hauptlinie nach Seoul endet. Von fortgeschwemmten Brücken haben wir reichlich genug!»

Ein schmutziger kleiner Dampfer brachte sie erst um 11 Uhr abends nach Genzan, so dass sie in einem japanischen Hotel übernachten mussten. Freundlich begrüsst, Schuhe aus, Strohpantoffeln an, Kissen zum Sitzen auf den Binsenmatten, ein Tischchen mit grünem Tee in Schalen. Nebenan wurden Steppdekken aus dem Wandschrank geholt und für jeden drei auf den Boden gelegt, dazu eine harte Kopfrolle. Keine Moskitonetze. Durch die dünnen Schiebewände war jedes Geräusch zu hören. Geschnatter, Gegurgel – und Licht drangen durch alle Ritzen. Am nächsten Morgen wurde die Vorderwand ihres Zimmers aufgeschoben – und da stand die Dorfjugend und gaffte vergnügt auf die mangelhaft bekleideten Weissen. Im allgemeinen Waschraum wich Lita entsetzt zurück, weil sie nicht mit den gurgelnden, rülpsenden, spuckenden Kimono-Männchen wetteifern wollte. Die Klosett-Tür blieb angelehnt, hatte weder Schloss noch Riegel; im Fliesenboden ein länglicher Spalt, zehn Zentimeter breit. Sie floh ins inzwischen aufgeräumte Zimmer, wo es ihnen zu Ehren ein zähes «Bief-tecku» *(beef steak)* als Frühstück gab. Zahllose freundliche Ne-sans nahmen ihr Trinkgeld in Empfang.

Der Zug war überfüllt und gelangte erst gegen Abend an den grossen Strom und die zerstörte Brücke. Die Notbrücke hatte rechts und links ein Bambusgeländer, und drüben stand ein anderer Zug. In Seoul wartete schon der Anschlusszug nach Mukden mit den blitzsauberen Pullman-Wagen. Mittags um eins waren sie wieder in Mukden, das bei den Chinesen «Feng-tjän» (Windhimmel) und bei den dort ansässigen Europäern «Illuminierter Misthaufen» hiess.

Graues Haus an der Leo-we-lu

Der Master hämmert sein bekanntes Klopfzeichen (– . . – . .) ans hohe grüne Tor. Kuli und Ma-fu schieben eilig den dicken Eisenriegel auf, und Liu, der schieläugige Boy, steht strahlend in einem weissen Ischang da und grüsst: *«Dung-dje hue-lai-la!»* (Der im Osten Wohnende ist zurückgekehrt!) Die junge Taitai staunt bereits die blaue Blütenwand an, die dem Boy wieder einmal herrlich gelungen ist: blaue Kaiserwinden klettern an Bambusstangen vom Garten unten bis zum Balkongeländer im oberen Stock hinauf. Dann geht sie zwischen der bunten Asternfülle – rote und rosa, lila und weisse, die den grauen Steinplattenweg einfassen – zum grauen Haus, die drei Stufen hinauf, mit bewunderndem Blick für die roten Granatapfelbäumchen auf jeder Stufe. Vor der Haustür dreht sie sich um und schaut zu den beiden Pferdchen hinüber (Otto hatte Lita das «lebhafte Lamm» geschenkt), deren offener Stall von rötlichen Rhizinusstauden und den goldenen Rädern der Sonnenblumen überragt wird. Der Master hält ungeduldig die Moskitotür für sie auf, zieht sie schliesslich mit sanfter Gewalt ins Haus und ruft hungrig: «Kai fan!» (Trag das Essen auf!)

Der Tisch ist gedeckt, und Lita lacht über den Empfang: überall stehen Vasen mit Astern, selbst in die winzigen giftgrünen Väschen hat Liu je eine Blüte gesteckt. Neugierig läuft sie ins andere Zimmer. Otto kann bis ins Badezimmer hinauf ihr «Oh!» und

«Ah!» und «Unglaublich!» hören, denn im grossen Wohnzimmer unten sind auf Ottos Schreibtisch all die Geschenke aufgebaut, und viele neue sind hinzugekommen. Doch ihr Herr und Gebieter ruft sie ins Esszimmer hinüber: nach dem Yamato-Hotel-Essen ist er begierig auf gute Hausmannskost und Lius Spezialitäten. Er lacht befriedigt: «*Feed the brute* – füttere das Biest! hat mir mal eine Engländerin als Rezept für eine gute Ehe empfohlen.»

Lita findet es abscheulich. Sie will ihm die Hand auf seine Rechte legen, aber er warnt: «Man sieht uns!» Seine fixe Idee, dass man in den unteren Zimmern «exponiert» sei! Lita platzt laut heraus und schlägt vor, sich mit den kleinen Fingern anzutippen, aber schon geht die halb verglaste Tür auf, und Liu bringt den Nachtisch. Erstaunt beobachtet sie, wie hastig ihr Mann isst, dann die Serviette hinwirft und die eingetroffene Post zusammenrafft. «Ruh dich schön aus!» sagt er. «Ich muss ins Office!»

Verblüfft blickt sie ihm nach, wie er ihr auf dem Gartenweg noch einmal mit seinem Strohhut (einer Kreissäge) zuwinkt und aus dem Tor eilt. Langsam geht sie ins Haus und sagt zum abräumenden Diener: «Tung-tung ting hau, ting hau!» (Alles war sehr, sehr gut!) Ein nachdenklicher Blick auf die Geschenke im grossen Zimmer – dann zieht sie es vor, ihr Zimmer im oberen Stock aufzusuchen, wo ein neuer silbergrauer Teppich sie überrascht; er passt genau zu den grauseidenen Vorhängen, die anstelle der herausgebrochenen Wand das nun doppelt so grosse Zimmer unterteilen. Offenbar hatte Otto ihn heimlich in einer Teppichknüpferei bestellt.

Lita setzt sich an den Sekretär, der dem Tischler beim dritten Versuch nun doch endlich geglückt ist. Sie öffnet den Brief von zu Hause: ihre Mutter kündet eine Übersee-Kiste mit Geschenken und Silber und Leinen an. Mit der «Oldenburg» müsse sie bald in Dairen eintreffen. Zwischen vielen Glückwunschkarten ein Brief von Fridel. Sie liest ihn, schnauft durch die Nase und zerreisst ihn. Er flattert in den Papierkorb. «... habe mich schiefgelacht, weil sich der Schmetterling hat fangen lassen.»

Es liess sich alles sehr glückverheissend an. In der ersten Nacht hegte Lita Befürchtungen, weil im Dach über dem Schlafzimmer ein ständiges Poltern und Rascheln sie nicht schlafen liess und sie Ratten vermutete. Beim Frühstück fragte ihr Mann den Boy, ob etwa auf dem Dachboden Lao-hus hausten. Verstohlenes Lächeln: der Master hatte «Lao-hu» (Tiger) mit «Lao-schu» (Ratte) verwechselt! Zum Glück waren es keine Ratten, sondern harmlose Tauben, die sich da oben eingenistet hatten. Die Dachluken wurden zugenagelt, und es gelang dem Kuli, eine Taube zu fangen, die abends sehr lecker schmeckte, obwohl sie aus dem Taubenschlag der rumänischen Nachbarn stammte.

Eins stand fest: verhungern würden sie nicht! Aus Kiel trafen über Sibirien Pakete mit holsteinischem Katenschinken ein, den Otto sehr schätzte; aus Korea kam von einer Missionsfarm eine Kiste mit Äpfeln (später wurden auch Mandarinen von dort erwartet). Die Konditorei Kiessling und Bader in Tientsin hatte einen Riesen-Baumkuchen geschickt. «Du weisst hoffentlich, dass er in hauchdünne Scheiben geschnitten werden muss?» fragte der Hausherr besorgt. «Und kümmere dich bitte um die Vorräte unter der Treppe! Konserven mit Fleisch und Gemüse. Und Weisswein und Rotwein. Am besten zählst du die Flaschen und schreibst die Sorten auf einen Zettel. Der Korb mit dem Honig aus Petaiho sollte auch eingetroffen sein. Wenn Liu weiss, dass er kontrolliert wird, maust er nicht allzusehr.»

«Isst er auch europäisches Essen?» fragte Lita verdutzt.

«Er verkauft wohl mal einiges. Braucht ja einen kleinen Nebenverdienst. Der Lohn ist eben kümmerlich, aber nach altem Brauch einheitlich festgesetzt. Wer da Reformen einführen will, riskiert es, dass ihm die guten Diener weglaufen. Stets muss das ‹Gesicht› gewahrt bleiben, einerlei, was ein Chinese sagt oder tut.»

Lita spitzte die Ohren. Vor allem durfte sie den Boy nicht kränken. Deshalb kroch sie in seiner Abwesenheit durch die dunkle Tür des Verschlags. Ein unangenehmer Geruch fiel ihr auf. Er kam aus der Küche, die sie noch nicht zu betreten gewagt hatte. Auf dem Herd, einem plumpen, aus Backsteinen gemauerten Ungetüm thronte ein Pferdeeimer und brodelte vor sich hin. In der Fensterecke stand ein Tonfass, das fast einen Meter hoch war: eine Kelle mit Holzstiel schwamm im Wasser. Verständlich, dass nur abgekochtes Wasser getrunken werden darf, dachte sie. Dann rief sie zur Hoftür hinaus nach dem Boy. Das Gebräu auf dem Herd sei Kaoleang, Futter für die beiden Pferde. Lita sann auf Abhilfe.

Auch anderes war primitiv: im Badezimmer war zwar ein W. C., aber das Badewasser wurde in einem chinesischen Teeofen aus Blech erhitzt, der durchdringend pfiff, wenn es kochte. Und in allen Zimmern nur Öfen! – Die Heizung könne leider erst später eingebaut werden, sagte der Hausherr, aber er bestellte sofort einen neuen Herd, ein weisslackiertes Wunder, mit Chromstahl verziert. Dabei war er geschäftlich überlastet, musste nach Dairen und nach Kirin fahren (je eine Tagereise weit), plante ein grösseres Geschäftshaus an der San-djin-lu, hatte immer mehr Angestellte und kam abends erschöpft nach Hause.

Dass er nicht mehr, wie auf der Hochzeitsreise, jede Minute bei ihr sein konnte, begriff Lita, aber sie mochte sich nicht daran gewöhnen. Zu allem Unglück wurden sie als «Jungvermählte» dauernd eingeladen, oder sie hatten Besuch von Durchreisenden und mussten die Firma repräsentieren. Ihre besten Freunde, die lustigen Semmels, waren nach Shanghai verzogen, Le lao-ye lebte jetzt in Peking, die Beziehung zur baltischen Arzt-Familie war aus einem unerklärlichen Grund etwas abgekühlt, und die sonst noch vorhandenen Taitais schwatzten – mit wenigen Ausnahmen – nur von ihren Dienern und machten um Bücher einen grossen Bogen. Manchmal setzte sich Otto abends eine halbe Stunde ans Klavier, aber Lita hätte ihm lieber von den tagsüber gelesenen Büchern erzählt. Sie hätte Herrn Lessings Vertretung an der südmandschurischen Hochschule übernehmen und Deutschunterricht geben können, aber das wollte ihr Mann nicht. Er könne seine Frau selbst ernähren. (Dabei hatte sie ihm aus Selbstverdientem einen Flügel kaufen wollen!) An gemeinsame Ausritte war nicht zu denken. Die Pferde standen traurig im Stall, falls sie nicht vom Ma-fu bewegt wurden. Der wilde Fatzei riss sich eines schönen Tages los, preschte durch den Blumengarten und wälzte sich vor Wonne auf den bunten Astern. Als Lita hinterher den Schaden besah, hatte er einen kleinen Ulmenschössling umgeknickt, der sich von der einzigen Ulme weit und breit – drüben auf dem Sojabohnenfeld – ausgesamt hatte. Lita richtete ihn auf – vielleicht erholte er sich!

Auf einsamen Spaziergängen in der grösstenteils noch unbebauten «Internationalen Niederlassung» begegnete sie den ihr so sympathischen, freundlich lächelnden Nordchinesen, die fleissig ihre Felder bestellten, Mais und Eierpflanzen ernteten und ihr niemals «Yang-gue-dse» (fremder Teufel) nachriefen. Die angekündigte Übersee-Kiste traf ein, und Lita musste all die Schätze in die neuen Schränke einräumen, ohne sie Otto zeigen zu können. Es sollte für die Weihnachtstage zurückgestellt werden.

Das herbstliche Wetter war prächtig, aber Lita fühlte sich nicht wohl. Sie ass kaum noch, befürchtete ein Magengeschwür und blieb schliesslich auch tagsüber im Bett. Dann begriffen sie endlich, dass sich ein Baby anmeldete. Ottos Freude war unbeschreiblich, Lita dagegen ernährte sich sechs Wochen lang von eiskaltem Apfelmus und verzichtete ungnädig auf die Besuche teilnahmsvoller Taitais. Viel lieber las sie und versenkte sich in den «Zauberberg». Endlich hatte sich ihr Körper an die «Einquartierung» gewöhnt. Sie beschloss, heimlich aufzustehen und sich anzuziehen.

Als sie sich in voller Länge vor dem hohen Spiegel sah, glitt ihr Blick prüfend über die abgemagerte Gestalt im resedagrünen Kleid mit dem Pelzbesatz an Hals und Ärmeln – braunen Maulwurfsfellchen, braun wie ihre Augen. Das Kleid stand ihr, aber es schlotterte. «Mich so in Fesseln zu legen!» dachte sie. So richtig freuen konnte sie sich noch nicht, einerlei, was die Bücher von Mutterfreuden schwafelten. Der nervöse Schnupfen machte sie kribbelig. Sie nieste, dreimal, fünfmal, und starrte mit tränenden Augen in den Spiegel. Plötzlich wurde ihr heiss und kalt und etwas schwindlig. Unwillkürlich hielt sie sich an den gedrechselten Pfosten des hässlichen Spiegels fest, von dem sich ihr Mann nicht trennen wollte.

Die silbrige Fläche hatte sich wie mit einem Nebel überzogen. Wie merkwürdig – stockfleckig war er zwar von jeher, doch jetzt breiteten sich die Flecke aus, zerrissen in der Mitte – und in der Tiefe glaubte sie eine Rasenfläche zu sehen, dazwischen Steinplatten, offensichtlich mit Namen, unentzifferbaren. Was war das? Ein Friedhof? Sie spürte, wie ihre Hände feucht wurden. Alles verschwamm.

Unten klappte die Haustür. Sie schüttelte den Kopf, als müsse sie einen Traum abschütteln. Dass sie aufgestanden war, hatte sie ja als Überraschung für ihren Mann geplant. Gespannt hielt sie sich am Fussende des Bettes fest. Im Geist sah sie, wie er den pelzgefütterten Ledermantel auszog und aufhängte, die Pelzmütze über den Haken stülpte und die schweren Handschuhe auf das Tischchen warf. Dann hörte sie seine Schritte auf der Treppe. Die Tür ging auf. Lachend fiel sie ihm in die Arme.

Nachdem er genug protestiert hatte, ging er ins Badezimmer, um sich zu säubern, und redete weiter: «Draussen ist Staubsturm, es geht bereits los! Was für ein Drecksland!»

Sie warf einen Blick aus dem Doppelfenster. Die Sonne stand verhangen am Himmel, ein blausilberner Mond. Das kam sogar im Winter manchmal vor. «Und wenn schon!» lachte sie. «Wir haben's ja schön in unserm Zuhause! Das Öfchen bullert so gemütlich!» Als er im Begriff war, einen kleinen Kasten aufzuschliessen, um ein Papier aus seiner Brieftasche zu verwahren, bat sie: »Schliess nicht gleich wieder zu! Heut ist doch ein Freudentag – da könntest du mir endlich mal zeigen, was du in dem geheimnisvollen Kästchen aufhebst!»

Er sah sie fragend an. «Ach, was ist denn gross drin! Ein paar Dokumente, die ich nicht unten im Schreibtisch haben mag. Mein Kriegstagebuch... Und dann der hier!» Er deutete auf einen kleinen Revolver.

«Huh, zeig ihn mal her! Ich habe noch nie einen Revolver in der Hand gehabt. Ist er geladen?» fragte sie.

«Nein, das nicht!»

«Dann lass mich mal probieren! Wo drückt man ab?»

Neugierig hatte sie ihm den Revolver aus der Hand gewunden, zog am Hahn – und ein Schuss peitschte durch das freundliche Zimmer. Beide blickten sich erschrocken an.

«Also doch geladen?» sagte er mit gepresster Stimme und schlug sich an die Stirn.

Der Schuss war in den Spiegel gegangen und hatte ihn zersplittert.

Lita lachte schon wieder: «Das war ein Freudenschuss, verstehst du? Weil ich wieder gesund bin! Begrüssung unsres Erstgeborenen!» Insgeheim dachte sie: ‹Den Spiegel bin ich los!›

«Mein Gott, es hätte schlimm ausgehen können!» schalt er sich. «Seit Jahren lag er da herum ...»

Es klopfte, und gleichzeitig wurde die Tür aufgerissen. Der Boy war auf seinen lautlosen, weichen Schuhen die Treppe heraufgeeilt und stand jetzt auf der Schwelle.

«Master? Taitai?» rief er. «Alles gut?» Sein pokkennarbiges Gesicht war grünlich geworden. Er schielte noch stärker als sonst, fand sie.

«Trag's Essen auf!» erwiderte ihr Mann schroff, warf den Revolver ins Kästchen und schloss ab. Der Boy verschwand.

«Muss ich dich stützen oder tragen?» fragte er sie.

«Gott bewahre! Ausserdem ist das Geländer da!» rief sie.

Im Esszimmer war der Tisch bereit. Liu hatte schnell ein zweites Gedeck aufgelegt. Sie setzte sich auf ihren Platz, rechts von ihrem Mann, übereck. «Schön, dass du wieder da bist!» sagte er.

Unwillkürlich legte sie ihre Linke auf seine rechte Hand, aber er zuckte zurück. «Man sieht uns!» sagte er streng.

«Unsinn!» lachte sie und tippte mit dem kleinen Finger zärtlich über seinen Handrücken.

«Nach dem Essen legst du dich natürlich ins Bett!» mahnte er. «Du musst es nicht übertreiben!»

«Dann wird's mir bloss wieder schlecht», entgegnete sie. «Ich gehe in mein Zimmer. Du darfst mich zudecken!»

Er führte sie die Treppe hinauf. Im Vorbeigehen sah sie auf dem Treppenabsatz die Scherben der chinesischen Vase, die sie so liebte. «Was ist denn das?»

«Neulich bei der grossen Kälte ist sie zersprungen», sagte er. «Als wir draussen vierzig Grad unter Null hatten. Es war eisig im Treppenhaus. Natürlich war sie voll Wasser, wegen der eingestellten Blumen. Wenn erst die Kinder da sind, geht es gar nicht ohne Zentralheizung.»

«Die Kinder?» wiederholte sie lachend. «Lass mich erst mal das *eine* bekommen, ja?»

In ihrem Zimmer, das vom Dauerbrandofen angenehm durchwärmt war, fiel das bläuliche Sonnenlicht durch die drei hohen Fenster. «Wie schön!» riefen beide wie aus einem Mund – sie, weil sie das Zimmer so lange nicht gesehen hatte, und er, weil er gehen musste – in eine verhasste Umgebung hinaus.

«Sogar die Blumen hat er begossen!» sagte sie und meinte den Boy. Die Geranien blühten rot und rosa zwischen weissen Gardinen, die still herniederhingen, obwohl der Staubsturm stärker wurde. Aber die Ritzen waren mit Watte verstopft und mit Papier verklebt.

«Sieh dir das an!» Er zeigte in der Ferne auf die lange Rauchfahne, die waagerecht von den Schloten der Hochschule davonstürmte. «Verdammter Misthaufen! Wann werden wir endlich ...»

Er brach ab. Sie hatten schon oft von einer Versetzung nach Hamburg geträumt, sogar von einem Haus, das den Namen «Poggfred» tragen sollte. «Warum eigentlich?» hatte er das erstemal gefragt. – «Bei Liliencron heisst es, in Poggfred ‹haben selbst die Pöggen Frieden›, und weil mich die Pöggen, das heisst, die Padden, vom Paddengang her so heimatlich anmuten, fand ich es passend für uns!» hatte sie erklärt.

Sie legte sich hin, und als er sich bückte und sie mit dem Waschbärenfell zudeckte, streichelte sie ihm die Wange. «Iss etwas zum Tee!» ermahnte er sie und ging.

Schlafen konnte sie nicht. Kaum hatte sie die Augen geschlossen, fiel ihr der Spiegel ein. Weshalb hatte sie einen Friedhof in ihn hineingesehen? Ihre Phantasie hatte ihr wieder einen Streich gespielt. Oder es kam daher, weil sie das Buch «Zwischen Rot und Weiss» gelesen hatte. Es war ein grauenvolles Kriegsbuch, spielte in der Gegend um Tschita, das ihr von der Durchreise vor zwei Jahren in übler Erinnerung war. Während der Nacht im Wartesaal hatten draussen Schüsse geknallt, und sie hatte an die Hinrichtungen denken müssen, von denen einer der Mitreisenden erzählt hatte, und an den glitschig dunklen Boden unter dem Güterwagen ...

Bürgerkrieg – Bruderkrieg. Ein Mensch quält den andern. Was war das für eine Welt, in die hinein sie ein Kind setzen wollte, ein hilfloses Menschenkind, das verletzlich war und blieb, auch wenn es später erwachsen war! Fast kamen ihr die Tränen.

Sie stiess die Decke fort und richtete sich auf. «Was für eine Welt!» dachte sie und starrte mit feuchten Augen auf die wirbelnde Rauchfahne in der

Ferne. Hier so ungastlich – und später? Was sollte später aus ihnen werden? Aus dem kleinen Kind? Ihr Blick fiel auf das Klavier, ein Bechstein-Klavier, dessen zahllose Schräubchen auf dem schönen Holz golden schimmerten – tropenfest gebaut, jeder Witterung trotzend. Es verzog sich nie. Sie ging hinüber, klappte den Deckel auf, schlug ein paar Tasten an. Ob sie noch singen konnte? Es wurde ja behauptet, dass man «in diesem Zustand» eine besonders gute Stimme habe? Sie wühlte in einem Stoss Noten – seinen Klaviernoten, ihren Liederbüchern. Bach? Nein, an schwere Sachen wollte sie sich noch nicht wagen. Sie zog ein Buch mit Volksliedern hervor, setzte sich auf den Schemel, blätterte...

Ganz von selber schlug sich eins ihrer Lieblingslieder auf. Nein, *das* wollte sie heute ganz bestimmt nicht singen. Aber wie faszinierend waren diese schwermütigen Lieder! Warum faszinierte sie dieser Text: «Ich habe sie auf die wilde See gesandt, ihren liebsten Vater zu suchen?» Immer hatte eine unbestimmte Angst ihr Leben begleitet, wie eine Vorahnung. Es war der Preis, den sie für ihre Fröhlichkeit zahlen musste, fand sie. Als sie ihrem Mann gegenüber ähnliche Gedanken andeuten wollte, hatte er sie ausgelacht:

«Das hängt einfach mit deinem Zustand zusammen», hatte er erklärt. «Wieder einmal ein Beweis, wie abhängig wir von der Natur sind, ein Spielball der ‹Uralten›.»

Sie hatte den Kopf geschüttelt. Früher war es auch schon so gewesen. Was wusste er von ihren Ängsten? «Immer ist beides da, der Engel und die gespenstige Kartenkönigin», hiess es in einem ihrer Gedichte.

Sie klingelte, und als der Boy kam, bestellte sie ihren Tee. Aus seinen Schielaugen blickte er sie beinah besorgt an, und das war für ihn eine Leistung.

Sie war ja bloss eine Frau, aber die Frau eines Masters, bei dem er schon fünf Jahre gedient hatte.

«Taitai», sagte er. «Spiegel kaputt. Was machen?»

«Zerhacken!» erwiderte sie. «Im Ofen verbrennen!»

«Masters Spiegel!» wandte er ein.

«Kein Platz mehr für Spiegel», sagte sie in ihrem noch unbeholfenen Chinesisch. «Da kommt ein Bettchen hin, Bett für das neue *hsiao-hai-dse!*»

Strahlend zog er ab. Nachdem er den Tee gebracht hatte und wieder gegangen war, sann sie vor sich hin: ‹Da treiben wir zwischen Gestern und Morgen, wie auf einer Eisscholle. Aber die Gegenwart hat immer recht.›

Der Tee glomm rötlich im fahlblauen Licht, das von draussen hereinsickerte.

Lita hatte nach dem ersten Schreck über den so unerwartet losgegangenen Schuss gar nicht mehr an den übrigen Inhalt des Kästchens gedacht, nämlich an das Tsingtauer Kriegstagebuch. Das war doch wirklich ein einschneidendes Erlebnis in Ottos Leben gewesen! Beschämt ging sie ins Schlafzimmer, wo die beiden Bände noch unangetastet neben dem Kästchen auf der Kommode lagen, und nahm sie mit, um wenigstens etwas darin zu blättern. Sie machte sich auf widerliche Kriegsbilder gefasst, aber die Bände enthielten jeweils auf der linken Seite auch interessante Ansichten von Tsingtau, wie es damals war (im Jahre 1914!), und viele, viele Zeitungsausschnitte. Das war wahrhaftig ein Dokument, von dessen Wert er überhaupt nicht gesprochen hatte: wie bezeichnend für ihn!

Er war im Jahre 1911 in Shanghai eingetroffen – nach einer Seereise, weil sich seine geplante Fahrt über Sibirien wegen der im Norden herrschenden Lungenpest zerschlagen hatte. Seitdem arbeitete er also bei Carlowitz, zuerst als Agfa-Spezialist. Mit 26 Jahren wurde er nach Tsingtau einberufen. Am 27. September 1914 Feuertaufe! Darüber schrieb der junge Mann später (an Hand von Bleistift-Aufzeichnungen): «Das auffallendste Gefühl war die Ruhe. Die einfache Überzeugung, dass Kopflosigkeit nichts besser macht, liess mich kaltblütig bleiben.» Als sie den Band zuklappte, fand sie eingeheftet den Aufruf des Gouverneurs von Tsingtau. «... hat Japan bedingungslose Übergabe gefordert ... Zumutung nach Form und Inhalt beleidigend ... seit 17 Jahren mit Liebe und Erfolg zu einem kleinen Deutschland über See ... Gegner möge kommen, es sich zu holen!»

Abends beim Essen sagte sie: «Ich habe angefangen, dein Kriegstagebuch zu lesen. Mit ihrem Ultimatum und der Eroberung Tsingtaus sind die Japaner – bei allem Expansionsbedürfnis – vielleicht doch einen Schritt zu weit gegangen?»

«Die werden noch viele Schritte ‹zu weit› gehen!» prophezeite er. «Diese Preussen Ostasiens mit ihrem fanatischen Pflichtbewusstsein. Perfektionisten sind sie obendrein. Und menschlich – kann man nicht an sie herankommen! Wie anders sind die Chinesen im Privatverkehr! Wie viele chinesische Freunde hatte ich schon damals!»

«Hier in Mukden haben wir sie alle eng beieinander», sagte sie, «Japaner, Chinesen und Russen. Mindestens 20000 Weissrussen! Ich liebe die Chinesen, aber auch für die Russen habe ich etwas übrig. Wie melancholisch sie sind – das rührt an meine Wenden-Seele!»

Er lachte spöttisch. «Die lass nur lieber beiseite! Die Russen sind ebenso undurchschaubar wie die Chinesen. Man wird nie vermuten können, wie sie sich entscheiden. Aber der Russe kann unvermittelt emotional handeln, während der Chinese stets mit beiden Füssen auf dem Boden bleibt und seine Gefühle verbirgt! Vorhanden sind sie, sehr stark. Aber er bleibt Realist.»

Sie gingen ins Wohnzimmer hinüber, und Otto schwankte, ob er sich sofort wieder an den Schreibtisch setzen solle. Dann entschied er sich fürs Klavier. «Nur ein halbes Stündchen! Und du legst dich wieder hin!» Nach einer Anweisung für den Boy folgte sie ihm in ihr Zimmer hinauf.

Während er noch in den Noten herumsuchte, sagte sie: «Du hast sehr abfällig über Gebete geschrieben, Angstgebete vor dem Kampf. Und über Kameraden, die beim ersten Kugelregen ‹wieder beten gelernt› hätten. Glaubst du denn an gar nichts?»

Er spielte schon die ersten Takte einer Beethoven-Sonate. «Ich glaube ans Schicksal – und an meinen Verstand!»

Allmählich liess sie sich von der Musik mitreissen. Das Grübeln über die Zukunft nützte nichts, und die Vergangenheit sollte man lieber abschütteln – nachdem man (hoffentlich!) einiges aus ihr gelernt hatte. Sie nahm sich vor, nur noch für die Gegenwart zu leben. Nur so konnte man Hürden nehmen. Sie dachte an das Kind, etwas bänglich noch. Aber sie würden schon alles schaffen...

Denn alles liess sich glückverheissend an. Vor Weihnachten gingen sie zum erstenmal aus – zur Klub-Einweihung. «Was für ein Idioten-Zirkus!» sagte Otto hinterher. «Ein Glück, dass wir unser Zuhause haben!» Eine Zuflucht – das fand auch «der kleine Wu», der sie kurz besuchte. «Ein tröstvolles Nest haben Sie!» bestätigte er Otto, der vor Jahren in Shanghai sein Deutschlehrer gewesen war. Durch Otto hatte er sein charmantes Deutsch gelernt; sie hatten zusammen Storm gelesen. «Der kleine Wu» war aufgerückt: er war bereits Comprador der Firma in Shanghai. Hinterher liess sich Lita erklären, dass jede grosse ausländische Firma ihren chinesischen Comprador habe, der für das Einhalten der Verträge bürge.

Lita war bald kräftig genug für die Weihnachtsvorbereitungen, und Liu duldete sie in der Küche, da er merkte, dass er betreffs Gebäck und Vorspeisen noch allerlei von ihr lernen konnte. Natürlich überliess sie ihm hinterher das Feld, denn er lernte ja blitzschnell: Pfefferkuchen und Sandtorte, Nürnberger und Stolle. Die sechsundzwanzig roten Kerzen auf ihrer Geburtstagstorte wurden mit einem Schrekkensruf begrüsst: «Schon sechsundzwanzig! Höchste Zeit, dass wir mit Kinderkriegen anfangen!» Ebenso komisch gerührt war sie über Ottos Geschenke; das koreanische Schränkchen mit den vielen Schubfächern (ob er es hinter ihrem Rücken doch noch in Seoul gekauft hatte?) und chinesische Seide für fünf verschiedene Kleider: «Warum denn gleich fünf? Du bist der typische Junggeselle!» Zu Weihnachten wurde sie mit Büchern beglückt, mit Boerschmanns Bildband, einst von Le lao-ye geliehen, und dem ersehnten Melchers: «Die Lo-han von Ling-yän-sse». Sich selbst hatte er mit einer neuen Goethe-Ausgabe und mit einem Buch über Goethe beschenkt, und da er sich für die Feiertage Zeit nahm, lasen sie viel – obwohl er gegen Vorlesen protestierte: ihre Stimme wirke so einschläfernd. Vermutlich war er völlig überarbeitet, dachte sie besorgt. Er begleitete sie zu ihren Bach-Chorälen, und sie versuchte sich an den Weihnachtsliedern von Peter Cornelius: «Wie schön geschmückt der festliche Raum! Die Lichter funkeln am Weihnachtsbaum! O fröhliche Zeit! O seliger Traum!»

Ja, es war gewiss eine fröhliche Zeit – und hoffentlich nicht nur ein seliger Traum, dachte Lita. Zu Chinesisch-Neujahr planten sie einen Ausflug zum Be-ling, zu «ihrem» Wald, aber ein entsetzlicher Staubsturm verhinderte es. Sie kam auf den guten Gedanken, ihrem Liebsten ein paar Sachen aus der «Erfurter Kiste» zu zeigen, die umständlich erklärt werden mussten: zuerst die Tasse, die ihrem Urgrossvater Karl Kirsten am 11. November 1854 geschenkt wurde, bemalt mit der Kirche in Niemegk (ihre Vorfahren stammten aus dem Fläming) und mit der Häuserreihe, die er nach dem grossen Brand erbaut hatte. «Aber sieh mal, der alten Fotografie nach muss er ein greulicher Brummbär gewesen sein: da ist er mit seiner Frau, ihr Spitzenjabot ist mit weisser Farbe nachgezogen – sie sieht etwas säuerlich drein. Um so schöner war ihre Tochter, meine Grossmutter mütterlicherseits, Anna Kirsten mit dem armdicken blonden Zopf über der Schulter. Sie wurde angedichtet, starb aber als junge Frau und hinterliess vier Waisenkinder, die bei Verwandten aufwuchsen. Eins davon war meine Mutter; sie kam zu Annas Schwester, die uns Kindern dann später als ‹richtige› Grossmutter galt. Mein Vater dagegen kam zu seinem Grossvater, dem Förster in Weitzgrund, der in zweiter Ehe mit einer grimmigen Alten verheiratet war. ‹Sie regierte den Haushalt vom Sofa aus!› erzählte man sich von ihr. Sie schickte meinen Vater, als er ein lieber sechsjähriger Knirps war, ins Militärwaisenhaus nach Potsdam – da steht er in langen Hosen, kurz bevor seine beiden Eltern starben. Trotzdem hat mein Vater seine Grosseltern mal besucht, um ihnen die Urenkelin vorzuführen (das war ich, fünf Jahre alt). Kaum hatten wir den Hof in Weitzgrund betreten, da stürzten sich zwei Jagdhunde auf mich und rissen mich um – vor lauter

Freude natürlich, aber das neue, rotweiss gestreifte Kleid hiess seitdem das ‹Hundebeisserkleid›, ich hab's nie mehr angezogen. Das hier ist mein Grossvater väterlicherseits, der Pfarrer: er war so jähzornig, dass er dem Landarzt, dem damals noch nicht so berühmten Robert Koch, eine Ohrfeige gab, weil er beim Kartenspiel gemogelt hatte. Und das – ach je, ich dachte, das hätte ich weggeworfen! Das ist ja mein ehemaliger Freund Fridel.»

«Enttäuscht?» fragte Otto, als sich eine Atempause ergab.

«Pah – ich nicht! Er vielleicht. Es war eine völlig platonische Brieffreundschaft, die sich ewig in die Länge zog...»

«So? Aber in Budapest – wie war's da auf dem Sündenpflaster? Keine Verehrer?»

«Doch. Vier Stück. Drei habe ich abgewimmelt, weil mir jeder den schönen Blick auf die Donau zeigen wollte – von seiner Wohnung aus! So naiv war ich denn doch nicht. Der Vierte war ein netter, sehr schüchterner Junglehrer. Aber sonntags ging ich ja immer zu Tante Sascha und Onkel Rudolf. Sie ist ganz reizend, und er war damals tief gekränkt, weil er, ein ehemaliger österreichischer General (und alter Aristokrat), als Kassierer in einem Kino sitzen musste, während seine älteste Tochter, eine Schönheit, als Film-Diva Geld verdiente. Carola von Fiebich-Ripke! Und in jenem Sommer 1922 fuhr ich ja mit den lieben Kohnheim-Kindern und deren Mama von Budapest nach Bregenz und sah zum erstenmal die Alpen und stieg mit ihnen auf die Chesaplana, unvergesslich der Gletscher bei Mondschein! Wer die Kinder waren? Die gehörten doch der Familie Kohnheim in Budapest, wo ich Hauslehrerin war. Die arme Mama (Bianka hiess sie) musste ich Weihnachten in ein Sanatorium bei Wien begleiten, und als ich nach meiner Rückkehr dem Vater der Kinder erklärte, ohne Hausfrau wolle ich nicht bei ihm bleiben (er hatte eine Geliebte), da verweigerte er mir mein Gehalt für den Dezember – ich sei ja mit Bianka nach Wien gereist! Weil ich keinen Pfennig für die Rückreise nach Erfurt hatte, musste ich mein Schneiderkostüm und meinen Füller verkaufen und noch drei Monate als Erzieherin zu einem kleinen Jungen gehen, bis ich das Geld für die Fahrkarte und für Mitbringsel beisammen hatte!»

Otto lachte: «Wenn man dir eine Frage stellt, läuft gleich eine ganze Platte ab!»

«Ich habe viel erlebt», erklärte Lita, 26 Jahre alt.

In den folgenden Monaten hatte Litas Mann noch viel mehr zu tun, sogar vor dem Frühstück und nach dem Abendessen arbeitete er. «Arsenal! Arsenal!» war seine Entschuldigung. Lita nähte und strickte Babysachen und nahm ihre einsamen Spaziergänge wieder auf. In den Feldern mit der einen, einzigen Ulme und den zwei, drei Lehmhütten merkte man nicht, dass Mukden eine Millionenstadt war. Eines Tages warnte sie der Boy, sie solle lieber nicht ausgehen: «Djin-tjän gua feng!» (Wind sei aufgehängt, das heisst, ein Staubsturm künde sich an.) Lita hörte nicht auf ihn und schlug den Weg über Feld in entgegengesetzter Richtung ein, um eine Berlinerin zu besuchen, die einen Chinesen geheiratet hatte und vermutlich nicht allzu glücklich war, denn die Schwiegermutter wohnte im selben Haus mit ihnen. Ausserhalb der Lehmmauer pfiff ihr schon der Wind um die Ohren und peitschte ihr kleine Kieselsteine an die Beine, so dass sie eine Abkürzung entlang der schützenden Lehmmauer einschlug. Es war kein richtiger Weg, der da zwischen der hohen Mauer und tiefen, mit Abfall übersäten Gruben weiterzuführen schien. In den Gruben wühlten Hunde, grosse gelbe

Köter, und zwei schlichen ihr entgegen, räudige Bestien, und knurrten sie an. «Tjü!» schrie sie. «Geht weg! Tjü!» Noch drei kamen aus der Grube, und Lita fühlte sich gestellt. In ihrer Angst warf sie dem, der zuvorderst stand, das Päckchen mit Obst an den Kopf, das sie Mrs. Hsiang hatte mitbringen wollen. Jaulend verzog er sich, und Lita ging sehr langsam auf die Strasse zurück. Als sie es dem Boy erzählte, meinte er, es sei wegen ihres Mantels gewesen – Leder, mit Schafspelz gefüttert. Der starke Geruch habe sie wildgemacht. «Besser Rikscha nehmen, Taitai!» sagte er vorwurfsvoll. Was sie beim nächsten Besuch auch tat.

Doch vom Haus der kleinen Frau Hsiang, die sich dann unvorstellbar freute, fuhr Lita diesmal weiter – in die Chinesenstadt hinein, um in der Kurio-Gasse ein Geburtstagsgeschenk für ihren Mann zu kaufen. Im Gedränge der Wagen, Rikschas und Karren rief ihr Rikscha-Kuli dauernd: «Dso ba! Dso ba!» (Platz gemacht!) Was für ein Menschengewimmel! Alte Männer mit zerfurchten braunen Gesichtern und weissen Ziegenbärtchen, alte Mandschuweiber in wattierten blauen Hosen, die lange Pfeife im Mund, kleine Knaben, auf deren rasierten Kahlköpfen nur über den Ohren und zuoberst je ein steifes, bunt umwickeltes Zöpfchen absteht (ein Mädchen vortäuschend, als Schutz gegen böse Geister). Ein Esel stösst Jammerlaute aus, fünf Männer schlagen ein klapperdürres Pferd, das einen schwer beladenen Wagen nicht ziehen kann, und schimpfen und schreien. Lauter noch die Rufe der Strassenverkäufer, deren Ware in zwei Schalen von einer Bambusstange herunterbaumelt und durch mehr oder weniger melodischen Singsang oder durch Klappern von Holzstäbchen oder Klirren von Metallbecken angekündigt wird. Ohne Radau ist das Leben nur halb so schön

Litas Rikscha biegt ab: hinter der Südmauer sind die besten Kurio-Läden zu finden. Sie lässt den Rikscha-Kuli warten, damit er nicht ausplappert, dass sie die Carlowitz-Taitai ist, und geht an den Messingbuden vorbei, wo Männer in halb offenen Läden auf Messing und Kupfer hämmern und schöne Gefässe machen. Auch die Silberschmiede lässt sie hinter sich, denn die Fülle an silbernen Vasen, Bechern und Kannen entsprechen nicht immer dem europäischen Geschmack. Dann winkt schon von weitem das Schild des Ladens, in dem sie früher mit Gertrud und deren Mutter war: Porzellan für die verwöhntesten Sammler – und daneben auch Kitsch und billigste Gebrauchsware. Lita weiss, was sie will. Sie hat bereits einmal wegen der Schale mit den bunten Blüten auf schwarzem Grund gefeilscht und war wieder weggegangen. Diesmal will sie kaufen – das weiss der Ladenbesitzer so gut wie sie selbst. Aber zuerst muss gehandelt werden – ein Verkauf ohne Feilschen wäre fast eine Beleidigung, und Lita versteht sich gut darauf, sie hat es auf dem Markt in Budapest von der armen Bianka Kohnheim gelernt, wenn sie dort Gänseleber einkauften. Nach vielem Hin und Her wendet sie sich ab, betrachtet gleichgültig einen Becher und schickt sich zum Gehen an. Sofort ruft ihr der Mann seinen «letzten Preis» nach, und sie dreht sich um und lässt sich die begehrte Schale einwickeln.

Auf der Rückfahrt steigt ihr schon der Geruch von heissem Öl in die Nase: Gebäck wird gebraten und färbt sich goldbraun. Alles spielt sich am Strassenrand ab. Der Teeofen pfeift schrill, zischend entweicht der Dampf aus dem klappernden Ventil. Kulis hocken auf den Fersen und führen mit Stäbchen das Gemüse aus blauweissem Geschirr zum Mund. Eine halbblinde Bettlerin mit einem Kind auf dem Rücken ruft Lita zu: «Taitai, wo ha me tsche-fan-la!» (Ich habe noch nichts gegessen!), und weil sie gerade in einem Verkehrs-Chaos steckengeblieben sind, wirft Lita ihr eine Kupfermünze zu.

«Ich war bei der kleinen Frau Hsiang», erzählt sie zu Hause ihrem Mann. «Sie war überglücklich – aber mich hat's geschaudert, als ich direkt vor der Tür den Ziehbrunnen sah, ringsherum mit einem schlüpfrigen Rand aus Eis – er wird immer höher, vom verschütteten Wasser, hat sie gesagt!»

Otto nickt. Sie wissen beide, dass so ein Brunnen stets der letzte Ausweg ist, wenn eine arme Chinesin zu sehr von ihrer bösen Schwiegermutter geplagt wird...

Wieder einmal musste Litas Mann nach Kirin – vielleicht war es wegen des Wasserwerks, das am Sungari gebaut werden sollte – jedenfalls war es für ihn eine Qual, und Lita bedauerte ihn – und sich, denn nachts graulte sie sich. Sie nahm sich vor, einen Haken an der Schlafzimmertür anzubringen. Bald nach Ottos Rückkehr trafen Gäste aus Deutschland ein: der Senior-Partner aus Hamburg mit seiner Frau, einer eleganten Ungarin, und er (wie Otto sagte) «ganz Königlicher Kaufmann, einer der letzten – die sterben nämlich aus!» Noch mehr Gäste aus Tientsin und Shanghai, die zwar im Hotel wohnten, sich aber gern von Litas Koch verwöhnen liessen. Einmal war's ein wirklich sehr netter Abend mit elf Gästen, aber am folgenden Tag war Lita etwas abgekämpft. Es wurde der denkwürdigste Tag ihres Lebens! Das Sitzen fiel ihr schwer, trotzdem begleitete sie die Frau des Seniorpartners in die Kurio-Gasse – zum Glück im Auto. Sie hatten jetzt einen Ford, den ein Chinese fuhr. (Das Selberfahren war aus naheliegenden Gründen für Europäer nicht ratsam: Unfälle konnten provoziert werden, ein einträgliches Geschäft für den Angefahrenen.) Beim Kurio-Händler feilschte Lita für die charmante Ungarin, die ein Paar Ohrringe aus Jade und zwei Ketten aus geschnitzten Korallen erstand – eine davon ein Abschiedsgeschenk für Lita, die allmählich nervös wurde, denn das Mittagessen war vorzubereiten.

Um zwei Uhr reisten zuerst die Gäste aus Tientsin ab, und um drei Uhr brachte Lita den Senior und seine Frau an die Bahn, weil Otto im Geschäft durch einen Gast aus Deutschland festgehalten wurde, der dann auch glücklich um fünf Uhr zum Tee erschien, als Lita sich gerade ans Packen ihrer eigenen Koffer begeben wollte. Sie hatten nämlich beschlossen, dass Lita ihr Kind im Deutschen Hospital in Tsingtau zur Welt bringen und sich vorher dort noch etwas erholen sollte. Ihr Zug ging aber erst abends um elf: wenn man den Nachtzug nahm, erreichte man am andern Morgen in Dairen das Schiff, das nach Tsingtau fuhr. Deshalb konnten sie um sechs zu dritt zum Empfang des neuen Konsuls gehen, wo Lita viele Bekannte traf und sich von ihnen verabschiedete. Doch sie hatte unbestimmte Schmerzen und sehnte sich nach ihrem Zimmer, um etwas zu ruhen. Sie war froh, dass Otto sie bis Dairen begleiten und aufs Schiff bringen wollte. Die Schmerzen wurden jedoch immer stärker, und schliesslich sahen beide ein, dass aus der geplanten Reise nichts werden konnte. Die Wehen hatten eingesetzt, das begriffen sie trotz ihrer Unerfahrenheit.

Der baltische Arzt kam und ging gleich wieder: er müsse zuerst zu einer Russin. Offenbar war er verschnupft, weil Lita ihr Baby in Tsingtau statt bei ihm bekommen wollte. Und nun sollte er gar eine Hebamme beschaffen? Aber Lita hatte zum Glück ihre fünf Sinne noch gut beisammen: sie wusste, dass eine Pekinger Hebammenschwester bei der widerspenstigen Baltenfamilie zu Besuch war und am Abend nach Japan weiterfahren wollte. Nach vielem Hin und Her gelang es Otto, die Schwester zu überreden, ihre Japan-Ferien um einen Tag zu verschieben und Lita beizustehen. Auch die liebe «Mutter Hansen» kam herüber.

Es wurde eine wilde und etwas ungewöhnliche Nacht. Draussen tobte ein heisser Gobi-Staubsturm, und drinnen tobte Lita, wütend auf alle Taitais, weil keine einzige ihr gesagt hatte, dass das Kinderkriegen – ausser den Schmerzen – eine furchtbare Arbeit sei. Passiv dulden wollte sie gern – aber doch nicht gleichzeitig arbeiten wie ein Pferd! Fünf Minuten nach halb vier erschien an jenem denkwürdigen siebzehnten Mai ein piepsendes kleines Etwas und wurde erstmal auf das andere Ehebett gelegt, denn die Schwester, eine Schwäbin, suchte in all dem Koffergewirr und der herausgerissenen Babywäsche verzweifelt nach einem «Bändele», um den kleinen Jungen abzunabeln. Sie schalt Lita aus, die sich nicht über ihr Söhnchen freute, sondern weiterjammerte – doch dann behorchte die Schwester den Bauch der aufgebrachten Mutter und sagte zum Arzt: «Da ist noch eins.» – «Ich hatte nie Gelegenheit, Herztöne bei Frau Schnack festzustellen», erklärte er kühl. Aber nach zwanzig Minuten war noch ein Männchen da, und endlich konnte Lita lächeln. Nummer Zwei wurde sofort ein rotes Band um den Arm gebunden, was sich bald als lächerlich überflüssig erwies, denn die Zwillinge Klaus und Jochen sahen sich überhaupt nicht ähnlich. Der in einer «Glückshaube» auf die Welt gekommene Jochen wurde mit herabbaumelndem Kopf sachte gepatscht, bis er ebenfalls krähte.

Lita, die schon während der Geburt immer wieder nach ihrem Mann verlangt hatte, musste noch eine volle Stunde auf ihn warten: der Arzt behauptete, er sei einmal von einem Ehemann mit dem Stock bedroht worden, weil er dessen Frau kein schmerzstillendes Mittel geben wollte. Doch dann, mit tränenfeuchten Augen, kam er, der «ewige Junggeselle» (wie ihn seine Freunde früher genannt hatten), und wusste nicht, wohin er zuerst blicken sollte. Lita lächelte: «Sicher wundert sich dein altes Junggesellen-Schlafzimmer über das leise Mickern und Piepsen», flüsterte sie.

Die Hebammenschwester reiste befriedigt nach Japan, und das Haus schlief. Gegen Mittag schaute die alte Bunsen-Taitai kurz herein, sagte: «Zu süss!» und küsste Lita die Hand. Hilfsbereit erschien die Frau des ersten Ingenieurs, eine Russin, die sich aber – sie war Zahnärztin – nicht über die «unhygenische Situation» beruhigen konnte. «Muss man bekommen Kind in Krankenhaus, immer!» brummte sie kopfschüttelnd und brannte mit dem Bügeleisen ein Loch in Litas Nähmaschine, als sie die Babyhemden aufbügelte.

Weil Lita ja tatsächlich ohne Pflegerin war, rief Otto in Niu-tschwang bei Frau Pülle an – sie war gelernte Krankenschwester. Bereitwillig übernahm sie die Pflege und sorgte für die Kleinen. Nach 48 Stunden wurden sie «angelegt» – und tranken fast nichts. Ihr Blick irrte traumverloren über Litas Brust hin, und immer wieder schliefen sie ein. Frau Pülle war besorgt und liess den Arzt kommen, der ungestüm verlangte, man solle eine chinesische Milch-Amme dingen, sonst würden die Kinder sterben, der eine sei bereits «ein welkes Blatt». Lita und Otto waren empört, konnten aber ohne ärztliche Beratung nicht mit künstlicher Ernährung beginnen. Ein hässliches, dickes Kuliweib wurde ihnen ins Haus geschickt und führte ihnen vor, dass sie Milch habe.

Anscheinend reichte es für den einen, und Lita übernahm «das welke Blatt» (eher ein Teerosenblättchen, da er zuerst etwas angegilbt war). Erleichtert sah sie, dass er mit stiller Befriedigung «soff» und satt wurde und dann mit gelangweilter Geheimratsmiene Litas Brustwarze fahren liess. Doch das andere Knäblein mit dem verschrumpelten roten Greisengesicht schrie unaufhörlich, Tag und Nacht. Auf der Waage wurde festgestellt, daß es jeweils nur ein paar Gramm Milch von der Amme erhielt. Das betrügerische Weib wurde aus dem Haus gejagt. Jede Nacht um vier durfte sich das ausgehungerte, gierige Vögelchen erst einmal bei Lita sattsüffeln – eine ungeahnt beglückende, stille Stunde. Tagsüber bewältigte sie es mittels Zusatznahrung, beide Herren zu befriedigen und so zu sättigen, dass sie an Gewicht zunahmen, was auch die Waage eindeutig bewies.

Lita war mit Waage und Wickelkommode, mit den Kinderkörbchen und ihrem eigenen Bett in das obere Wohnzimmer übersiedelt, und das Klavier war nach unten verbannt worden. So kam jeder zu seinem Recht und zu seiner Ruhe, und die grauseidenen Vorhänge trennten jetzt das Kinderzimmer von dem kleinen Salon mit Litas Sekretär und dem Teetisch.

Es folgten Tage, Wochen und Monate voll reinen Glücks, das zwar täglich durch stets neue Aufregungen bedroht schien, denen Lita in ihrer Unerfahrenheit anfangs hilflos gegenüberstand, doch sie verflogen, und es blieb das Erlebnis, diese beiden kleinen Wesen zu beobachten, wie sie «zur Welt erwachten». Natürlich hält jede Mutter ihr Junges für das süsseste Geschöpf, das je gelebt hat, weil sie das Wunder des Menschwerdens bestaunen kann und darf. Aber Lita fand, ihr Fall liege doch anders:

durfte sie nicht gleich zwei dieser winzigen Menschenkinder beobachten, wie sie auf ihre Umwelt – und *aufeinander* reagierten?

Allerdings waren da die Taitais, die «neugierigen Hyänen», wie Otto sie nannte. «Bei Zwillingen müssen Sie sehr aufpassen», wurde Lita ermahnt, «meistens stirbt das eine weg!» Eine andre warnte vor Diphtherie, weil lebensgefährlich für so kleine Würmer. Eine ganz menschenfreundliche Dame riet ihr, je eins an ein Tischbein zu binden, dann könne nichts passieren.

«Gräme dich nicht», tröstete Otto, «es sind ja bloss Botokuden, und neidische obendrein. Hier in diesem Kaff dreht sich eben alles ums Arsenal und um Aufträge.»

Dabei fiel Lita ein, was sie bei den Kjerulfs erlebt hatte; er war Däne, der auch fürs Arsenal arbeitete. Es war Litas erster Ausgang gewesen, und sie wurde mit liebevoller Fürsorge behandelt, ja man wollte ihr nicht einmal die Aufnahme zeigen, die Mr. Kjerulf neulich gemacht hatte. Dann sah sie es doch: ein Stereobild von einem Mann und einer Frau, leblos auf einer Matte liegend – die Köpfe etwas dahinter – abgetrennt! Ein chinesischer General und seine Frau, die gegen den «Alten» intrigiert hatten. «Ja, mit dem Marschall ist nicht zu spassen», hatte Otto bestätigt. «Ich war neulich zur Audienz bestellt und sah gerade noch (nachdem ich mich über drei Schüsse gewundert hatte), wie ein paar Kulis drei auf einer Matte liegende Offiziere hinauszerrten. Vom ‹Alten› persönlich abgeknallt.»

Doch Lita wollte von alledem nichts wissen – nichts von Mord und Totschlag, nichts von Politik und den Kämpfen, die sich die Gouverneure der verschiedenen Provinzen lieferten. «Verschone mich mit Politik!» bat sie immer wieder und erzählte lieber von den neuesten Errungenschaften der Zwillinge. Mit zehn Wochen konnten sie lachen, mit drei Monaten zupften sie einander am Ohr, wenn sie bäuchlings auf dem Waschbärfell lagen. Als sie halbwegs sitzen konnten – wenn auch durch Kissen gestützt –, nahmen sie an Litas Teestunde teil und wollten, gierig wie immer, auch etwas «ha'm, ha'm!» Klaus, der grössere Gierschlang, griff nach Litas Tasse und verbrannte sich die Finger, aber nicht schlimm. Als der Boy am nächsten Tag den Tee brachte und Klaus die Tasse von weitem erblickte, begann er schon zu heulen. Lita war stolz über das Anzeichen von Intelligenz – oder vielmehr: verwundert!

Am 17. November, als die «Jungs» sechs Monate alt wurden, hielt Lita nach ihren Wetterpropheten, den hohen Schloten des japanischen College, Ausschau: der Rauch flatterte waagrecht über die Sojabohnenfelder hin; irgendwo hörte sie ein behelfsmässig angebrachtes Ofenrohr auf den steinharten Boden krachen. Am Nachmittag riss der Wind den Schornsteinaufsatz vom Dach und jagte durch den Ofen eine Russwolke ins untere Wohnzimmer, die nur allmählich durchsichtig wurde und sich dann, schwarz herabsickernd, auf Teppiche und Sessel legte. Die Diener, die sofort den Ofen ausräumten und mit Papier verstopften, hatten sich in Neger verwandelt, und Lita glich einer Mulattin. Sie blickte in den Flurspiegel: «Bin ich das?»

Da flog die Haustür auf, und Litas Mann wurde ins Haus geweht – mitsamt einem Besuch, der wie ein Nordpolforscher gekleidet war. Freude, Entsetzen, Erleichterung und Verlegenheit standen in drei Gesichtern – denn der Gast war Sven Hedin, mit dem Lita als Kind Asiens Wüsten durchwandert hatte – in Gedanken natürlich. Der Hausherr hatte ihn am

Bahnhof bemerkt, wo er vergebens nach einer Tasse Kaffee verlangt hatte. Mit dem Mut der Wüstenforscherin bat Lita ihn die Treppe hinauf in das andere der noch heizbaren Wohnzimmer, denn das untere war eine verrusste Eishöhle. Als Lita die Tür zu ihrem behaglich durchwärmten «Salon» aufstiess, fing sie einen unsicheren Blick ihres Mannes auf. Dann sah er, dass die rückwärtige Hälfte des Zimmers über die ganze Breite durch den zugezogenen Vorhang abgetrennt und «verborgen» war.

Der Gast machte sich's, nachdem er seine Hände am Dauerbrand-Ofen aufgetaut hatte, im Ohrenlehnstuhl bequem. Lita hatte unterdessen einen guten Kaffee kochen lassen und versucht, sich in ein gepflegtes weibliches Wesen zurückzuverwandeln. Der Gast erzählte ihr, dass es mit seinem Anschlusszug nach Peking nicht geklappt habe, daher wolle er sich während des erzwungenen Ruhetages die Sehenswürdigkeiten Mukdens ansehen. Lita und ihr Mann verzogen die Mundwinkel, obwohl ihnen eigentlich gar nicht zum Lachen zumute war. Mehr als einmal schon waren während der Unterhaltung seltsame kleine Geräusche von jenseits des Vorhangs hergedrungen, und der Gast hatte aufgehorcht, doch das Heulen und Pfeifen des Staubsturms war stärker. Als das Gezwitscher aber noch munterer wurde, fragte Dr. Hedin lächelnd: «Sie haben wohl kleine Vögel nebenan?»

Gleichzeitig erhob sich ein triumphierendes Gekrähe, so dass Lita lachend aufsprang, den Vorhang zurückriss und die Lampe im Kinderzimmer anknipste, die nun zwei rosige Säuglinge in zwei rosigen Bettchen beschien. (Zum Glück sahen sie nicht mehr wie verrunzelte Hutzelmännlein aus!)

Der liebenswürdige alte Junggeselle beugte sich gerührt über die zwei Krähvögel und erkundigte sich nach ihrem Alter.

«Jeder sechs Monate – heute geworden!»

«Aha», sagte er schlagfertig, «sechs plus sechs gleich zwölf! Da gratuliere ich zum zusammen-einjährigen Geburtstag!» Dann verabschiedete er sich galant: «Madame, ich danke Ihnen für Ihre warme Stube, Ihren warmen Kaffee und Ihr warmes Herz!»

Für den nächsten Tag hatte sie, falls der Staubsturm sich legte, mit Dr. Hedin eine Fahrt zum Dung-ling, dem Östlichen Kaisergrab, verabredet. Die Morgensonne kam schon früh hinter einem wie aus Papier geschnittenen Horizont hervor und stieg in das reine Blau des hohen Winterhimmels. Nach dem Mittagessen glitten sie im Buick, dem eleganten Auto des Yamato-Hotels, über die Karrenwege der Felder, dann durch die Chinesenstadt und wieder über Felder. Fahles Wintergras verdeckte die geborstenen Stufen der Geister-Allee, die hier über hügeliges Gelände zu den schlecht erhaltenen Tempeln hinaufführte. Das einst rotlackierte Gitterwerk an den Fenstern war zerbrochen. Auf dem Glockenturm oben öffnete sich der Blick über die weite Ebene, durch die tief unten der zugefrorene Hun-ho floss. Seine Deiche wirkten wie Mars-Kanäle. «Ich wollte mir ein Bild machen», sagte Sven Hedin. «Schauplatz der Schlacht von Mukden. Japaner gegen Russen. 1905. Schon damals...»

Lita wusste genau, was er andeutete.

Am folgenden Sonntag bestand Lita darauf, in den Be-ling zu fahren und Adventsgrün zu suchen. Schliesslich war es eine ganze Gruppe, da die netten Semmels aus Shanghai gekommen waren. Die Damen und der dicke Semmel fuhren im Auto, die übrigen Herren ritten, und Ottos Sekretär brachte es fertig, auf einen uralten Wacholder zu klettern und Zweige für den Adventskranz herunterzuholen. Kranz und Pfefferkuchen wurden rechtzeitig fertig, die Jungs machten grosse Augen, als sie die Lichter sahen, die vier Kerzen vom Kranz und dann etwas später die von Litas Geburtstagstorte und einen Tag drauf die vielen Lichter am Weihnachtsbaum, für den Lita eine dichte Schwarzkiefer ergattert hatte.

Am Heiligen Abend gab es nach Kieler Sitte einen Karpfen mit Meerrettich und ungesüsster Schlagsahne, und nach der Bescherung mit atemberaubend schönen Geschenken, chinesischen Kostbarkeiten und vielen Büchern, zauberte Otto hinter dem Schreibtisch den «Clou» hervor: ein Grammophon mit vielen Platten schönster klassischer Musik. Es wurde also musiziert, während der Baum brannte, und Klavier gespielt und gesungen, denn Lita hatte auch neue Noten bekommen, Lieder von Sibelius. Sie sang gerade: «Was zerbrach den Ton so tönend ...», und als sie anhob: «Gram zerbrach schöner Stimme Schall ...», stürzte der Boy ins Zimmer und rief «Feuer!» Es brannte tatsächlich lichterloh, gleich hinter dem Haus des rumänischen Nachbarn, der bereits eiserne Koffer und Aktenschränke ins Freie schaffen liess. Auf dem Bauplatz hinter der Gartenmauer brannten ganze Stapel Bauholz herunter, und nachdem alles vorbei war, tauchte mit grossem Gepränge die Feuerwehr auf.

Als sie, zu Eisklumpen erstarrt, ins warme Wohnzimmer zurückkehrten, erzählte Lita ihrem doch etwas besorgten Mann: «Mein Vater war früher Branddirektor bei der Feuerwehr, damals in Joachimsthal, und wenn auf dem Lande der Blitz in eine Scheune eingeschlagen hatte und er hinausfahren musste, nahm er mich manchmal mit, obwohl Mutter protestierte – ich war wohl erst sieben oder acht Jahre alt. Aus dem gespeicherten Getreide versprühten die glühenden Körner ihr funkelndes Feuerwerk hoch in den Nachthimmel hinauf, ein prachtvolles Schauspiel. Deshalb habe ich nie Angst vor einem Feuer.»

«Es kann auch mal schlimmer als heute abend ausgehen», sagte Otto tadelnd – und er sollte recht behalten.

Doch vorher ereignete sich noch mancherlei. Die Jungen «zahnten» und waren quarig, überwanden es und wurden vergnügter, je mehr sie Kenntnis voneinander nahmen, sich neckten, am Ohr zupften und um Spielzeug stritten. Litas Schwester Dicki kam aus Erfurt, um bei Otto im Büro als Privatsekretärin zu arbeiten. Am liebsten wäre sie sofort wieder umgekehrt, denn Mukden, «der illuminierte Misthaufen», hiess sie gleich mit dem übelsten, eisigsten Staubsturm willkommen. Allmählich drang die Furcht vor kriegerischen Auseinandersetzungen zwischen Nationalisten und Kommunisten bis in den hohen Norden vor, und tatsächlich kam es im April 1927 zum offiziellen Bruch. Chiang kai-sheck rüstete zum Feldzug.

Trotzdem traf dauernd Geschäftsbesuch ein, Gäste aus Jena, Magdeburg, Essen, Berlin, Dresden und Hamburg, nur auf der Durchreise zwar, aber doch eine Plage, denn nie blieb es bei geschäftlichen Besprechungen, immer kamen die Herren zum Essen, mittags oder abends, oder sie wollten mit Lita in der Chinesenstadt Kurios einkaufen, oder Seniorpartner aus Shanghai und Tientsin kamen mit Frau und Kind, um das neue Geschäftshaus zu begutachten und hinterher im Be-ling Litas Picknick zu geniessen. Zum Glück gab es auch stille Tage, an denen eine neu zugezogene, freundliche Wienerin in den kunterbunten Sommergarten kam, um sich an den beiden Kleinen zu ergötzen, oder noch stillere, an denen Lita in der primitiven Bambuslaube neben zwei Fliederbüschen, echten, duftenden (ein Wunder in der Mandschurei), auf ihrem Liegestuhl lag, ermattet von Hausfrauenpflichten, matt vielleicht auch vom Klima und abgemagert von einer nicht erkannten Tropenkrankheit oder noch immer geschwächt von der Geburt der Zwillinge. Grübelnd konnte sie in das Gefieder der Ulme starren, des kleinen, ausgesamten Schösslings, der nun schon doppelt mannshoch geworden war. Drohte ihr etwa eine neue Hürde – jetzt, wo sich alles so glückverheissend anliess, so ungetrübtes Glück war – innerhalb ihres «tröstvollen Nests»? Hatten sie dafür – für das innige Glück – nicht genug bezahlt, indem sie in einer hässlichen, unmenschlichen Umwelt gefangensassen? Eine Hürde? Aber was war das Bedrohliche? Die Kinder gediehen prächtig, der neue Arzt war zufrieden. Lita richtete sich auf und sah zu ihnen hinüber.

Sie spielten in einem von Lita gebastelten grossen Laufstall, wo sie unter einem hohen Moskitonetz aus weissem Tüll wie unter einer Käseglocke steckten. Eine liebe Amah, eine Mohammedanerin mit seltsam hellbraunen Augen, betreute die wilden Krabben, von denen sie sagte: «Klausse bu lau-sche – Sochen hau hai-dse!» (Klaus ist nicht sanft – Jochen gutes Kind!). Wenn Lita die Kinder im rumpelnden Korbwagen ausfuhr, traf sie auf den einsamen Feldwegen öfters eine Kulifrau oder einen Feldarbeiter und erregte Aufsehen. Die Dialoge verliefen stets vorhersehbar: «Zwei sehr schöne Kinder! Sind es deine Kinder?» – «Ja.» – «Beide Kinder ganz gleich?» – «Ja.» – «Sind es Knaben?» – «Ja.» – «Knaben sehr gut! Zwei Knaben ganz gleich! Sehr gut!» Denn dass

Lita Söhne hatte, und sogar zwei, erregte die Bewunderung der Chinesen und hob ihr «Gesicht» (Ansehen). Sie erlebte immer mehr, wie kinderlieb und humorvoll die Chinesen sind. Das spricht auch aus den Kinderreimen, die den deutschen ähnlich sind, wie etwa «Schneck, Schneck, komm heraus!», nur dass die chinesische Schnecke «Wasserkühlein» heisst. Andre Verse sind völlig uneuropäisch – wenn sie zum Beispiel auf die Kinder-Ehe anspielen:

Unser kleiner Geselle,
der sitzt auf der Schwelle,
weint leise, schreit laut,
wünscht sich eine Braut.
Eine Braut? Ja, wozu?
Steckt sie das Licht an, schwatzen wir,
löscht es dann aus und bleibt doch hier,
frühmorgens flicht sie Zöpfchen mir.

Für kleine Chinesenjungen ist das Durchflechten dünner Zöpfchen mit bunten Wollfäden sehr wichtig, denn dadurch werden sie den bösen Geistern, die es nur auf Knaben abgesehen haben, als Mädchen vorgetäuscht.

Im Hause war es nicht mehr so friedlich und still, denn die Radiatoren für die Zentralheizung waren eingetroffen und mussten eingebaut werden. Die Maurer lärmten, die Maler bekleckerten alles Erreichbare, und Lita half den Dienern beim Saubermachen. Ottos Ingenieur erbot sich, ihr das Anwesen eines chinesischen Generals zu zeigen, für das die Firma auch eine Heizung geliefert hatte. «Er hat nämlich acht Nebenfrauen», erklärte Herr A. verschmitzt lächelnd. Und wirklich, da erhob sich – mitten im freien Gelände – eine imposante graue Backsteinvilla für den General und seine Hauptfrau, die I-taitai, und dahinter standen acht genau gleiche graue Baukasten-Häuschen, innen alle acht genau gleich eingerichtet, mit Betten aus braunem Teakholz und goldgetönten, von vier Pfosten getragenen Schnitzereien am Betthimmel. Jede der eingebauten Heizungen funktionierte tadellos, aber sie wurden bei einer Aussentemperatur von 35 Grad im Schatten ausprobiert, und die fürchterliche Hitze im Haus trieb Lita gleich wieder zu den Kindern hinaus, wo sie sich in einer Spielzeugwanne mit kaltem Wasser abkühlte. Natürlich hatte es ein Aufflackern ihrer Darmkrankheit zur Folge. Der Arzt bestand auf einer Woche Ferien am Meer – für Lita und Otto –, und schweren Herzens trennten sie sich von den Kindern. Doch Litas Schwester Dicki zog ins Haus und betreute die Kleinen, unterstützt von der freundlichen Amah.

Ogondai, die Goldene Bucht – und ein Attentat

Während der stundenlangen Fahrt in der Südmandschurischen Bahn sprachen Lita und Otto kaum miteinander. Erst als ihnen im Hafen von Dairen die Seebrise ins Gesicht fuhr, erwachten ihre Lebensgeister. Getümmel an der Mole, weil gerade ein japanisches Schiff ablegte und bunte Papierschlangen zwischen den Abreisenden und den Zurückgebliebenen hin- und herflatterten – wie jedes Band einmal zerreisst, wenn es nur aus Papier ist. Das schwarze Wasser wallte, Scharen von Japanern verneigten sich tief – und Lita und Otto hatten genug gesehen und nahmen eine Pferdekutsche, die sie zur Sternbucht Hoshi-ga-ura fuhr. Silberblau blitzte das Meer jenseits der aalschwarzen, spiegelglatten Autostrasse, Felseninseln, die sich wie dickköpfige Walfische anglotzten, Duft von Kieferngebüsch im Hotelpark – aber auf den Terrassen zuviel Menschen! Nur eine Nacht ertrugen sie es, wachgehalten von vorbeirasenden Autos, tutenden Elektrischen, Scharen schwatzender «Nachtvögel» aus dem nahen Dairen. Da war ja die Leo-we-lu ruhiger!

Am nächsten Morgen zogen sie um. Lange Autofahrt durch Täler und Felseinschnitte, über hohe Brücken, rechts und links das Meer. Steil bergab durch den befestigten Kriegshafen Port Arthur, Signalmaste auf den Bergen, Warntafeln längs der Strasse – endlich, im Akazienwald, Ogondai, die Goldene Bucht, mit einem winzigen Hotelchen und versteckten Bungalows, und keine Hotelgäste mehr! Sie gingen zu Tisch, Otto schlug ein paar Tasten auf dem Klavier an, Lita drängte zum Strand.

Lita schwamm bereits, während Otto die Temperatur des Wassers mit dem Finger prüfte und sich heilige Eide schwören liess, dass er nicht bespritzt werde. Es war wie auf der Hochzeitsreise in Korea: Otto war entspannt und sogar übermütig, und Lita überliess sich den neuen Erlebnissen und gab sich dem Meer hin, das ihr nach einer Sturmnacht vorführte, zu welcher Höhe seine Wellen aufsteigen konnten: das drei Meter lange Floss stellte sich spielerisch-lässig hochkant. Eindrucksvoller noch, wenn sich bei völliger Stille das Meer und die Frau mit den Blicken massen: dunkle, lauernde Wassermengen, viele tausend Meter tief. «Du Nichts!» sagte es.

Und wovon kündete das schwarze Haus, das bei einem Dünenspaziergang hinter einer Wegbiegung jählings vor ihnen auftauchte? Otto riss sie lautlos zurück, flüsterte dann: «Ein Pulvermagazin!» Der Wachtposten hatte ihnen den Rücken zugekehrt, aber für Lita verkörperte er den ganzen Ungeist des Krieges, der stur, dumm, verbohrt und blindlings lebendiges Leben vernichtet.

Und noch ein drittes Mal griff die Furcht, die Angst vor der Endgültigkeit des Todes nach ihr, als sie an den verödeten Sommer-Datschen standen: bis zum Russisch-Japanischen Krieg waren sie von den Offiziersfamilien der damals noch russischen Festung Port Arthur bewohnt worden. «Komm weiter!» rief Otto, als sie wie angewurzelt vor einem der zerfallenden Häuschen stand. Sie sah die schmutzigen, zersplitterten Scheiben, das morsche Geländer der Veranda, die huschenden Eidechsen auf der zerbröckelnden Treppe – und sah sie doch nicht, sah wie hinter einem aufgerissenen Vorhang ihre Menschenschwester stehen, die nie gekannte: dem fremden Land preisgegeben.

Spätsommer – Frühherbst! Zu spät für die Suche nach der Securinega! Vom salzigen Seewind angesprüht, blühte nur noch ein Strauch mit schwarzvioletten Rispen: *Amorpha*, die Gestaltlose. Der Name verfolgte Lita bis in die Nacht hinein, als sie in seinen Armen lag. «Gestaltlos», flüsterte sie. «Erinnert mich an die Algen! Ich hab's dir doch erzählt: sie geben ihre Gestalt auf, schmiegen sich aneinander, bis sich die trennende Zellwand auflöst – und dann verschmelzen sie, geben ihre Eigengestalt auf, gänzlich...» In der lautlosen Stille drängt sie sich näher an ihn, der hier in der atmenden Nacht und im Glück der ungestörten Tage wieder zu sich selbst kam.

Golden verfärbten sich die Ginkgobäume, die rings um das Haus standen, bis jedes Blatt ein goldenes Herz war, das am noch blassgrünen Stiel zitterte. Sie fand sie schöner als die bizarren Orchideen in den Treibhäusern des Gouverneurspalastes in Port Arthur. Doch von der Chrysanthemen-Ausstellung war sie hingerissen. Die Kunst der japanischen Gärtner war beneidenswert. «Ich ahne Orgien», sagte Litas Mann vor sich hin, «Chrysanthemen-Orgien!» Sie hatte es gehört und lachte. Wie gut er sie kannte! Er ahnte es! Denn im grauen Haus an der Leo-we-lu würde sie......

Im grauen Haus an der Leo-we-lu zerschmolz Lita zunächst einmal in der Wiedersehensfreude mit den Kindern. Sie kannten sie! Sie erkannten sie, als wäre sie nicht acht lange Tage von ihnen getrennt gewesen! Lita kniete vor dem Laufstall nieder, und sie richteten sich auf, Klaus hastig, Jochen kreischend vor Glückseligkeit. «Nie wieder!» rief sie ihrem Mann zu. «Nie wieder!» Er sollte es zur

Kenntnis nehmen, es versprechen. Sie war eben eine Optimistin (mit heimlichen Ängsten).

Der Boy hatte, wie alljährlich, für Chrysanthemen gesorgt. Golden glühten sie auf den Stufen der Aussentreppe bis weit in den November hinein, wurden nachts ins Haus geholt und tagsüber in die Wintersonne gestellt. Und neue, japanische, kamen hinzu – von Otto aufgetriebene.

Die kurze Erholung in Ogondai durfte nur als Vorspiel für den längst fälligen Europa-Urlaub gelten: alle sechs Jahre sollte man sich in sechs Monaten vom Klima erholen. Otto bestellte Karten für den Festspielsommer in Bayreuth und Salzburg, doch anscheinend liess sich kein Vertreter für die Zeit während Ottos Abwesenheit finden. Sie warteten auf festen Bescheid, sie fragten sich sogar, ob vielleicht in Hamburg, im Stammhaus der Firma, ein Platz für Otto frei würde: dann könnte der alte Traum von «Haus Poggfred» verwirklicht werden. Es wurde Winter. Bei 22 Grad unter Null holte Lita einen nach Wald duftenden Weihnachtsbaum, wieder eine Schwarzkiefer. Der Heilige Abend wurde durch einen Junggesellen, einen Dauergast, verdorben, der mit seinen dicken Zigarren und sonderbaren Witzen nicht gerade zur Weihnachtsstimmung beitrug. Um so schöner waren die beiden Feiertage. Die Kinder wurden für die Verwandten zu Hause in ihren rotseidenen chinesischen Anzügen fotografiert, die ihnen der Mukdener-Komprador zusammen mit goldenen Glücksanhängern geschenkt hatte. Aus dem unerlässlichen, breiten chinesischen Hosenschlitz schauten die weissen Windeln heraus, und Trompete, Mundharmonika und Hammerklavier mussten auch aufs Bild und erhöhten den Spass. Erfreulicherweise waren die Folterinstrumente nach zwei

Wochen kaputt, weil sie meistens als Wurfgeschosse benutzt wurden.

Im März konnten die Jungen an der Hand von Lita und ihrer Amah bereits auf der Strasse spazierengehen. Sie schienen sehr kräftig, aber der Arzt empfahl doch, sie für zwei Monate in ein Solbad zu schicken, und Lita gehöre eigentlich in ein Tropen-Institut. Eine Trennung? dachte sie. Was für eine widersinnige Idee! Und noch immer kein Bescheid! Während der langen Wartezeit veranstaltete sie Musiknachmittage, aber die Mukdener Taitais schätzten Musik ebensowenig wie Bücher. Immerhin pflanzte sich einmal eine Dame vor den Bücher-Regalen auf und rief: «Oh, *den* Namen ha'ch doch schon gehört? Is das nich 'n Dichter, der Conrad Meyer?» – «Bei Frau Schnack soll man gebildet werden», spottete eine andre.

Ostern wollte Lita gar zu gern einen Ausflug in den Be-ling unternehmen – aber wie froh war sie nachher, dass sie die Kinder nicht mitgenommen hatten. Die Wüste Gobi bedachte sie plötzlich mit gelbem Wüstenstaub und atemraubenden Winden, und selbst im Wald, als sie ihn endlich erreichten, war alles gelb bepudert. Eine von Lita vorgeschlagene, noch unerforschte Abkürzung für den eiligen Rückweg führte sie an chinesischen «Latten-Klosetts» vorbei, wo eine Reihe von etwa zwanzig Haufen an Höhe miteinander wetteiferten und darauf warteten, von der Poudrette-Fabrik abgeholt und zu kostbarem Dünger verarbeitet zu werden. «Sprich nicht!» stiess Otto zwischen den Zähnen hervor. «Halt' das Taschentuch vor den Mund!»

Im Mai, als die Jungen zwei Jahre alt wurden, kam der Brief: «Urlaub ermöglicht!» Sofort bekam Lita Reisefieber. Unermüdlich wurden Anzüge und Reisemäntelchen genäht, wurde gepackt und umgeräumt, denn ein Ehepaar übernahm das Haus für sechs Monate. Schränke und Schubfächer wurden geleert, die wertvollen Kurios in Kisten verstaut und in einem Go-down (einem Lagerhaus in Dairen) untergebracht, und zwei Übersee-Koffer mit Wintersachen und Mitbringseln wurden mit dem Schiff über Suez vorausgeschickt. Am Reisetag beförderte der Boy sechs grosse Koffer zum Bahnhof, und Lita und Otto fuhren mit den kleinen Zwillingen, einem Nachttopf und drei Stück Handgepäck hinterher (Spielsachen, Nachtzeug, Lebensmittel, Becher, Heisswasserkanne und Berge von Windeln – für den Fall, dass ...). Als ihnen am Bahnhof viele Bekannte Lebewohl sagten (so eine Abreise mit kleinen Zwillingen war ein Ereignis in dem ereignislosen Kaff Mukden), kamen noch Schachteln mit Keks und Schokolade hinzu und füllten zwei Netze, die Litas Schwester Dicki vorsichtshalber mitgenommen hatte. ‹Ob sie traurig ist, nicht mitfahren zu können?› dachte Lita. Vermutlich nicht. Sie hatte ihren eigenen Freundeskreis. Und ohne den gestrengen Chef...

Vom abfahrenden Zug auf der Plattform am Ende des Aussichtswagens winkten sie zurück: die Jungen zuerst erschrocken, dann aber ganz vergnügt ob des noch niemals gesehenen Fortbewegungsmittels. Erschöpft suchten die Eltern ihr Abteil auf, wo Otto alle Koffer und Handtaschen zählte, und dann trat der befürchtete «Fall, dass...» ein. Obwohl die Zwillinge längst sauber waren, weigerten sie sich, auf so schwankendem Untergrund das «Töpping» zu benutzen, und Windeln und Gummihöschen traten in Aktion. Bei Bruthitze und nach dem langweiligen Warten auf den Anschlusszug mit der breiteren Spurweite brachten sie Changchun hinter sich und fuhren die Nacht durch (an Schlaf war nicht zu denken) bis Harbin, wo Ottos Kriegskamerad Berneck und dessen Frau sie ins Hotel und nachher in ihr gemütliches Heim schafften, während die Kinder im Hotel von der Berneckschen Amah behütet wurden. Sie schliefen wie die Säcke, doch Lita hatte den Eindruck, dass es überall grausam heiss und trotzdem zugig war. Sie hätte die Kleinen am liebsten vor jedem Windhauch geschützt und wunderte sich, dass ihr sonst so besorgter Mann nur Interesse für die Zeitung hatte. Bei Bernecks erfuhr sie dann, was alles passiert war: Die dunkle Seite des Mondes schien sich ihnen zuzukehren.

Wegen eines Sabotage-Aktes von Chinesen gegen Japaner war im Hafen von Dairen ein Grossfeuer ausgebrochen, und eins von den elf riesigen Lagerhäusern war völlig niedergebrannt. In der einen Ecke hatten ihre Kisten mit alten Bronzen, Rollbildern, Vasen, Stickereien und Holzskulpturen gestanden, und nun waren sie restlos vernichtet. «Auch der Löwe von deinem Schreibtisch? Und meine Mondsichel?» fragte Lita. «Und die Eremiten in ihrem Baum-Gehäuse?»

«Nichts konnte gerettet werden», sagte Berneck und zeigte ihr ein Telegramm.

«Versichert sind wir», spottete Otto, «aber das Zwanzigfache der Summe hätte den unersetzlichen Wert auch nicht gedeckt.»

Lita sorgte sich viel zu sehr um das Wohlergehen der Kinder, als dass sie dem Verlust von «Sachen» lange nachtrauern konnte.

«Weit bedenklicher ist eine andre Unglücksbotschaft», fuhr Otto fort. Lita blickte überrascht zu ihm auf und dann in die Gesichter ihrer Gastgeber.

«Chang tso-lin ist ermordet worden – der alte Marschall –, in der Mandschurei war er den Japanern schon lange im Weg, ist ja klar!» sagte Berneck. «Ein Attentat auf seinen Zug, als er aus Peking floh.»

Lita sah so verwirrt aus, dass Otto ihr die Zeitung gab. «Da ist das Bild von der zerstörten Brücke und seinem Salonwagen. Du kennst doch die Überführung der Bahnstrecke – über die Strasse zum Be-ling hinweg.»

«So nah bei Mukden?» hauchte Lita. Sie sassen zu viert beisammen, aber das geplante frohe Wiedersehen wurde vom Ernst der Lage überschattet.

Berneck liess das Eis in seinem Whiskyglas klimpern und begann schliesslich: «Schnäcki, du alter Pessimist, du hast wie immer recht behalten. Als du 1911 nach China kamst, hast du erstaunlich rasch die Entwicklung durchschaut, und besser als wir. Dass es mit der Mandschu-Dynastie zu Ende ging, glaubten wir zwar alle, und in Wuhan brach die Revolution aus. Im Winter wurde Sun ya-tsen zum einstweiligen Präsidenten der Fünf-Völker-Republik gewählt – der Mandschus und der Han, der Mongolen und Moslem und Tibetaner –, und der junge Kaiser Pu-yi musste abdanken und brachte sich zu guter Letzt in der japanischen Konzession Tientsin in Sicherheit (wie er *meinte!*). Die Kuo-min-tang wurde gegründet – die Nationale Volkspartei, und 1913 wurde der alte Intrigant Yüan shi-kai Präsident. Er hegte die stille Absicht, sich zum Kaiser aufzuschwingen, und beschwor die Aufstände in Shanghai herauf. Übrigens sah Ihr Mann viel weiter», wandte er sich an Lita, «und warnte vor Japans Expansionsgelüsten. Im Herbst 1914 – wir haben's beide erlebt, Schnäcki und ich – überfielen die Japaner erstmals das deutsche Pachtgebiet Kiautschou und nahmen – nicht ohne britische Unterstützung – die Stadt Tsingtau ein. Was konnte eine Handvoll Soldaten gegen die Übermacht ausrichten? 5000 gegen 30000!»

Lita fiel ihm ins Wort: «In Ottos Kriegstagebuch habe ich einen Ausschnitt aus einer japanischen Zeitung über eine Tagung des japanischen Parlaments gelesen. Da erörterten sie im Dezember 1914 die Frage, ob die britischen Soldaten, die als erste in die Stadt eindrangen, sich dabei schlechter als die japanischen Truppen benommen hätten. Und den Anschuldigungen einer Pekinger Zeitung, die japanischen Soldaten hätten Grausamkeiten gegen die chinesische Zivilbevölkerung begangen, hielten sie prompt entgegen, chinesische Räuber hätten die Südmandschurische Bahn angegriffen – also die geheiligten Rechte Japans!»

«Dann folgten die berüchtigten ‹21 Forderungen› der Japaner», fuhr Berneck fort, «deren Annahme China zu einer Kolonie Japans gemacht hätte. Wieder berechtigte Empörung. Dass die Alliierten gegen uns hetzen und China zwingen würden, Deutschland den Krieg zu erklären, hast du auch geahnt, Schnäcki. Ebensowenig hast du uns über den Ausgang des Krieges im Zweifel gelassen, als wir in Kurume wütend in japanischer Gefangenschaft sassen, jahrelang, bis 1920! Aber dass die Chinesen, unsre guten alten Freunde, sich weigerten, den Schandvertrag von Versailles zu unterzeichnen, *das* hast du *nicht* prophezeit. Dafür warst du zu pessimistisch. Dabei wusstest du doch von den Boykotts der Chinesen, die sich nur gegen die Japaner und Engländer richteten – und nie gegen die Deutschen.»

Otto lächelte: «Nicht bloss aus reiner Freundschaft zu uns haben sie sich geweigert, den Vertrag zu unterzeichnen, mein Lieber, sondern weil sie Japan noch viel mehr Rechte abtreten sollten. Daher die Massendemonstrationen der Pekinger Studenten und Professoren.»

«Das war 1919», entgegnete Berneck, «und zwei Jahre drauf schloss China einen Friedensvertrag mit Deutschland! Und nach der Konferenz in Washington mussten die Japaner Kiautschou wieder herausrücken ...»

«Aber sie behielten die Rechte auf die Mongolei und – was viel schlimmer für China war – auf die Halbinsel Liaotung mit den grossen Häfen und auf die Südmandschurische Bahn. Wie sollte sich China wehren – geschwächt durch die Kämpfe gegen die Provinzgouverneure, durch die Spaltung der Parteien, durch das Räuber-Unwesen im ganzen Land ...»

Otto wurde durch Frau Berneck unterbrochen, die jetzt Lita fragte: «Hatten Sie denn in Deutschland nicht von dem Räuber-Überfall auf den Blue Express gehört? Als sechsundzwanzig Reisende vier Wochen lang in einem Versteck gefangengehalten wurden? Das war im Mai 1923 –, und trotzdem sind Sie 1924 nach China gefahren?»

Otto winkte ab: «Sie ist eben die grosse Optimistin – jedenfalls einstweilen! Dabei haben wir doch seither schon wieder allerhand erlebt: den wachsenden Einfluss der Russen in Kanton, Sun ya-tsens Tod *vor* seinen geplanten Verhandlungen mit den Provinzgenerälen, schliesslich Chiang kai-sheks Sieg über Wu pei-fu und seine Eroberungen, sein Vorrükken und Zurückweichen und die Gründung der neuen Hauptstadt Nanking. Seine Einheirat in die Finanzfamilie Sung hat ihm entschieden zu Ansehen bei den Ausländern verholfen, die bis dahin Peking mit dem Alten Marschall als Regierungssitz anerkannt hatten. Der Generalissimus aber – kämpfte gegen Kommunisten und Provinzgeneräle, statt gegen die Japaner. Das Resultat erleben wir jetzt ...»

Lita sagte: «Als mir dauernd die Namen der Generäle um die Ohren schwirrten: Wu pei-fu und Feng yü-hsiang und Yen hsi-shan, musste ich an den Despoten Tsin-she-huang-di denken, der es fertigbrachte, ganz China zu einigen und die Lehnsherren zu beseitigen. Da kann man ihm doch die legendäre Bücherverbrennung verzeihen, finde ich, und zwar erst recht, weil er ja das I-Djing, das Buch der Wandlungen, verschonte.»

«Recht so!» lachte Otto (und Lita war froh, dass sein schwarzer Humor durchbrach, den sie so an ihm liebte), «es war ja vor bloss zweitausend Jährchen! Hoffen wir also, dass sich alles wandelt und zum Besten kehrt, und trinken wir auf den grimmigen Tyrannen Tsin-she-huang-di!»

Salzburg – und huschende Bilder

«Da hat sie nun jeden Tag wie eine trauernde Witwe gelegen und ist nie in den Garten gegangen!» rief die fröhliche, krausköpfige Frau Prinzinger, als sie die Tür öffnete und den mit Gepäck beladenen Otto in die hübsche kleine Wohnung eintreten liess, die sie hier in Salzburg, ausserhalb der Stadt, am Hang des Burgbergs gefunden hatten. Lita war längst aufgesprungen und ihrem Mann um den Hals gefallen. «Ich hatte mir eine schnellere Verbindung ausklamüsert», berichtete er, wie immer voller Stolz auf seine Kursbuchkenntnisse. Er musterte die strahlende Lita: «Aber du siehst doch recht erholt aus, warum bist du denn immer im Haus geblieben?»

Sie zeigte ihm ein Foto der beiden Kinder, das er vor ein paar Tagen geschickt hatte und das jetzt von einem Heidekrautkranz umrahmt war. «Ich war vorgestern draussen und habe Heidekraut gepflückt – wir müssen zusammen dort hingehen! Es ist fast wie in der märkischen Heide. Und sonst – habe ich eben in der offenen Veranda gelegen und mich bemüht, gesund zu werden – bin mit Indianerkrapfen und andern guten Mehlspeisen verwöhnt worden ... hast du neue Fotos?»

Er hatte schon den Mantel ausgezogen und nahm ein Päckchen Fotografien aus der Tasche. «Zuerst die traurigen», sagte er. «Da ist Jochen, immer noch mit dick verbundenem Kopf, und staunt den fremden Mann an, der ihn besucht. Ob er mich erkannt hat?

Gesprochen hat er nicht, auch zwei Wochen später nicht, als ich ihn aus dem Krankenhaus abholen durfte und mit ihm nach Rothenfelde fuhr. Und hier ist Klaus – einsam als Neuling zwischen den andern Kindern. Hier spielt er schon im Wald, immer ein bisschen wild, sagten die beiden Tanten. Mit denen haben wir's gut getroffen, ich bin überzeugt, dass ihnen Rothenfelde guttun wird. Und hier ein sehr niedliches: da wurde Klaus aus dem Mittagsschlaf geweckt – ich war gerade mit Jochen angekommen – und ungläubig starrte er seinen Bruder an. Als wir dann gehen wollten, weinte er bitterlich. Nachher wollte er sich keine Minute mehr von ihm trennen, hielt ihn immer bei der Hand und verteidigte ihn sogar, beschützte ihn ...»

Lita weinte. «Ich kann doch nicht ohne sie sein ...»

«Nur noch vier Wochen», tröstete er sie. «Bis dahin bist du wieder ganz wohlauf und abgelenkt durch die wundervolle Musik – Himmel, wie spät ist es denn? Ich muss schnell in die Stadt und die bestellten Karten holen, sonst sind sie weg!»

Er musste sich mit einem sehr flüchtigen Kuss begnügen – Lita gewahrte es kaum, dass er aus dem Haus ging. Unwillkürlich und wie von selbst trugen ihre Füsse sie ans breite Verandafenster, wo sie im hellsten Licht die Bilder in ihrer Hand studierte, jedes einzelne immer wieder von neuem und in allen Einzelheiten. Ihr armer Jochen mit dem dicken Verband! «Ohne einen Mucks hat er sich beim Verbandwechsel die Tampons aus den tiefen Wunden hinter den Ohren entfernen lassen», hatte ihr der gute Dr. Landwehrmann in Kiel berichtet . «Unsre Schwestern sind alle verliebt in ihn!»

Und da war sein Bruder, sein Zwillingsbruder, verstört zuerst, weil er nicht begreifen konnte, dass

Vater und Mutter und Jochen nicht mehr da waren, nicht versteckt, sondern einfach weg... Bis seine unbesiegbare Fröhlichkeit wieder durchbrach und er herumzutollen begann mit den andern im Kinderheim Rothenfelde. Sie hatten ihn dort zurücklassen müssen...

Leer fiel ihr Blick auf die Wiesen und Bäume in der Nähe und auf Berge und Wolken in der Ferne, denn die schrecklichen Bilder ihrer Europareise drängten sich wieder vor. Die Sibirienfahrt, die Otto zum erstenmal machte, wurde zu einem wahren Martyrium für alle Vier. Der funkelnde Baikal-See interessierte niemanden mehr; Otto hatte eine schwere Halsentzündung, die Kinder litten beide an Durchfall, assen nicht, tranken nur noch Milch und jammerten – der eine über dicke Drüsen am Hals, der andre über Ohrenschmerzen. In Moskau hatten sie schon hohes Fieber, und Otto suchte vergebens nach einer Apotheke. Lita konnte nur noch verzweifelt auf die breiten Ströme starren und denken, wenn nur alles vorbei wäre! Eine schlimme Enttäuschung für die Kieler Grossmutter, als beide Kinder und Otto ins Krankenhaus eingeliefert wurden! Und die Schwiegertochter eine Heulsuse, dem Nervenzusammenbruch nahe.

Aber obwohl Otto mit Grippe, Fieber, Mandelentzündung und Rachenkatarrh im Bett lag, musste Lita ihm am vierten Tag trotz ihres Protestierens beim Anziehen helfen, und heimlich stahlen sie sich am Nachmittag zu einer Aufführung des Händelfestes, ISRAEL IN ÄGYPTEN, mit einem Chor von tausend Sängern und berühmten Solisten. Lita konnte unter ihrem breitkrempigen Hut ungestört die Tränen kullern lassen, und Ottos Begeisterung war grenzenlos. Seine Eskapade fiel nur einer einzigen Krankenschwester auf, und die wurde mit chinesischem Charme beruhigt, als er wieder im Bett lag.

Täglich fuhr sie zu Jochen, den sie durch einen Spalt in der Tür betrachten durfte. Sein Fieber sank nicht, auch nicht, nachdem beide Knochen hinter den Ohren aufgemeisselt waren. Er musste noch mehrere Wochen im Krankenhaus bleiben, Otto aber drängte auf die Weiterreise, sowie er und Klaus gesund waren. Lita gab nach, sie war am Ende ihrer Kräfte. Schweren Herzens nahmen sie von ihrem kranken Jochen Abschied und brachten Klaus in das Solbad, nahmen auch von ihm Abschied und fuhren – nach Bayreuth! Zu den Festspielen, auf die sich Otto seit Monaten gefreut hatte! Parsifal, Lohengrin, Tristan und Isolde, Der fliegende Holländer – alles stürmte, dröhnte, fiel über Lita her mit vernichtender Wucht. Melodien liessen sich nie und nirgends verdrängen.

Schliesslich sah Otto ein, dass er Lita nicht auch noch die Mozart-Festspiele in München zumuten konnte. So machten sie dort nur einen kurzen Besuch bei einem andern Kriegskameraden und dessen Frau und hörten – sehr andere Töne! Besorgte Stimmen, Geraune von einer braunen Gefahr, die kaum jemand richtig erkennen wollte. Otto wurde sehr nachdenklich. «Aber zuerst musst du dich jetzt gründlich ausruhen», sagte er zu Lita und suchte ihr in Salzburg die schöne stille Wohnung «hinter dem Burgberg». Dann ging er geschäftlich auf Reisen: ins Stammhaus der Firma nach Hamburg, kurzer Abstecher nach Kiel, wo Jochen sich zusehends besserte, aber immer noch Fieber hatte. Hamburg, Jena, Erfurt, Magdeburg, Essen und wieder Kiel. «Jochen gesund!» telegrafierte er nach Salzburg. «Morgen bringe ich ihn zu seinem Bruder nach Rothenfelde!» Ein ausführlicher Brief hinkte hinterher – aber ein unvergesslicher!

«Jochen sah mich stumm an, als ihn die Schwestern, schon im Mäntelchen, mir übergaben. Er schien zu denken: ‹Wat wull de Kirl?› Ist aber recht freundlich. Unsre Unterhaltung in der Bahn blieb einseitig, doch zwischen Kiel und Hamburg gab er mir schon ein ‹Pussi›.» Und aus Rothenfelde: «War gleich mit Jochen beim Arzt, der auch Klaus gesehen hatte. ‹Nichts Beängstigendes›, sagte er, ‹etwas Skrofulose und Rachitis. Rothenfelde wird sie ordentlich kräftigen. Beide zusammen ein stattliches Zwillingspaar!› Mir wurde ganz leicht ums Herz – ein Tag des Glücks, wie lange nicht gehabt, dazu noch unser vierter Hochzeitstag!»

Lita zuckte zusammen, weil die Tür aufging. «Habe sämtliche Konzertkarten bekommen», rief Otto ganz begeistert, «und schöne Plätze für die ZAUBERFLÖTE und für die Freilichtaufführung JEDERMANN mit Moissi.»

Damit verloschen die Bilder, und nur die Welt der Töne blieb. Musik jeden Tag, Musik von früh bis spät, Morgenkonzerte, Kleine Nachtmusik, Kirchenkonzerte, Kammermusik – und dann in der Peterskirche Mozarts c-moll-Messe. Gewaltig, unbeschreiblich schön, aber Lita, das nervenschwache Opfer, verzweifelte und schlich hinaus: «Bin gleich wieder da!» Doch sie blieb draussen in der Umgebung lärmender Kinder, ratternder Wagen und hupender Autos. Otto begriff, dass eine Ruhepause geboten war – es klappte auch gerade mit den «Billetts.» Er lud Litas Mutter ein, die in Erfurt wohnte und sich sehr auf sie freute.

Während sie auf «das Altchen» warteten (ihr Spitzname, seit sie mit 49 Jahren Zwillingsgrossmutter geworden war), gingen sie spazieren, legten sich ins Heidekraut und genossen die Stille, die reine Luft, den wolkenlosen Himmel. Natürlich sprachen sie wieder von ihren Heimkehrplänen, da Otto schon in Hamburg «sondiert» hatte, aber offenbar nicht befriedigend. Lita zeigte ihm die Grundrisse, die sie in seiner Abwesenheit von einem zukünftigen «Poggfred-Haus» gezeichnet hatte (vor lauter Konzerten waren sie noch nicht dazu gekommen, sie zu betrachten), doch Otto sank wieder ins zierliche Gerank der Moosbeere und murmelte – anscheinend schläfrig – «Zu früh – veel to fröh!»

Gegen Mitternacht holten sie das Altchen ab, von Lita schon von weitem an ihrem ulkigen Gang erkannt, einen Beutel mit zerbrechlichen Schürzkuchen schwenkend. Sie umarmten sich so stürmisch, dass ihnen die Hüte in den Nacken rutschten, und dann begann für die kleine Alte eine Reihe von Entdeckungsreisen in der Altstadt, oft nur mit Otto, weil Lita Bestrahlungen bekam, oder sie sassen handarbeitend in Prinzingers Waldgarten. Sobald Lita sich kräftiger fühlte, begannen die von Otto ausklamüserten Ausflüge: nach Schloss Hellbrunn und auf den Gaisberg (mit einer Zahnradbahn, die Lita sehr misstrauisch musterte), oben der Rundblick auf die Bergspitzen, die sie von ihrer Wohnung aus besonders in Abendröteglut geliebt hatten, die Talfahrt in einem überfüllten, über Steine schurrenden Wagen. «Der Mensch versuche die Götter nicht», bemerkte Lita, «vor allem, wenn's nicht nötig ist!» Die unternehmungslustige kleine Mutter lachte sie aus, und am nächsten Tag fuhren sie nach Berchtesgaden und mit einem Boot über den Königssee, grüngrün das Wasser, so dass Lita sich gar nicht fürchten konnte.

Leopoldskron mit den alten Kastanienalleen, einem Seerosenteich, wo immer jemand im Kahn lag und schlief, Birkenwiesen und Torfmoor. Altchen sagte: «Die Sonne sinkt in ihr Nest!» Demnach hätte es Regen geben sollen, es gab aber doch keinen.

Schöne Theaterabende folgten: von der ZAUBERFLÖTE erschüttert, vom JEDERMANN ... Wäre nicht die Sehnsucht nach den Kindern gewesen, hätte Lita sich kaum trennen können. «Alles hat ein End' hienieden», zitierte das belesene Altchen den Trompeter von Säckingen, «auch das Leben.»

«Hoffentlich leben wir alle recht lange, damit wir nicht zu sagen brauchen: schade, dass es schon zu Ende ist!» seufzte Lita, steckte die Nase in den duftenden Abschiedsstrauss, das «Salzburger Riechkräutle», und erntete einen Blick ihres Mannes, der ein wunderliches Gemisch aus Dankbarkeit, Spott und Zweifeln war. Sie begleiteten Altchen nach Erfurt, wo Otto ständig Geschäftsbriefe schrieb und Firmenbesuche in Jena und Dresden machte, bis er schliesslich mit Lita nach Essen fuhr. Dort wohnten sie bei Litas Patentante Lieseken, ihrer «zweiten Mutter», und während Otto in der Kruppschen Fabrik war und sich im Gussstahlwerk ein Loch in seinen neuen Borsalino brennen liess, sassen die beiden Frauen am blauen Kachelofen und lasen sich, unter Tränen lachend, Litas Kinderbriefe vor. Mehrere Einladungen bei Krupp von Bohlens auf dem «Hügel», der hässlichen Villa mit den wundervollen Kunstsammlungen. Dass Frau Bertha Krupp auch Zwillinge hatte, bestärkte Lita in ihrer Sehnsucht nach den eigenen Zwillingen. Immer aufs neue musste die Fahrt zu ihnen verschoben werden. Dann endlich ...

Im Sonnenwendheim überraschten sie die Jungen bei Tisch. Erkannt wurden sie wohl kaum, doch sagten sie «Mama» und «Papa», Namen, die bald drollig verdreht und zu «Münne» und «Micko» wurden. Schöne Bilder mit Lita und den beiden Kindern im Wald, hässliche Bilder von Bahnhöfen und Städten, die Otto allesamt – ohne Lita – aufsuchen musste: Hannover, Magdeburg, Hamburg, Berlin, Rheinhausen, Essen. Nach zwei Wochen war er wieder bei seiner freudestrahlenden Familie, verkündete, dass sie am 12. Dezember über Sibirien nach Mukden fahren müssten und dass er diesmal «nicht gespart», sondern zwei Abteile mit Betten genommen habe, dazwischen den eigenen Waschraum. Vorher – müsse er leider nochmal nach Hamburg, und zwar mit Lita, die das gar nicht einsehen wollte. Als sie sich mit tränenfeuchten Augen losriss, beobachteten die Kinder voller Interesse den Dampf, der unter dem Abteil hervorquoll.

Über Osnabrück nach Hamburg, Besuche bei den Partnern der Firma. Lita sollte sich noch ein Abendkleid kaufen, ohne ihn natürlich. Beim Überqueren des grossen Platzes vor dem Hauptbahnhof wurde sie von einem Polizisten an der Schulter zurückgerissen: «Können Sie die Ampel da oben nicht sehen?» Lita erklärte ihm (inmitten der nach zwei Richtungen flitzenden Autos), dass sie zum erstenmal seit Jahren allein in einer so grossen Stadt sei. Sie wohne in Mukden, in der Mandschurei. Er glaubte ihr nicht.

Als sie eines Abends in den «Vier Jahreszeiten» mit Ottos Freund Hell und dessen Frau ein für Lita unerhörtes Abendessen eingenommen hatten und die Herren hinterher über die schwierige Lage in Deutschland und die fast hoffnungslose Lage in der Mandschurei politisierten, sagte Otto entschlossen: «Ich mache den Zauber nicht mit!» Lita spitzte die Ohren. Hell antwortete müde: «Mein Lieber, wir sitzen alle in *einem* Boot!»

Otto war froh, als sie nach dem Grossstadtlärm Hamburg verlassen konnten und zum letzten Mal nach Kiel fuhren. Ottos Mutter begleitete sie nach Westensee und Schierensee, der Heimat der wendischen Schnacks. Sie zeigte ihnen ihr Elternhaus und die von uralten Eiben umgebene Kirche. Sie wurden von Ottos Tanten zum Mittagessen erwartet, und da sassen sie nun bei einem guten, holsteinischen Mahl und versuchten, miteinander zu sprechen, die taube Doris, die schwerhörige Bertha, Ottos sehr schwerhörige Mutter und Otto selbst, der an jenem Tag auch nicht gut hören konnte. Lita musste die Tränen hinunterschlucken, weil sie eine trübe Zukunft für ihre Jungens befürchtete. Otto litt ja schon lange unter dem Strassenlärm, und sie selbst...

Sie suchte den Arzt auf, der Jochen operiert hatte, zeigte ihm Bilder der Zwillinge, die von ihm und den Schwestern bewundert wurden, und liess sich dann selbst wegen ihres nervösen Schnupfens beraten. Er riet von einer Operation ab, es sei verfrüht, vielleicht sei es überhaupt bloss allergisch. Auch kein Trost!

Reich beschenkt von der Kieler Grossmutter, die sich ihre Enkel nicht ohne Matrosen-Anzüge und -Mäntel und -Mützen vorstellen konnte, fuhren sie nach Rothenfelde, um die Kinder abzuholen, die sich unbändig auf die Eisenbahn freuten – zum Kummer der zurückbleibenden «Tanten». Aber die Bahnfahrt schadete Jochen, und in Erfurt hatte er hohes Fieber und eiternde Ohren. Noch gerade zur rechten Zeit erlaubte der Ohrenarzt die Weiterreise, und hier wurde der Abschiedskummer durch einen komischen Vorfall gemildert: Altchen hatte Jochen die neuen Überschuhe verkehrtherum angezogen, sie sahen es aber erst, als er wie mit falsch eingeschraubten Beinen auf dem Bahnsteig umherstapfte.

Sehr bedrohlich wurde die Zollgeschichte in Nigoreloje an der russischen Grenze, weil eine einreisende Schauspielertruppe vor Otto an der Reihe war. Es klingelt einmal, es klingelt zweimal, ein verkommenes Individuum ruft: «In ein Minut geht Zug!» Lita stürzt mit den weinenden Kindern auf den

Bahnsteig, wo ein entsetzliches Schneetreiben die Augen blendet. Otto kommt angestürzt: «Rasch in den Zug!» Hinaufgeklettert – das Gepäck wird ihnen nachgeschmissen, das letzte Stück in den bereits fahrenden Zug. Und in Moskau mussten sie, um die Transsibirische zu erreichen, auf vereisten Stufen durch einen andern Zug hindurchklettern. Die Freude auf das «tröstvolle Nest» liess alles vergessen.

Das böse Interregnum

Die Jahre vor der zweiten Europareise waren ein böses Interregnum, denn unbesiegbare Gewalten griffen Litas kleine Familie immer wieder an. Die Unruhen in Süd- und Mittelchina betrafen sie noch nicht so unmittelbar, aber die Zwillinge, die sich im Solbad so gut herausgemacht hatten, litten bald wieder unter dem Klima der Mandschurei. Zwischendurch gab es Atempausen, da glaubten Otto und Lita, sie könnten den Kindern einen Spaziergang im neuen japanischen Park zumuten, wo es «Bäume» zu sehen gab: den Kleinen steckte die Waldsehnsucht ebenso wie ihren Eltern im Blut. Mit dem grösseren Wortschatz äusserte sich mehr und mehr das Nachdenken und Überlegen der beiden, immer im Austausch miteinander, und förderte die witzigsten Bemerkungen über die beobachtete Umwelt zutage. Nach endlosen Staubsturmtagen kam die «kleine Regenzeit» und brachte den Garten zum Blühen: er leuchtet jetzt in allen Farben. Feuerbohnen ranken sich um die Pfosten der primitiven Laube, unter deren Kaoleang-Dach Lita sitzt und die Kinder beobachtet, die ihren selbstgepflanzten Mais (oder sich selber) mit ihren Giesskännchen begiessen. Die vom Mongolenpony Fatzei umgewälzte Ulme hat sich zu einem Parkbaum entwickelt, der zierliches Schattengewölk spendet und den einstigen Pferdestall verbirgt, der längst zur Garage für den jetzt dunkelroten Buick geworden ist.

Trotz aller Vorsicht bekamen die Jungens die übliche Sommerkrankheit, aber so schlimm, dass die geplanten Ferien in Ogondai ausfallen mussten. Weil sich auch Litas chronische Amöben-Dysenterie wieder einstellte, wurde zu ihrer Entlastung ein Kindermädchen angestellt, zuerst eine Russin, Miss Iljuschin, «Illusion» genannt, da sie sich als solche erwies; danach eine zweite Russin, namens Voigt, «Feucht» ausgesprochen, passenderweise, denn ihr Gesicht war stets tränenfeucht, wenn Lita es für nötig hielt, ihre beiden Racker zu «versohlen».

Das schöne Weihnachtsfest wurde ihnen wieder von dem zigarrenqualmenden Geschäftsfreund verdorben, ausserdem durch eine Einladung zur Weihnachtsfeier beim «jungen Marschall» Chang hsüeliang, wofür Lita ein neues Abendkleid benötigte – aber es verblasste vor den bezaubernden Toiletten der Marschallin und ihrer Begleiterin: erstere ganz in schwarzen Spitzen, mit grossem Brillant-Halsband und riesigen Brillanten in sehr kleinen Öhrchen, und ihre Freundin, genauso schlank, ganz in weissen Spitzen und grünem, edelstem Jade-Schmuck. Besonders erheiternd wirkte auf die europäischen Gäste ein fetter alter General in Uniform mit seiner knabenhaft jungen Freundin, die einen Frack von tadellosem Schnitt trug. «Falls es eine ‹sie› ist», munkelten die Herren, was Lita in ihrer Unschuld etwas verwirrend fand. Sie bewunderte die Sträusse aus lebenden Blumen, die rings um die Tanzfläche in hohen, Denkmälern gleichenden Eisblöcken eingefroren waren. Papierschlangen und Konfetti, Masken und Clownshüte, Knarren und andre Musikinstrumente schufen die bekannte britisch-amerikanische Weihnachtsstimmung. Otto litt unsagbar unter dem Krach, sie verdrückten sich gegen Mitternacht, und als Lita zu Hause ihre Perlnadel entfernen wollte, die offenbar piekte, entdeckte sie im Ausschnitt eine dicke graue Laus. Die Nadel war und blieb weg – und Otto liess eine ähnliche nacharbeiten ... als wäre Lita nicht schon zum Geburtstag und zu Weihnachten mit Geschenken verwöhnt worden!

Nach einer kleinen Operation war Lita noch müder und magerer geworden, und Otto besorgte durch Bekannte eine Kindergärtnerin aus Deutschland, Aujuste Dunkelmann, deren Name auch wieder Anlass zu Witzeleien wie «Finsterling» und «Obskurantin» gab, denn das junge Ding entpuppte sich als blindwütige Hitler-Anhängerin, die (wörtlich) stolz darauf war, «deutsche Kultur nach China bringen zu dürfen». Mit ihr, einem Berg Gepäck und einem Eisschrank fuhren sie allesamt nach Ogondai, wo sie am Hang einen Bungalow gemietet hatten. Versteckt unter duftenden Akazien lag er so einsam, dass manchmal ein Junghase aus den blauen Schwertlilien hervorlugte.

Je mehr sich Lita erholte, desto schlechter ging es den Kindern. Auf die Seebäder folgten Schnupfen und Husten, und nachdem sie im Moskitonetz über Jochens Bett einen Skorpion entdeckt hatten, war ihnen die Goldene Bucht mit ihrem doch recht feuchten Klima verleidet, und sie kehrten in den trockenen Mukdener Herbst zurück. Dort ging Jochens Husten in schweres Asthma mit Erbrechen über. Der kleine Kerl konnte nicht mehr laufen, die Bettwäsche musste auch nachts gewechselt werden, und das wurde «der Kulturträgerin» offenbar zuviel. Nachdem sie mit zitternder Stimme für die «liebevoll ausgewählten» Weihnachtsgeschenke gedankt hatte, zog sie, an Leib und Seele gebrochen, am zweiten Feiertag ab – auf Nimmerwiedersehen. Bei Mukdener Neidhammeln wurde ihr nur zu gern Obdach gewährt und der dazugehörige Klatsch verbreitet.

Alle freuten sich, dass es den Schnacks endlich mal schlecht ging – nein, nicht alle!

Da war Frau Baumann, die Österreicherin, kinderlieb (sie hatte gerade ihr Baby verloren); da war «Täubchen», Litas Nachfolgerin an der Schule (eigentlich hiess sie Täubert und kümmerte sich um Lita, wenn «der Schnupfentag» mal zu schlimm war); da war «Mutter Hansen» mit ihrem schlicht-fröhlichen Gemüt (hinter dem sich allerlei Sorge verbarg); da war Tante Dicki, die Spenderin der riesengrossen Katze «Miaum» und des flauschigen Hundes «Fluffy»; da war Hilmars Grossmutter mit dem beneideten singenden Teekessel. Und immer war Otto da, immer darauf bedacht, zu helfen und zu trösten, denn Jochen lag nun schon seit sechs Monaten fest im Bett. Gegen den Rat des Arztes beschlossen sie, Mukden den Rücken zu kehren, noch einmal den Schauplatz zu wechseln und es mit Tsingtau zu versuchen, wie es andre empfohlen hatten.

In Dairen empfing sie ein wüster Hagelsturm. Otto trug den keuchenden, kranken Jungen die wacklige Gangway eines deutschen Schiffs hinauf, der OLDENBURG, die sie nach Tsingtau bringen sollte, aber wegen schweren Sturms vier Tage lang nicht auslaufen konnte. Das Wasser schlug über die Molen, und die Jungen bestaunten alles so begeistert, die Kabine, die Schiffsbrücke mit dem Kapitän, die Relings mit den Rettungsbooten, dass Jochen seine Atemnot fast «vergass», denn das Asthma war unter anderem auch «nervöser Natur»: nach einem letzten nächtlichen Anfall war er auf Wochen befreit. Nur Klaus («Klause-bu-lao-sche») gelingt es, einen höllischen Radau zu inszenieren, der beide Eltern vom Kapitänstisch hochjagt: die Kinder hatten natürlich vorher gegessen und sollten brav in ihren Kojen liegen. Aber der fürwitzige Klaus entfesselt einen

«Sturm im Wasserglas», indem er einen «Stöpsel» in einen Wandkontakt steckt – und ein ihnen unbekanntes Ding zu sausen und zu brausen beginnt. Der Ventilator! Mörderisches Geheul!

Lita fragt sich, ob Tsingtau wohl noch ebenso aussieht, wie es in einem Zeitungsartikel in Ottos Kriegstagebuch beschrieben wurde. Sie erinnert sich an einzelne Sätze des China-Reisenden Achim von Winterfeld, der 1914 eine wahre Elegie anstimmte:

«Zwei Jahre sind es her, dass ich den Boden Tsingtaus betreten habe, von dessen Fall jetzt die Trauerkunde zu uns drang. Schönes Tsingtau! Wieder sehe ich es vor mir, noch lag mir China mit seinem Lärm und Gewimmel in Ohren, Nase und Augen! Und nun Tsingtau! Eine Oase in der gelben Wüste! Ein prachtvoll weiter Hafen mit sauberen Pieranlagen nimmt uns auf. Vor uns liegt ein entzückendes deutsches Städtchen: jeder Berliner wird sich sofort an seine Villenvororte, etwa an Zehlendorf erinnert fühlen. Wundervoll liegt die Stadt am Meer, in einem Kranz von Bergen mit lieblicher Bewaldung und schönen Wegen. Die deutsche Forstwirtschaft hat die ehemals abrasierten Berge in ein Paradies verwandelt. Das Chinesenviertel fällt durch seine sauberen Häuschen und Läden auf. Die gut gepflasterten Strassen erinnern in nichts mehr an die düsteren, gewundenen Gassen und Schlupfwinkel von Kanton oder Shanghai! Musterhafte Ordnung überall! Und nun erst der deutsche Stadtteil! Breite, mit jung angepflanzten Baumalleen eingefasste Strassen mit Bürgersteigen, freundlichen Villen, zierlichen Vorgärten … Natürlich fehlen weder Kanalisation noch Wasserleitung …»

Schon von weitem sieht Lita grüne Baumkronen und rote Hausdächer – ein ganz ungewohnter Anblick. Wie wird es von nahem aussehen, nach 19

Jahren asiatischer Verwaltung? Dass es mit der Kanalisation nicht mehr klappt, müssen sie sofort erleben. Allnächtlich kommen Karren vom Land herein, «Blumenwagen» genannt, um die Fäkalien abzuholen, gefolgt von einer Schar halbwilder Hunde, unter denen auch tollwütige sind – so hören sie es gleich am ersten Abend, den sie bei Ottos Kriegskameraden verbringen, der Familie Busch. Es sei gefährlich, nachts auszugehen.

Sie lassen sich also von Hannes Busch in ihre Pension zurückfahren, die von zwei verarmten Damen geführt wird. In der Nacht schreckt sie wütendes Hundegebell aus dem Schlaf – dann Unruhe im Haus. Am Morgen erzählt ihnen der Boy beim Frühstück, die Taitai sei von einem bösen Hund gebissen worden, als sie versucht hatte, ihren eigenen Schäferhund aus einem Rudel raufender Dorfköter zu befreien. «Schon sehr schlimm», sagt er in seinem drolligen Tsingtau-Deutsch. «Jetzt in Klankenhaus mit Gu-niang (Tochter), sehr klank!»

In den folgenden Tagen holte Lita nur das Nötigste aus den Koffern; Otto konnte zwar eine ganze Woche bei ihnen bleiben, aber für einen langen Erholungs-Aufenthalt mit den Kindern schien ihr diese Pension mit den harten, ärmlichen Betten nicht geeignet. Lange Beratungen mit Hannes Busch und seiner Frau, bei denen sie stets zum Mittagessen eingeladen waren – die Zwillinge natürlich auch, denn jeder war von den lustigen blonden Lockenköpfen entzückt.

Aber die Tischgespräche waren gar nicht lustig, sondern sehr ernst. Hannes Busch beurteilte die politische Lage fast ebenso pessimistisch wie Otto, der von den Handelskammer-Sitzungen in Mukden berichtete. Zwar waren die revoltierenden Generäle des Nordens (Feng yü-hsiang, Yen hsi-shan und

Wang ching-wei) von Chiang kai-shek bereits 1930 besiegt worden, doch darauf folgten die endlosen Kämpfe gegen die kommunistischen Heere, die schliesslich nach fünf vergeblichen Offensiven zurückweichen sollten, weil sie vom Hunger geschwächt waren. Vom bevorstehenden «Langen Marsch» unter Führung von Mao tse-tung und Chu-te konnten die beiden alten Freunde damals noch nichts ahnen, wohl aber brachte Otto sein Thema «Japan» wieder ins Gespräch. «Der junge Marschall steht mit seinen besten Truppen in Peking, mein Lieber», unkte er, «und glaube du nur nicht, dass das den Japanern passt. Zwar haben sie Chang hsüe-liang bis jetzt in stillschweigendem Einverständnis als eine Art Beherrscher der Mandschurei geduldet, aber sie fürchten, er könne als Vertreter Nankings die Südmandschurei zurückerobern, und ein neu geeintes China würde ihre Pläne zunichte machen!»

Lita lag die allernächste Zukunft am Herzen. Sie drängte auf einen Wechsel der Pension, auch wegen der traurigen Stimmung dort. Die Inhaberinnen rechneten insgeheim mit dem Tod der Mutter, die bereits alles für eine Übergabe an die Tochter anordnete. Es war tragisch, wie die beiden Frauen voreinander Theater spielten, als könne alles wieder gut werden. Bald darauf starb die Mutter an den Wunden, die ihr ein offenbar tollwütiger Hund zugefügt hatte.

Inzwischen hatte sich Otto von seinen Lieben losgerissen und sollte viele Wochen von ihnen getrennt in Mukden verbringen. Lita bezog mit den Kindern zwei sonnige Zimmer in der Villa Busch, wo sie auf dem Balkon Liegekur machen konnten. Nach fünf Wochen hatte sich Jochen wunderbar erholt. Dann kamen die Nebel! In der ersten Nebelnacht hörte Lita ein so schauriges Gestöhn, dass sie meinte, der arme Hannes Busch leide an seinen Kriegsverletzungen, die ihn manchmal plagten. Sie wurde ausgelacht: es war nur das Nebelhorn, die Heulboje, die so jammerte. Der freundliche Hannes hatte sie oft durch den Forstgarten geführt, wo sie den herrlichsten «deutschen» Frühling erlebten. Alles blühte und duftete, Kirschen und Flieder, Glyzinien und Pfirsiche. Auch am Strand der beiden schönen Landzungen spielten die Kinder gerne. Lita war immer bei ihnen. Sie fühlte sich einsam ohne ihren Mann.

Die Tsingtauer Damenwelt sagte ihr ohnehin nicht zu: da wurde von morgens bis abends Bridge gespielt, und Kinder und Haushalt wurden den chinesischen Dienern überlassen. Das ganze «smart set» ödete Lita an, und weil der ständige Nebel sie nun zu einer Ortsveränderung zwang, zog sie sehr glücklich am Pfingstsamstag ins Felsengebirge, den Lao-shan. Eine anderthalbstündige Autofahrt führte durch eine fruchtbare Lößlandschaft in das Tälchen Ta-lao-guan, wo sich ein altes Taoistenkloster in frischgrünem Bambuswald versteckte, und dem Kloster gegenüber lag eine «Sommerfrische», von einem weissrussischen Ehepaar geleitet, den Makrosoffs. Sie waren aus Krasnojarsk geflohen, wo sie in der Nähe ein Goldbergwerk besessen hatten. Die Verständigung war schwierig, mit Litas Russisch war es noch nicht weit her, und Frau Makrosoff beschränkte sich darauf, den Jungens den Kopf zu streicheln und «Malinki!» zu seufzen.

Sie waren in zwei winzigen Kammern untergebracht, vermutlich ehemaligen Mönchszellen. Nachts brummte alle zwei, drei Stunden der Tempelgong durch die Stille. Lita las fast den ganzen Shakespeare beim Schein einer einzigen Kerze, und wenn sie von dem kleinen Druck in EVERYMAN'S LIBRARY einmal aufblickte, erschien ihr der fingerlange, mükkenhaschende Gecko auf dem Moskitonetz der schmalen Fensteröffnung wie ein riesiger Drache. Tagsüber sassen sie unter der uralten Pappel auf dem Gartenplatz, den das niedrige, strohgedeckte Haus in Hufeisenform umhegte, oder sie strolchten durchs Felsental, am kluckernden Bergbach entlang zum «Grünblauen Wasser», spielten mit Schiffchen, bauten Häfen und Sandburgen, entdeckten Bergpfade mit Feuerlilien und Jelängerjelieber und landeten vor einem an die Felsen geklebten Schwalbennestkloster, wo sie sich verschnauften und Lieder sangen. Als es in dem engen Felsental heisser wurde – dabei war es erst Juni –, bekam Lita einen richtigen Sonnenstich und musste sich einen Kragen aus zerstückeltem Eis um den Hals binden. Vier Wochen lang waren sie die einzigen Gäste, dann kamen Europäer, aber nicht der sehnlich erwartete Vater. Acht Wochen waren sie nun schon getrennt.

Als er endlich eintraf, setzten ständige Regengüsse ein, die Furten standen tief unter Wasser, und weil Otto zu einem bestimmten Tag in Shanghai sein und Lita nicht ohne ihn mit den inzwischen krank gewordenen Kindern in Ta-lao-guan bleiben wollte, fuhren sie mit einem schwer bepackten grossen Buick durch das brausende Wasser. «Sei eine Heldenmutter!» wurde Lita von Otto ermahnt, und sie lachte unter Tränen. Mit knapper Not erreichte er sein Schiff, während sie in Tsingtau blieben und von den deutschen Ärzten erfahren wollten, was den jetzt sehr blassen und mageren Kindern eigentlich fehle. (Doch das brachten erst die klugen Japaner in Dairen heraus – die Tsingtauer knipsten ihnen nur die Rachenmandeln ab, worauf Jochen mit stiller, verbissener Wut und Klaus tobend, schimpfend und spuckend reagierte, weil ihnen eine derartige Falschheit und Ungerechtigkeit noch nie vorgekommen war.)

Als Otto erschöpft aus Shanghai zurückkam, sollten sie mit der HOTEN MARU (einem japanischen Dampfer) nach Dairen fahren und setzten sich hungrig zu Tisch; Jochen war der erste, der sich mit grünweissem Gesicht in die Kabine führen liess, dann folgte Lita mit schwachem Lächeln, und schliesslich streikte auch Klaus. Der seefeste Vater musste das Mahl allein beenden; dann kümmerte er sich um die drei Seeleichen, denn Lita brachte es nicht fertig, die Kinder auszuziehen. Am nächsten Morgen war sie erstaunt, dass das Schiff nicht untergegangen war. «Auf dem Lande ist es doch sicherer!» erklärte sie, als sie im eleganten Yamato-Hotel in Hoshi-ga-ura beim Frühstück sassen. Der Blick von der Glasveranda auf das jetzt im Spätsommer tiefblaue Meer war bezaubernd. Lita führte die Kinder durch Kieferngebüsch zum Aquarium, wo sie «echte», wenn auch kleine Haifische sahen und mit einem Seehund Kontakt aufnahmen. Nachdem die guten japanischen Ärzte das Gedärm der blassen Jungen von den verschiedenartigsten Würmern befreit hatten, glaubten die Eltern, sie könnten die Kinder allmählich wieder nach Mukden verpflanzen. Auch die Ärzte rieten dazu, mit denen sie sich angefreundet hatten. Zwei von ihnen spielten öfters Trio mit Otto, und Lita wurde japanfreundlich. «Warum sollen sich die Japaner mit ihrem Bevölkerungsüberschuss nicht das von China holen, was vorher (in kleinem Massstab) die Weissen geschnappt hatten?» sagte sie zu Otto. «Wahrscheinlich hatte der langsame Zerfall Chinas infolge der Misswirtschaft zu sehr zu Übergriffen verlockt – bedenke doch das Günstlingsleben am Hof in Peking unter den Mandschus: 20000 Konkubinen und Eunuchen! Und bei den Japanern ist alles so sauber – ihre Geräte sind so schlicht und klar in den Linien, nie schnörkelhaft überladen!»

Litas Mann, der grosse Pessimist, verzog den Mund. «Warte nur ab! Das Kräftespiel ist noch nicht ausgespielt, und wer weiss, wie es den Weissen dann ergeht!»

Nach ein paar schönen Wochen in «Hoshi» wagten sie es also, nach Mukden zurückzukehren, wo die Kinder auf Anraten der japanischen Ärzte viel im Garten liegen sollten. «Und später dann doch für längere Zeit nach Deutschland», meinten sie.

Tagsüber sass Lita bei den Jungen, die unter der schattigen Ulme lagen, und versuchte, sie ruhig zu halten. Abends genoss sie mit Otto die neueste Erfindung, ein grosses grünes Moskitonetz auf dem oberen Balkon, wo man bei Lampenbeleuchtung sogar lesen konnte. Eine etwas friedlichere Zeit schien zu beginnen, obwohl im Süden der Kampf gegen die Kommunisten zunahm und im Norden eine Überschwemmung ausbrach, die ungeheuren Schaden anrichtete. In einer Septembernacht legten sie sich reichlich müde zu Bett und wollten gerade in Schlaf sinken, ohne sich um das vermeintliche «Feuerwerksgeknatter» der Chinesen zu kümmern, an das sie ja gewöhnt waren. Doch es waren Gewehrschüsse, die von der nahen Polizeistation herzukommen schienen. Plötzlich lautlose Stille! Lita empfand sie als unheilbringend – und da ging es auch schon los: schweres Geschützfeuer setzte ein, und alle zwanzig Minuten flog eine Granate über ihr Dach. Draussen ist nichts zu sehen, die Nachbarschaft ist stockdunkel. Da blitzt über der Japanerstadt der Lichtschein der nächsten Granate auf. Dort musste der Exerzierplatz der Japaner liegen. Sie bombardierten das Arsenal und den Flugplatz. Dazwischen das freche «Peck-peck» der Gewehre und das von den täglichen Übungen her altvertraute, aber jetzt bitterernste «Tack-tack-tack» der Maschinengewehre.

Am nächsten Morgen war die Chinesenstadt von Japanern besetzt; japanische Flaggen wehten von den dicken Stadttoren der jahrhundertealten Mauer. Alle Geschäfte kamen zum Stillstand, die Gehälter wurden gekürzt, Angestellte wurden abgebaut, aus Deutschland war kein Geld herauszubekommen, auch dort sah es ja höchst unerfreulich aus. Die Räuberplage nahm zu, an Spaziergänge war nicht zu denken. Lita erdachte für ihre ungebärdigen Söhne eine Art Kindergarten, der ihnen viel Spass machte. Sie selbst begann zu weben, denn Otto hatte ihr zu Weihnachten einen Webstuhl geschenkt, dessen Gestänge sie zuerst misstrauisch betrachtet und für ein Feldbett gehalten hatte. Das Arbeiten mit der bunten Wolle gefiel auch den Kindern, und so verspürten alle Drei die eigenartige «Gefangenschaft» etwas weniger. Otto ging täglich ins Office und zu den Handelskammer-Sitzungen. Wenn sie in jenem Winter 1931 beim Adventstee oder im Kerzenschimmer des Weihnachtsbaumes sassen, merkten sie immer wieder, dass sie doch von Banken und Geld redeten. Das Klima war ganz anders als sonst: dunstig und neblig, die Luft dick voll Russ, ohne frischen Wind oder Sonne. Zum erstenmal wurde eine lange Trennung erwogen, wurde von der Schweiz gesprochen.

Gegen den Willen des Arztes packte Lita Wintersachen, Medikamente und Spielzeug zusammen, die Kinder wurden warm eingemummelt, und der Nachtzug brachte sie alle Vier nach Dairen, wo Otto von einem netten Hotel in Hoshi-ga-ura erfuhr, dem SEA-VIEW. Es war ein neues Haus, von einem Deutschen gebaut, von einer russischen Jüdin aus Odessa geführt, die stets für schmackhaftes Essen sorgte. Da sie auch häufig Liebespärchen beherbergte, war die Atmosphäre etwas eigenartig, aber das scherte Lita nicht. Die Seeluft war wohltuend, beide Kinder nahmen zu und bekamen rote Backen, von Atemnot war nichts mehr zu spüren. Hier waren sie nicht eingesperrt, sondern durften täglich spazieren, am Strand oder über den Golfplatz, wo sie eine drollige Begegnung mit Lord Lytton hatten. Als nämlich am 5. Februar 1932 die ganze Mandschurei in den Händen der Japaner war, schickte der Völkerbund (dem China angehörte) eine Kommission unter Lord Lytton nach China. Eines Tages benutzte er den Golfplatz in «Hoshi» und erblickte zufällig zwei Knirpse, die wie Schachtelteufel hinter Kieferngebüsch auftauchten und ihrer Mutter verzweifelt zuriefen: «Münne, Papier!» Der Lord verstand offenbar Deutsch und lachte.

Sonst aber gab es nirgends Grund zum Lachen. Die Kommission blieb erfolglos, die Japaner setzten ihre Aktion unbekümmert fort, und am 9. März 1932 gründeten sie das Reich «Manchutiguo» mit der Hauptstadt Hsin-king (ehemals Chang-shun). Otto konnte nur alle vierzehn Tage übers Wochenende kommen, da er jetzt dem Dreier-Ausschuss vorstand, der sich mit der Schuldenregelungsfrage befasste. Denn das war jetzt das grosse Problem: welche Regierung stand für die abgeschlossenen Verträge ein, welche Regierung bezahlte die laufenden Aufträge? Daher musste Otto zwischen den drei Hauptstädten Peking, Tokio und Hsinking hin und her reisen und traf jedesmal völlig abgekämpft bei ihnen ein. Im ganzen dauerten die Verhandlungen zwei Jahre, und gegen Ende des zweiten Jahres hatte er einen schweren Herzanfall, den Lita voller Entsetzen hilflos mitansehen musste, bis endlich der Arzt kam. Dass alle Forderungen zuerst abgelehnt und dann, nach zwei Jahren, voll ausbezahlt wurden, war einzig Ottos Verdienst, aber seine Gesundheit war ruiniert, und für die Ehre konnte er sich nichts kaufen.

Doch zur Zeit der Lord-Lytton-Kommission war es noch nicht so weit, da lastete noch die ewige Reiserei und die Verantwortung auf den Eltern der beiden Jungen. Am 11. April 1932, als sie noch im Hotel SEA-VIEW wohnten, öffnete Lita in Gegenwart der Kinder einen Brief ihrer Mutter und rief: «Oh! Mein Vater ist gestorben!» Klaus fragte mit sachlicher Miene: «Meinst du deinen Vater, oder meinst du unser Väterchen?» Etwas später fragte er: «Wenn ich gestorben bin, und wenn der Jochen sterbet, weinst du dann auch?» Lita antwortete ihm: «Wenn meine beiden Jungens sterben, dann will ich auch tot sein.» Klaus: «Ach, tu's doch nicht, komm zu mir, ich mach' dir Platz in meinem gläsernen Sarg.»

Zu Ostern konnte Otto kommen, und Tante Dicki war bereits da, weil sie sich vor ihrer Hochzeit mit ihrem Zukünftigen in Hoshi-ga-ura treffen wollte. Ihr Verlobter, Slim, ein ellenlanger Mann, war Hauptbuchhalter bei einer andern Importfirma und wohnte in Tientsin: das würde also Dickis neuer Wohnsitz sein. Heiraten wollten sie in Japan. Die Kinder hatten schon viele Hochzeitsgeschenke für Dicki und den neuen Onkel gebastelt.

Da von Pfingsten an viele Gäste im SEA-VIEW erwartet wurden, zogen Lita und die Kinder zu Russen in eine Privatwohnung. Es waren gerade die Tage von «Russisch-Ostern», wenn der Tisch stets voll auserlesener Gerichte und kalter «Sakuska» (Vorspeisen) steht und jeder Gast willkommen ist, auch wildfremde Menschen. Kein Wunder, dass die Jungens eine grosse Vorliebe für Sakuska entwikkelten.

Allmählich stellten sich die Nebel ein, so dass man keine zehn Meter weit sehen konnte: Berge, Meer und Inseln, alles war verschwunden! Das zwang zur Rückkehr nach Mukden, wo es im Hochsommer stets trocken, wenn auch sehr heiss war. Das Haus schien Lita nach sechs Monaten Abwesenheit ungepflegt und düster, aber warum sollten sie frisch streichen lassen, wenn ihre Zukunft so unsicher war? Niemand wusste, wie lange man noch in Mukden bleiben konnte.

Und doch war es eine wundervolle Zeit! Wochenlang kein krankes Kind! Allerdings waren sie in Sorge, als die Cholera so heftig auftrat, und alle liessen sich impfen. Sie hörten auch öfters Schiesserei, und Lita hatte Angst vor Dieben. Es wurde tatsächlich eingebrochen, aber die Diebe wurden wohl gestört und nahmen nicht viel mit. Im Herbst begann der Unterricht in der deutschen Schule (die Lita damals gegründet hatte), doch die Jungens mussten weiterhin geschont werden und bekamen von Lita Hausunterricht. Ende September schlug das Wetter um, und Jochen erkrankte so schwer wie noch nie. Jede Nacht hatte er pausenlose Anfälle schwerster Atemnot, die ihn wochenlang quälten. Injektionen halfen nicht mehr, er schrie und stöhnte und war in Schweiss gebadet. Unbegreiflich, dass es dann nach sechs Wochen auf einmal besser ging. Beim Gehen knickte er zwar noch ein und lief geduckt, wie ein kleiner Zwerg.

Der Arzt meinte nun, die Kinder müssten getrennt werden, der eine mache den andern zu nervös. Trotz der Novemberstürme fuhren sie zu dritt zuerst nach «Hoshi» und, sobald sie ein Schiff bekamen, nach Tientsin. Dort sollte der ruhige Jochen bei Litas Schwester Dicki wohnen, während Lita mit Klaus ins Hotel zog. Zu ihrer Freude musste Otto zum

Gesandten nach Peking und nahm sie mit. Eine dreistündige Bahnfahrt durch trostlose Gegend – Felder, kein Baum und kein Strauch – brachte sie nach Peking, dem «herrlichen, heiligen Peking», ohne dass ihnen das Herz stillstand. Die Strassen waren zollhoch mit einem feinen dunkelgelben Puder bedeckt, und bald taufte Lita die Stadt um und sprach nur von der «im Staub vergrabenen Schönen», was die alteingesessenen Pekinger sehr vergrätzte. Es war eben schade, dass sie es damals nur von der hässlichen Seite sahen.

Mit der Rikscha, Klaus auf dem Schoss, fuhr sie zuerst in die «Chinesenstadt», um einzukaufen, dann zur Mauer, die rings um das Gesandtschaftsviertel lief und von der man einen überwältigenden Blick haben sollte. Der düstere Himmel und der Ausblick auf unbelaubte Bäume und abgeerntete Gärten konnten die durch Hoshi-ga-uras Schönheiten verwöhnte Lita nicht umstimmen. Die endlose Fahrt zum «Kohlenhügel» führte, wie es ihnen von Mukden her sattsam bekannt war, zwischen niedrigen Chinesenbuden durch Schmutz und Staub und den Gestank der Garküchen. Als sie den auf Befehl des Kaisers künstlich aufgeschütteten Berg (das Wort me = schön wurde fälschlich mit «Kohle» übersetzt) erklommen hatten, schweifte der Blick über das Meer einstöckiger grauer Häuser, auf die künstlichen Seen mit der weissen Pagode und dann auf die Verbotene Stadt mit ihren sechs Palästen und Thronhallen, die sie auf der Rückfahrt nicht mehr aufsuchen konnten, weil schon geschlossen war.

Für den Abend waren Otto und Lita bei Professor Lessing, dem «Le lao-ye» einstiger Zeiten, eingeladen und liessen Klaus im Hotelbett, von einer grimmigen Amah bewacht. Das sonst von Sven Hedin bewohnte «Schwedenhaus», in dem sich Le lao-ye eingenistet hatte, war über einen Innenhof erreichbar, der im Sommer sehr schön sein musste. Eine Halle mit Kerzenbeleuchtung und duftenden Weihrauchstäbchen nahm sie auf, und aus dem Dämmerdunkel trat wie ein Zauberer in einem weiten chinesischen Ischang, die Hände in den bestickten Ärmeln verborgen, Litas ehemaliger Chinesisch-Lehrer. Sie unterhielten sich, der Stimmung entsprechend, über die Weisheit und Schönheit des alten Chinas, und der Ofen spuckte derartige Gluten, dass Otto fast einschlief, doch wurde sein Verstummen wahrscheinlich als Ehrfurcht gedeutet. Aber als der Diener ihnen später das hohe rote Tor öffnete, erklärte Otto beim Verlassen des Gehöfts: «Unsre Kinder sollen niemals Sinologen werden!», was bei Lita helles Gelächter auslöste.

Die Fahrt zum Himmelstempel – auf Zureden des Pekinger Carlowitz-Leiters leider in der Rikscha statt im Auto, weil es viel interessanter sei – erwies sich als rechte Strapaze, und Lita murrte ärgerlich vor sich hin: «... als ob wir den Lärm und Gestank nicht von Mukden her kennten, sondern frisch aus Deutschland eingetroffen wären!» Schlechtes Pflaster, Gestucker, den unruhigen Klaus auf dem Schoss, dazu ein Menschengewühl, wie sie es in dem Masse allerdings nicht von Mukden her kannten. Endlich, im Bereich des Himmelstempels, Anlagen und lange Wege, zuletzt der hohe Wald dunkler Kryptomerien – 600 Jahre sollten sie mindestens alt sein – und dann der Anblick des Tempels mit dem tiefen Blau seiner glasierten Dachziegel. Wie die Verkörperung aller irdischen Schönheit und Harmonie leuchtete er ihnen entgegen. Beim Näherkommen sahen sie das überall wuchernde Unkraut, die zerfallenen Mäuerchen, und wandten sich erwartungsvoll dem in entgegengesetzter Richtung liegenden Himmelsaltar zu, dessen edle Ausmasse Lita von ihrem ersten China-Jahr her aus Büchern kannte. Sie hatte sich die Marmorplatten in makellosem Weiss und strahlendem Glanz vorgestellt, doch sie waren das übliche Graugelb, von Unkraut überwuchert, mit zerbröckelnden Steinen übersät. Eine Trübsal, die mit den trübseligen Zeiten zusammenhing: es wird auch wieder anders werden, tröstete sich die noch immer optimistische Lita. Und Klaus konnte sich mit der draussen vorbeiziehenden Kamelherde trösten.

Beim Besuch der Verbotenen Stadt derselbe Eindruck von Vernachlässigung und Zerfall. Viel Gras und herbstlich dürres Unkraut. Imponierend die klobig dicken Mauern und Tore, Kolosse aus einer barbarischen Zeit, als Menschenleben nicht zählten und Zehntausende «blauer Ameisen» unter sengender Sonne arbeiten mussten. Imponierend erst recht – trotz bedenklichen Zerfalls – die sechs riesigen Thron- und Wohnhallen, deren goldenglasierte Dächer und rostrote Mauern die Abendsonne aufglühen liess.

Am nächsten Tag krasser Gegensatz zwischen dem harmonisch «gewachsenen» Tai-miao, dem Ahnentempel, und dem nach langer Fahrt erreichten Sommerpalast, wo die Kaiserin-Witwe, Tze-hsi, ihrem Kitschgeschmack Ausdruck verliehen hatte. Doch dort söhnte die Natur mit allem aus: die Weite der Seefläche, die Schwünge der Brücken, in blassblauer Ferne die Pagoden. Ganz verliebt war Lita in Pi-yün-tse, das Kloster «der azurblauen Wolken» in einem waldigen Tal. Sonst überall Öde – bis auf die von Grün überwucherte Ruinenlandschaft des «Alten Sommerpalastes» Yüan-ming-yüan, der 1860 von britischen Truppen auf Befehl Lord Elgins in einem unbegreiflichen Vandalen-Akt zerstört worden war und wieder einmal den Beweis dafür lieferte, dass Menschenwerk erst dann richtig schön werden kann, wenn die Natur sich seiner bemächtigt.

Während Otto einen Abstecher nach Shanghai machen musste, wohnten Lita und Klaus wieder in Tientsin im Astor House: dadurch war Lita mit nur einem ihrer beiden Racker behaftet – der andre, Jochen, schien sich bei Dicki auch nicht allzu brav zu benehmen. Jedenfalls veranlasste das Tadeln und Schelten ihrer Schwester die müde Lita zu dem frommen Wunsch, der Himmel möge Dicki ebenfalls mit Zwillingen segnen. Ansichten über Erziehung «versüssten» den Abschied, der sich etwas in die Länge zog, weil sich die verwanzte und verlauste und von Kakerlaken wimmelnde CHOTEI MARU bis an den *Bund* von Tientsin bemüht hatte. Das bedeutete, dass man nun zwei Nächte auf dem Wanzenschiff verbringen musste und am Tage zuerst den Fluss und seine Lehmsosse, sodann den Schlick und Lehm der berüchtigten Taku Barre und nachts die überheizte Kabine geniessen durfte. In eisiger Kälte trafen sie in Dairen ein und säuberten und entspannten sich im geliebten Hoshi-ga-ura-Hotel.

Am nächsten Morgen lag Lita noch im Halbschlaf und hörte aus dem Zimmer nebenan – die Tür stand offen – ein Zwiegespräch. Jochen zu Klaus: «Ich finde, wir müssen Münne wachmachen!» Klaus: «Nee, ich nicht – tu du's!» Jochen: «Ich kann ja mal aus'm Fenster kucken! Aha, es ist noch kein Stips von Morgenröte zu sehen. Da müssen wir noch schlafen.» Klaus: «Ich war mal in Peking, in Wirklichkeit, nicht bloss im Traum. Da waren wir im Himmelstempel, der heisst so, weil er himmelblau ist. Und dann war ich mal auf'm Kohlenhügel, da sind viele Treppen und dann noch ein Tempelchen und noch ein Tempelchen und noch ein Tempelchen, und oben ist es höllisch laut! Und dann war ich im Kaiserpalast, das ist das Schloss vom chinesischen Kaiser, aber der ist schon lange tot, und seinen Thron, den haben wir auch gesehen, der ist ganz verstrippt, mit Strippen zu, damit sich kein andrer Mensch dadraufsetzen kann. Und dann waren wir in einem chinesischen Wirtshaus, das war wunderbar herrlich, mit vielen bunten Lampen, also prächtig, ganz kolossal! Aber das Klo war stinkerig, richtig verhöllt, da hab ich lieber draussen auf einen Korb gepuscht, das war zum Lachen ...»

Als er merkte, dass Lita wach war, brach die Flüsterstimme ab. Jochen konnte seinen Husten nicht länger unterdrücken, bekam Atemnot und Giemen und musste zum japanischen Arzt. Also das elende Asthma verfolgte sie sogar bis hierher in die gute Seeluft! Lita war verzweifelt, und als Otto aus Shanghai zurückkehrte, fuhren sie zu viert in ihr Mukden-Haus. Lita genoss die eigenen Betten und liess sich von Otto als verwöhnter Philister auslachen, der sich nicht von seinen Bequemlichkeiten trennen mag. 33 Jahre alt!

Bilder – Bilder – Bilder: manche beinah friedvoll und ein beinah normales Leben zeigend – Lichterteller zu Litas Geburtstag, Weihnachtskerzen, Liebesbeweise, Stunden unvergesslicher Liebe und Gegenliebe. Stunden, von Angst und Kummer geprägt. Gelbe Staubstürme, die nicht enden wollen. Der gefürchtete niedrige Luftdruck. «Ihr dürft nicht so wild spielen!» (Wenn er sich erhitzt, muss er niesen, husten, die alte, fatale Reihenfolge.) «Ihr dürft nicht herumtoben!» Neue Anfälle. Schlimmer denn je. Nachts hilflos am Bett stehen, hilflos das Pfeifen und Giemen in der gequälten kleinen Brust hören. «Lache, Mutter! Lache, lache, Mutter!» – «Ich lache ja, mein Kleiner! Komm, leg dich in die Kissen zurück!» – «Ich kann nicht ... ich muss sitzen ... ich ...»

Bis selbst der Arzt verzweifelt und die Übersiedlung nach Hoshi-ga-ura gestattet, in die Berge, in einen von vier kleinen Bungalows. Bergeinsamkeit hoch über Meer und Inseln. Die Leiden werden unerträglich, der japanische Arzt weigert sich, ins Haus zu kommen, die schmale Bergstrasse im Auto – das ist ihm zu gefährlich. Lita trägt ihr krankes Kind auf beiden Armen bergab – vor Schmerzen ist der Junge steif wie ein Brett. Bergab zum wartenden Wagen und ins Hospital.

Weisskittel – Weisskittel. Kopfschütteln und Fehldiagnosen, dass selbst ein Laie ob des lächerlichen Irrtums in Verzweiflung geraten muss. Bis der Chefarzt und Leiter alles klärt und entscheidet: «Keine Operation!» Am nächsten Tag sieht Lita ihren Jungen in einem Sauerstoffzelt wieder. Bald hört sie ihn vergnügt mit der japanischen Pflegerin plappern. Bald kann sie ihn ins Berghaus zurückbringen. Aber er soll noch liegen. Alle Türen stehen weit offen und lassen die nach Thymian duftende Bergluft herein. Lita näht, Klaus möchte Grammophon spielen. Jochen will seine Mutter unterhalten: «Ich liebe Sprechplatten!» und schmettert los, Wüllners Prometheus nachahmend: «Bedecke deinen Himmel mit Wolken, Zeus! Musst mir meine Erde doch lassen stehn, und ...»

Münne weiss sich vor Lachen nicht mehr zu halten, und Klaus bemerkt: «Ich liebe ‹Grüss dich, Deutschland, aus Herzensgrund› und ‹Verschwiegene Liebe› und überhaupt alle Lieder!» Lita sagt: «Spring du lieber in den Garten! Jetzt wird nicht Musik gemacht!» Und Klaus Ungestüm zieht widerborstig ab.

«Bald kann ich auch wieder springen, nicht wahr, Münne?» fragt Jochen. «Und wandern! Willst du mein Wanderlied hören? Ich hab's mir selber ausgedenkt!»

«Heut abend sing ich mein Wanderlied, Wanderlied. Den Sommer, den lieb ich so sehr, weil ich da so schön wandern kann. Ich möchte in Deutschland wandern, Wandern lieb ich so doll. Heut abend, da knick ich mein Bein und wander, wander fein. Ich bin ein Jäger und horche, horche, ich schiess mir für mich einen Hasen, der schmack so lecker, wie ich noch nie bei Schnacks ein Häschen gegessen hab, so lecker, da wollt ich nichts zuessen. Heut abend schiess ich in Deutschland Häschen, Hirsch oder Täubchen und wander, wander, Wanderlied ...»

So ging es weiter, bis Klaus ins Zimmer kam und einen albernen Quack daraus machte, und dann alberten beide.

Eines Tages Getrampel von Männerstiefeln unten in der grossen Glasveranda. Lita lief hinunter: vier Japaner, offenbar Detektive. Sie wollten das Haus durchsuchen, ein Mann habe sich versteckt, er sei auf der Flucht, sein Schiff sei auf den Klippen gestrandet. Lita hält alles für Unsinn, lässt sie suchen, im Gartenzimmer unten, im kleinen Esszimmer hinter der Veranda, in der Aussenküche. «Wir wohnen ja nicht im Festungsgebiet», erklärt sie. Die Männer nicken höflich, suchen, fragen die Diener aus, die verängstigt sind. Dann hört Lita rufen, eilt die Treppe hinauf, ein Mann kommt ihr grinsend entgegen – es ist bloss einer der Detektive. Er lässt sie höflich vorbei, und sie eilt zu Jochen, der noch im Bett liegt. «Er hat alle Schränke aufgemacht und unter alle Betten gekuckt, auch unter meins!» Er findet es furchtbar komisch.

Als sie gegangen sind, eifriges Erklären der Diener, die immer wieder auf die kleine Erhebung über dem Weg zeigen. Lita nimmt Klaus bei der Hand und steigt hinauf. Von der Kuppe aus sehen sie tief, tief unten ein schwarzes Schiff liegen, ziemlich gross.

Am nächsten Tag bringt ihr Nachbar, ‹Onkel Senf›, (auch ein Carlowitz-Mann) eine Zeitung, in der sie die ganze Räubergeschichte lesen: ein verrückter Metzgergeselle aus Tientsin hat das Schiff entwendet und wollte damit in die Südsee stechen. Da er vom Navigieren keine Ahnung hatte, nahm er auch noch die falsche Richtung ...

Bald ist Jochen so gesund, dass er in den Garten gehen darf, kleine Blumenterrassen hinab zu einem Sitzplatz, den ein Ligusterstrauch beschattet. Sie trinken Tee und Milch, und plötzlich fällt etwas aus dem grünen Gezweig und prallt auf den Blechtisch. Eine grüne Gottesanbeterin. Sie sieht sich verdutzt um. Dann will sie weiter, entdeckt, dass ihr Bein gebrochen ist und nachschleift. Sie müht sich weiter und weiter, und die Kinder beobachten sie gespannt. Auf einmal beisst sie sich das nachschleifende, hemmende Bein ab – und ist weg. «Die kann nicht mehr zu Gott beten», sagt Jochen. «Der ihr Glück ist geschehn!»

«Wo ist Gott jetzt überhaupt?» fragt Klaus. Lita erklärt, dass man Gott nicht sehen kann. «Warum kann man ihn nicht sehn? Man kann doch seine schöne Welt sehn!»

Lita antwortet: «Er ist überall – aber das versteht ihr erst später – wenn ihr noch besser nachdenken könnt. Jetzt wollen wir ein bisschen botanisieren, ja?»

Sie fanden in feuchten Rinnen einen zierlichen Enzian, den sie «Vergissmeinnicht-Enzian» tauften, und auf den Feldsteinmäuerchen, die als Schutz für die spärliche Erdkrume gezogen waren, wuchs überhängend in lila Kissen der mongolische Thymian und duftete. Über winzigen Blattrosetten schwebten wie Spitzen weisse Blütenbüschel, «Erdfeder» genannt, und entfalteten sich in den frisch gerodeten Kreisen, auf denen die Japaner Eichen und Zwergkiefern und Kastanien anzupflanzen begannen, um hier in der Südmandschurei eine Art Aufforstung zu betreiben. Und Jochen, der sich allmählich zu einem kleinen Botaniker zu entwickeln schien, sah als erster die dunkelgelbe, braungetupfte Schwertlilie, die bei den Chinesen «gabelförmiger Drachenschwanz» heisst.

Schön war der Ausflug nach Hsiao-ping-tao, einer Halbinsel, die nur durch einen schmalen Damm mit dem Festland verbunden war. Da stiegen sie durch einen Blütenhang sondergleichen, der übersät war mit rosa Perlträubchen und Nelken und den hohen weissen Lysimachien, von den Kindern «Lämmerschwanz» getauft. Über die Zwergkiefern fegte der Seewind hinweg, denn die andre Seite der Halbinsel fiel senkrecht und unbegehbar schroff etwa hundert Meter zum Meer ab, wo tief unten die gläserne, dunkelgrüne Flut weiss gegen den Fuss der Klippenwand schäumte. Nicht etwa, dass sie dort standen, die Drei – sie lagen bäuchlings, und Lita hielt rechts und links je einen Jungensarm umklammert.

Und eines Abends kam endlich ein müder Vater ins Berghaus und konnte den gesunden Jochen kaum wiedererkennen. Doch Lita fand, dass auch Trauer in seiner Freude mitschwang, und es wurde ihr eng ums Herz. Als die Kinder schliefen, erzählte er von seinen Reisen, von politischen Ereignissen in Deutschland, dem Reichstagsbrand und Hitlers Vorgehen gegen Prominente und Kommunisten, die verhaftet und in Lager gesteckt wurden – und von den Feldzügen in China. «Da siehst du, wie ich hier lebe», sagte Lita. «Seit vier Wochen habe ich mit keinem Europäer gesprochen!»

«Falls es dir leid tut», entgegnete Otto, «hier die erfreuliche Kunde, dass wir am Donnerstag bei Pansings in Dairen zum Abendessen eingeladen sind!»

Lita seufzte. Sie sah es alles voraus: die langweilige Unterhaltung, das Stimmengewirr, das Otto bei seiner Schwerhörigkeit so nervös machte, das üppige Dinner und die vielerlei Getränke – nein, *das* hatte sie erst recht nicht gemeint, aber sie mussten hingehen. Pansing arbeitete für die Hapag-Linie, die von Carlowitz vertreten wurde. Also würden, wenn Hapagdampfer im Hafen lagen, auch noch Schiffsoffiziere dabeisein. «Und was hast du für Neuigkeiten von der Firma?» fragte sie. Aber er wich aus.

Jeden Tag schien er ihr auszuweichen. Als sie sich am Donnerstag, in eine Wolke aus hellrosa Chiffon gekleidet, von den Jungen verabschiedete, rief Jochen: «Oh, du siehst ja aus wie – wie – wie eine Abendröte!» Sie lachte und ermahnte den kleinen Kuli, der als Babysitter dienen sollte, darauf zu achten, dass die Kinder nicht das Bett verliessen und herumtollten oder gar eine Kissenschlacht machten, und er versprach alles. ‹Es ist nicht recht›, dachte sie, dachte es die ganze Zeit, während der halbstündigen Autofahrt, während des Essens und hinterher beim Damengeschnatter. Niemand begriff, weshalb sie so zurückgezogen lebte, auch die Kinder nie zu einer Kindergesellschaft liess ... «Sie müssen ruhig gehalten werden», erklärte sie.

«Was wollen Sie mit sich selbst anfangen, wenn Sie die Kinder einmal nicht mehr bei sich haben?» fragte ‹Onkel Senf›, ihr Nachbar, der sie wohl oft beobachtet haben musste, aber nicht zu ihr ins Haus kam – aus Scheu, weil er mit einer kleinen Russin lebte. «Ohne die Kinder können Sie ja gar nicht mehr sein!»

Seine Worte klangen ihr auf der Rückfahrt im Ohr, und sie nahm sich vor, gelegentlich mit Otto ernsthaft über die Zukunft zu sprechen. Die Gelegenheit bot sich bald. Als sie nach Hause kamen, fanden sie das Kinderzimmer in wüster Unordnung vor, die Kinder waren nur halb zugedeckt, Jochen nieste und hustete, vom Kuli war nichts zu sehen. Klaus lag nassgeschwitzt am Fussende. Die Folgen waren voraussehbar: Jochen musste mit schweren Anfällen ins Krankenhaus gebracht werden.

Im Abendschein stand Lita mit Otto allein auf der kleinen Anhöhe hinter dem Haus. Die Sonne war untergegangen, und die Fischerboote, nur am Flakkern der Pechfackeln kenntlich, fuhren aufs Meer hinaus. Die drei Inseln glotzten sich wieder wie Walfische an, und ganz in der Ferne zog ein Überseedampfer seine Rauchfahne hinter sich her. «Das ist nun das Ende», sagte Lita. «Ich muss mit den Kindern nach Europa, weg von dir!»

«Jetzt will ich dir berichten», erwiderte Otto stokkend. «Nächstes Jahr müssen wir für neun Monate nach Canton. Die Kinder dürfen natürlich nicht in das feuchtheisse, subtropische Klima. Also müssen wir uns von ihnen trennen.» Er sprach nun schneller, weil Lita so unheimlich still war. «Wir bringen sie nach Deutschland. Am besten vielleicht nach Rothenfelde, das ihnen schon einmal so gut getan hat.»

«Und unser Mukden-Haus?»

«Das müssen wir auflösen. Es besteht kaum Aussicht, nach Mukden zurückzukehren. Man will mich ‹für dauernd› in Shanghai haben, deshalb soll ich vorher die einzelnen Filialen besuchen. Für die Reise mit den Kindern habe ich schon Plätze in der Sibirischen gebucht!» Er legte ihr den Arm um die Schulter. «Arme Ahasvera!»

Vom nächsten Morgen an spielte sich alles so schnell ab, dass Lita kaum zur Besinnung kam. Erst als im Mukden-Haus die Koffer auf dem Flur standen – das grosse Gepäck war längst teils nach Hongkong, teils nach Shanghai spediert und dort eingelagert worden – und als sie in der Ecke des Kinderzimmers den Berg des ‹nicht erlaubten› Spielzeugs sah, das zu gross, zu sperrig war, um mitgenommen zu werden –, überfiel sie der Schmerz. Sie kam sich verraten vor, und in ihrer Verlassenheit griff sie nach Jochens «Miaum», der grossen Katze, die er einmal von Tante Dicki bekommen hatte und so zärtlich liebte. «Die wird auch andern Kindern Freude machen», hatte Otto gesagt. «Wir verteilen den ganzen Spielkram unter den Mukdener Kindern!» Als sie jetzt so allein dastand, die «Miaum» im Arm, klingelte das Glöckchen, das die Katze an einem Band um den Hals trug. Sie löste es ab und steckte es in ihre Handtasche.

Bunte Schatten und Schemen

Der Abreise ging noch eine Komödie der Irrungen voraus, da der Kassierer des Hospitals abwesend war und ein begriffsstutziger Clerk meinte, die «Ware» (das heisst, der Patient) könne nur gegen bar ausgeliefert werden. Ein wildes Telefonieren folgte, bis ‹Onkel Senf› mit dem nötigen Zaster angestürmt kam (der arme Dicke!), und knapp erreichten sie die Südmandschurische Bahn, die ja in Hsinking den Anschluss an die (noch immer) CHINESE EASTERN RAILWAY und damit an die Transsib herstellte.

Die lange Reise verging unter Spass und Spiel. Sie hatten bald herausgefunden, dass sich bei dem frisch aus dem Krankenbett entführten Jochen die Anfälle *nicht* einstellten, wenn die fatale Kette «Niesen – Husten – Atemnot» durch Ablenkung unterbrochen wurde. Das also musste der Sinn der Diagnose «bronchiales *und* nervöses Asthma» sein! Jetzt beugten sie vor, indem sie rasch aus dem Fenster auf einen (nicht vorhandenen) Bären oder Wolf zeigten, der dann die ganze Aufmerksamkeit fesselte. Die Urwälder der Taiga waren ja so undurchdringlich für spähende Kinderblicke! Und dann holte Lita die Witzzeichnungen eines berühmten amerikanischen Cartoonisten hervor, die Otto während seiner ersten Jahre in Shanghai aus einer Zeitung ausgeschnitten und sorgfältig aufbewahrt hatte. Oft lagen beide Jungen auf dem Oberbett und schauten auf die vorlesende Lita hinunter, und die ganze Familie konnte sich über den dummen «Jiggs» und die hochmütige «Maggie» schieflachen. Als die Kinder sich mal zankten, fuhr Jochen seinen Bruder an: *«Shut off, you have humiliated me enough!»* Wenn aber der fürwitzige Klaus versuchte, seine Eltern mit «Jiggs» und «Maggie» anzureden, bekam er eins hinter die Ohren, obwohl er sicher mit angehört hatte, dass Otto sich einmal versprochen und «Maggie» statt «Münne» gesagt hatte. Jedenfalls bot die Serie die lustigsten geflügelten Worte.

Ein andrer Zeitvertreib war der mit Herrn Mann – dem Zugführer persönlich. Er hatte sich sehr bald zu ihnen gesellt, als er die Jungens beim Mühle- oder Damespiel beobachtete, und nun kam er täglich in ihr Abteil und spielte eine Partie. Allerdings nur bis kurz vor Moskau! Da wurde aus dem freundlichen Herrn Mann (der natürlich einen andern, unaussprechlichen Namen hatte) ein abweisender Beamter, der die Kinder keines Blickes würdigte, sosehr sie auch an die Fensterscheibe klopften. Die Eltern dachten sich ihr Teil. Desgleichen, als sie auf einem Moskauer Vorortbahnhof einen eleganten Herrn in tadellos geschnittenem schwarzem Mantel und weissen Lederhandschuhen beobachteten, der offenbar «ein hohes Tier» abholte. «Ein Diplomat», sagte Otto. «Ein Depplmat!» wiederholte Klaus.

In Berlin, wo sie im Habsburger Hof übernachteten, brachte Klaus den Ober in Verwirrung, als er rasend geschwind hervorplapperte: *«And I want apple-pie, custard-pie, meat-pie, strawberry-pie ...»* Prompt wurde er von Jochen unterbrochen: *«What's the matter with the mince-pie?»* Es war wieder eins der amerikanischen Witzchen, die übrigens auch in Erfurt grossen Anklang fanden. Denn dort sassen um Altchens Kaffeetisch ausser Tante Totti noch Tottis Verlobter, Onkel Firn, der sie mit seinem Auto von der Bahn abgeholt hatte, und Litas Tante Liese aus Essen. Nach der Kuchenschlacht erzählten vor allem die Kinder – zu Ottos Verdruss – und vor allem von den Witzen. Sie wurden bald zu Bett gebracht, nachdem Klaus ein paar Sprünge von der Kommode in die «Schneebettchen» (die dicken Federbetten) vorgeführt hatte.

In Erfurt sollten sie nun getauft werden, sie waren sieben Jahre alt und würden als Ungetaufte nur Schwierigkeiten bekommen. Pastor Kurz schielte noch genau wie früher, als er Lita im Oberlyzeum Religionsunterricht erteilt hatte. (Damals hatte sie gespottet, seine Augen drehten sich den Rücken – wie ein verzanktes Ehepaar. Es war nicht boshaft gemeint, sondern nur die Reaktion auf seine langweiligen Stunden). Er schlug vor, Lita und Otto auch gleich kirchlich zu trauen, aber als er ihr Mienenspiel sah, liess er den Gedanken fallen. Altchen und Totti waren bei der Taufe in der Sakristei anwesend und sehr feierlich gestimmt. Dann läuteten die Glocken in vollem Schwung – dergleichen war den Kindern nur von Grammophonplatten bekannt –, und eine Trauung sollte stattfinden. Die Jungens betrachteten staunend die Kirche und folgten der Braut mit begeisterten Blicken.

Weil Jochen das nächste halbe Jahr im Kleinen Walsertal im vegetarischen Heim der Bergengruens leben sollte, wurde nur Klaus von seinen Eltern nach Rothenfelde gebracht und dort mit grosser Herzlichkeit aufgenommen. Ein Waldspaziergang liess alle Drei den Abschiedskummer vergessen; überdies interessierte sich Klaus, der ja «Inschenör» werden wollte, für die abfahrende Lok. Da ihre Reise nach Kiel über Osnabrück führte, konnte Otto schon dort einen Konzertbesuch einschalten, und sie hörten das von Haveland gespielte Violinkonzert in D-Dur von

Beethoven. Die Kieler Grossmutter war nicht allzu enttäuscht, dass Ottos Kinder nicht kamen, denn inzwischen hatte Ottos Bruder Emil ein kleines Mädchen und sie eine Enkelin bekommen; sie versprach aber, Klaus und Jochen in Rothenfelde zu besuchen, sobald auch Jochen dort sei.

Ein Besuch bei Ottos Schulfreund Hein Rohweder, genannt der Chromosomenzähler, war überaus anregend, da Hein ihnen an Hand von unzähligen Nelkenschnitten seine neu erarbeiteten Vererbungsgesetze erklärte, und zum üppigen Tee mit viel Kuchen erschienen noch andere Jugendfreunde, lauter liebe Menschen, so dass Lita und Otto richtig glücklich waren. Doch das dicke Ende kam nach. Hein las einen schaurigen, von ihm selbst verfassten Bericht über eine Knollenblätterpilz-Vergiftung vor – zur Warnung für alle Zuhörer. Und ausgerechnet Pilze – gekaufte Champignons – gab es abends bei Ottos Mutter und Bruder zu essen. Lita ass sie mit Widerwillen – und gegen vier Uhr früh sollten laut Bericht die «Nierenkrämpfe» einsetzen – was sie auch taten! Zum Glück stellte sich heraus, dass Lita einfach zuviel Kuchen gegessen hatte, woraufhin ihr Magen und ihr durch die Amöben geschwächter Darm streikten. Danach versprach ihr Otto ein paar Wochen Ruhe und Erholung, sowie sie auch Jochen in seinem Berg-Heim abgeliefert hätten.

Jochen war unterdessen in Erfurt bei Altchen geblieben, und als Lita abends an sein Bett trat, um ihn zu küssen, fragte er ganz verschlafen: «Bist du meine Münne wieder?» Er war nun ganz gesund und benahm sich auf der Reise musterhaft. Es gab genug zu bestaunen für ihn: zunächst im Thüringer Wald, wo die Bäume noch herbstlich aussahen und dann, bei der Schmücke oben, dick verschneit waren. Eine Übernachtung wurde eingeschoben. Von Oberstdorf fuhren sie mit dem Postauto auf einer fast neuen Strasse durch das herrliche Bergtal bis nach Hirschegg. Jochen war verstummt – noch nie hatte er eine solche Winterlandschaft gesehen. Der Fahrer fragte: «Wohin woll'n 's denn? Zum Sonnegg oder zum Bergengruens? – So, da fahr' i Eahna bis zur Post!» Und sie stiegen aus, traten in den dicken Schnee und standen ziemlich hilflos und unwinterlich bekleidet da.

Bald kam Tante Tia Bergengruen (eine Kusine des Schriftstellers) mit ein paar Kindern und einem ganzen Rucksack voll ausgebesserter Schuhe um die Ecke. Braungebrannt und gesund sah sie aus, lachte über die Stadtleute und führte sie erst mal in die Pension des Alois Jodokus Schuster. Frau Lina wurde gerufen und hatte Platz für Jochens Eltern. Sie war eine richtige Bäuerin mit einem dicken braunen Kranz um den Kopf und zeigte ihnen ihr Zimmer mit den himmelblauen Bauernmöbeln. Dann führte Tante Tia sie zum Haus Bergengruen auf dem Oberen Schöntel: ein mühsames Schneestapfen – Jochen konnte es noch am besten, während seine Eltern immer wieder stehenblieben und verschnaufen mussten. Riesige Tannen umstanden wie eine schützende Mauer das grosse, schlichte Holzhaus mit den einfachen, ungeheizten Zimmern. Teppiche und Gardinen fehlten. Tias Schwester Karin sah genauso gesund und rotbraun aus, und eine alte Grossmutter stellte sich gleich als Flüchtling aus dem Baltikum vor. Jochen bekam trockne Strümpfe, und alle tranken Pfefferminztee, assen köstliches Himbeermus und besprachen das Nötige.

In Jochens Zimmer standen die Fenster offen, es war eisig kalt, das Bett war spartanisch schmal und hatte nur ganz dünne Bettdecken. Nach einem verlegenen Abschied von Jochen gingen sie beklommen und verfroren zutal, packten bibbernd die Koffer aus und erschienen in Wolle und warmen Schuhen in der Gaststube, wo sie bibbernd auf das Abendbrot warteten und nach dem Essen sofort ihr Zimmer aufsuchten. Eine Grabeskälte schlug ihnen entgegen, denn das Haus war bis dahin ungeheizt. Im Bett bibberten sie weiter und betrachteten verzweifelt die schönen, aus Haar geflochtenen Bilder und einen Buntdruck, auf dem sich eine mit Schleiern bekleidete Jungfrau vor der grimmen Meeresflut auf einen Felsen mit Steinkreuz gerettet hatte und betete. Lita bekam schliesslich eine Sauwut auf die Jungfrau und versuchte zu schlafen. Am nächsten Morgen hatte sie Mittelohrentzündung und blieb im Bett, während Otto ein wärmeres Haus suchte. Er fand eins – mit Kanonenöfchen in den Gastzimmern – und kaufte gleich Holz und Kohle.

Der Wohnraum war sehr gemütlich, eine alte Walser-Stube mit Kachelofen und Ofenbank, von der sich Lita nicht trennen mochte. Ihr gegenüber im Grossvaterstuhl sass «die knedche Frau von Garlowitz», aus Sachsen natürlich, und durch Heirat mit dem Gründer der Firma Carlowitz in Canton verwandt, das heisst, er war ihr angeheirateter Ahnherr, worauf sie grossen Wert legte. Sie strickte und las abwechselnd, und wenn sie strickte, erzählte sie unentwegt, was Lita nicht weiter störte, da ihr krankes Ohr in Watte und Wolle verpackt war. Otto erforschte auf weiten Spaziergängen die wunderbare Gegend, Lita blickte sehnsüchtig in die Sonne oder aufs Flockengewimmel, und einmal kam Tias Schwester «Tante Karin» und berichtete von Jochen. Er habe sich gut eingelebt. Anfangs habe er unter dem Tisch die andern Kinder mit den Füssen getreten und sich in einen Zweikampf mit Tante Tina eingelassen, wobei er den Kürzeren zog. Er musste zweimal täglich liegen, nachher nur noch einmal täglich, und bald sollte er mit Rodeln und Schneeschuhlaufen anfangen.

Nach einer Woche getraute sich Lita ins Freie und entdeckte mit Otto zusammen das Schwarzwassertal und die Naturbrücke und dick verschneite Waldwege, wo sie Rehe, Hasen und einen Fuchs sahen. Als sie von Jochen Abschied nahmen, freuten sie sich über sein verändertes Aussehen und Wesen. Sein Gesicht war nicht mehr so schwammig und hatte Farbe bekommen. Sein Lieblingsessen sei rohes Sauerkraut. Lita suchte ihm eine geeignete Stelle an der Wand, wo er seine Fotos feststecken konnte. Als sie bergabstiegen, stand er noch immer in seiner grünen Schusterschürze an der Hausecke und läutete ihnen nach, bis jemand schrie: «Lass doch die Glocke in Ruhe!» Aber er bimmelte seelenruhig weiter.

Über Schaffhausen – mit einem sekundenkurzen Blick auf den Rheinfall – fuhren sie durch eine eigentümliche Landschaft, wo der Rhein und der Wald so schwarz und düster wie mitten in Sibirien aussahen. Aus irgendeinem Grund waren sie sehr lustig, und in Freiburg wurden sie noch lustiger, was vielleicht vom guten Wein in der Burse herrührte. Von jetzt an sprachen sie ernstlich von einer Übersiedlung nach Deutschland und suchten nach einem geeigneten Platz für das erträumte Poggfred-Haus. In Heidelberg bewunderten sie ein einsames Park- und Waldgrundstück mit Edeltannen, das so verzaubert wirkte, als gehöre es niemandem. Sie froren sehr und hielten es für den kältesten Tag des Winters, aber in Erfurt wurde es noch kälter, und Litas Ohren wurden bestrahlt. Sie erinnerte Otto an die versprochenen Ferienwochen, und da er bei Zeiss-Jena geschäftlich zu tun hatte, fuhr Lita mit, um eine ruhige Unterkunft zu suchen. Sie wurden ins «Haus Lauenstein» verwiesen, das von «kultivierten Damen» geleitet wurde.

Während sie in einem hübschen Musikzimmer warteten, wurde über ihnen endlos lange gepoltert, geschoben und gerollt – dann kam die Dame des Hauses und zeigte ihnen ein Zimmer mit hohen Fenstern, einem prachtvollen Blick aufs Tal, viel Sonne und Licht und hellen Möbeln; anscheinend war jemand ausquartiert worden, es hingen noch Damenkleider im Schrank. Doch es war ruhig und gut geheizt, nur draussen war es bitter kalt, meistens 23 Grad. Otto ging oft ins Tal, um Zusatznahrung zu besorgen, denn die kultivierten Damen schwebten zu sehr in höheren Regionen und fabrizierten den reinsten «Schlangenfrass», wie Otto sagte. Lita war es egal, sie hatte längst wieder «ihre» Nierenschmerzen, konnte aber mit Otto spazierengehen – den Ernst-Häckel-Weg und weiter, durch bereifte und verschneite Wälder. Otto war unzufrieden: das Tal war ihm zu eng, die Hügel zu spärlich bewaldet, der Ort zu kleinstädtisch, die Leute waren zu spiessig und redeten Thüringisch – ein ihm sehr verhasster Dialekt. Nichts für Haus Poggfred!

Die folgenden Tage und Wochen bis zu ihrer Ausreise spulten sich wieder einmal sausend schnell ab. Zunächst standen sie allerdings noch im Zeichen der Arztbesuche: Otto liess sein Gehör und seine Augen untersuchen und behandeln, selbstverständlich auch die Zähne, und obwohl ihm jeder zu seinem guten Aussehen gratulierte, klagte er über chronische Blinddarmreizung und wurde geröntgt. Lita – die bei demselben Arzt mit Diathermie behandelt wurde – bat ihn um offene Auskunft über Otto, hörte aber nur, was sie schon geahnt hatte: dass es einfach seine Veranlagung sei, die ihn alles schwarzsehen lasse.

Nachher in Kiel ging er zu einem andern Arzt, der es ihm schriftlich geben musste, wie gesund er sei – und später fing er doch wieder an zu unken, Doktor B. habe es vielleicht zu optimistisch beurteilt.

Schliesslich machte sich Lita keine Sorgen mehr um ihn, sie hatte genug unter ihrer Diathermie-Behandlung zu leiden, und alle waren froh, dass sie nicht ausgerechnet zu Weihnachten operiert werden musste. Aber sie schwankte doch jedesmal vom Arzt zurück und hätte sich am liebsten bei jemandem eingehakt, fand aber niemanden, den sie ansprechen mochte. Otto hatte unterdessen wie ein Sklave mit Briefschreiben zu tun und war sehr abgespannt, und als zu Weihnachten eine grosse Fotografie von Klaus mit dem neuen Schulranzen und ein von ihm selbst geklebter Kalender eintrafen, musste Otto weinend ins Nebenzimmer gehen, so sehr litt er unter der Trennung! Am Heiligen Abend läutete die Grosse Glocke vom Erfurter Dom, und dann gingen alle zur Mitternachtsmette, um die Bläser hoch oben auf dem Turm zu hören – genau wie es auf den alten Bildern von Richter oder Schwind zu sehen ist.

Am zweiten Feiertag kamen endlich auch Fotos von Jochen, sehr lustige Bilder, und eine rote Decke, die er selbst gehäkelt hatte, der kleine «Prüner». Otto musste sofort nach Hamburg und Kiel fahren, und Lita packte in Erfurt die Suezkoffer aus und um und kaufte ein, soweit das in Erfurt möglich war und sie Geld hatte, denn bei der Bank gab es neuerdings immer Schwierigkeiten. Sobald alle Kisten und Koffer nach Hamburg abgegangen waren, besuchte Lita mit Altchen das Grab ihres Vaters, das jetzt einen Stein mit einem Spruch aufwies: «Erdenwandrer! Leb in den lachenden Frühling hinein, geniesse im Sommer die Aussaat, im Herbst die reifenden Früchte! Und hast du durchwandert die Jahreskreise des Lebens, lenke die Schritte zurück in den Schoss der Mutter Natur, sorglich behütet sie deine friedliche Hülle, schmücket mit ...»

«Nein, so etwas!» schalt Lita. «Was hast du denn da gemacht? Er wollte doch ausdrücklich kein Kreuz, sondern einen Stein.»

«Ist ja auch ein Stein!» verteidigte sich Altchen und lachte verschmitzt.

«Aber du hast ein Kreuz über seinem Namen anbringen lassen! Noch dazu ein so grosses!»

«Ach, er war ein alter Heide!»

«Ich weiss wohl, was er war und was er glaubte!» entgegnete Lita. «Und es wird mir ewig leid tun, dass ich ihn vor seinem Tode nicht noch einmal sprechen konnte.»

Die Zeit vor der Ausreise wurde immer knapper. Lita wurde eines Morgens um fünf Uhr – noch im Stockdunkeln – von Altchen an die Bahn gebracht und hatte als Handgepäck ein Kegelspiel und ein Flugzeugmodell, was bei dem häufigen Umsteigen (fünfmal!) keine Kleinigkeit war. Sie fuhr dritter Klasse nach Rothenfelde und war froh, dass sie auf der harten Bank das weiche Reisekissen von Tante Liese benutzen konnte. «Du bist zu mager», seufzte Altchen. «Willst du Gandhi Konkurrenz machen? Und bei der Reiserei wirst du auch nicht dicker! Alles Geld fürs Herumreisen und für die Ärzte!»

Lita winkte ihr strahlend zu, weil sie sich so auf das Wiedersehen mit Klaus freute.

Er holte sie ab, die Augen blitzten, die erst so schmalen Wangen waren rund und rot. In ihrer Pension half er ihr beim Auspacken der Kleider, begutachtete sie und fand den schwarzen Mantel und den Hut mit Schleier scheusslich. Sie gingen spazieren, und Lita wollte mit ihm Wanderlieder singen, aber er hatte kein Lied gelernt. Am nächsten Tag erklärte er der Lehrerin, er müsse Lieder lernen, damit er mit seiner Mutter singen könne. Trafen sie ein Mädchen aus der Oberstufe, dann sagte die zu ihm: «Tag, Kläuschen!» und er grüsste: «Tag, Mäuschen!» Lita fragte: «Darfst du das? Zu so grossen Mädchen?» – «Nur zu den netten», lachte er.

Endlich kam Otto aus Hamburg und Kiel zu ihnen, und Klaus und Lita holten ihn ab. Ein paar Tage konnte er bleiben. Sie gingen zu dritt in den Wald, und Klaus freute sich, wenn er die Namen der Bäume besser wusste als sein Vater. Bei herrlichem Sonnenschein mussten sie sich dann von Klaus trennen, und Lita verabredete mit ihm, dass sie sich jeden Abend um halb acht auf dem Mond treffen wollten. Er versprach, immer hinzuschauen. Aber auf dem Schiff merkte Lita, dass der Mond allmählich ganz anders als in Deutschland aussah. Er schwamm wie ein Kahn durch die Sterne...

Hamburg – Kiel – Hamburg – letzte Besuche – letzte Geschäftsbesprechungen, noch einmal Berlin, dann Halle und Erfurt. Dort ein Telegramm, das Otto noch einmal nach Essen rief. Zwei Nächte auf der Bahn, tagsüber in der Fabrik. Am nächsten Tag – auf dem Bahnsteig in Erfurt – fragten sie einen Schaffner: «Ist das der Zug nach Saalfeld?» – «Ja, aber in Bischläm hält er nich!» (Bischleben war die Station gleich nach Erfurt, und sie wollten über Saalfeld nach Genua und China!) «Zug hält nich in Bischläm!» «Zug hält nich in Bischläm!» warnte der Schaffner. Lachend stiegen sie ein, fanden einen Strauss weisser Nelken von Firn und Pakete mit Brezeln von Totti und Altchen. Ohne traurigen Abschied ging es los, um Mitternacht Umsteigen in Saalfeld, mit dem Schlafwagen nach München, im Speisesaal mit Muchel Eisenbeiss, dem alten Kameraden, gefrühstückt und geunkt, winterliche Bahnfahrt durch verschneite Täler und Wälder – und überall fröhliche Skiläufer. Lita beneidete sie. «Das ist das wahre Leben!» sagte sie zu Otto.

In Mittenwald Grenzstation, da mussten sie aus dem Zug. Alte Gassen und Geigenbauer-Häuser, Misthaufen und Jauchewagen. Aus einem Haus kam eine junge Frau, hinter ihr ein Mann, der ihr rasch einen Kuss gab. Als er Otto und Lita sah, rief er: «Das kommt von der Höhensonne!» Schellenläufer rannten durch den Ort, greuliche Masken vor dem Gesicht, zwei dicke Glocken hatte sich jeder auf den Hintern geschnallt – so hopsten sie mit Gedröhne durch den Schnee, von Zuschauern bejubelt. In Innsbruck Fahrtunterbrechung, weil Otto mit der Zahnradbahn auf die Hungerburg hinauf wollte. In einer gemütlichen Weinstube assen sie «Nierndeln».

Herrlich die Fahrt durchs Inntal, aber ganz schmale Gefängnisfenster im Abteil, so dass Lita dauernd hinundherwetzen musste, um all das Schöne zu sehen, die Täler und Berge und die Schneefahnen gegen den blauen Himmel. Eisige Kälte am Brennero, wo sie umstiegen und Blutapfelsinen kauften. Südtirol, südliche Täler, Bozen. Dort sah Otto gerade einen Zug nach Meran stehen, also flink das Gepäck aufgegeben und einen Abstecher nach Meran gemacht. Jetzt war alles grün, eine frühlingshafte Wärme! Die Forsythien in Blüte. Sie fuhren zur Fraxburg – das Tal wie eine Landkarte hingebreitet. In Bozen die feinsten Stickereien, die Lita sich wegen Devisenknappheit nicht kaufen durfte. Zwischen ganz unwahrscheinlichen Kolossen von Bergen und Felswänden an italienisch bunten Häusern mit Schindeldächern vorbei. In Rovereto krampfhaftes Suchen nach der Kleinbahn: sie war so winzig, dass die drei schweren Koffer, die auf die offene Plattform des letzten Wagens gestellt wurden, dieses Bähnchen nach Riva fast zum Umkippen brachten; daher liess Lita sie nicht aus den Augen – wenigstens selten. Zwischendurch musste sie achtgeben, wie sich das Bähnlein auf halsbrecherischen Wegen zwischen Felsen hindurchwand. Bei der letzten steilen Kehre hoch oben Schloss Arco und tief unten der Garda-See!

Nach durchfrorener Nacht in eisigen Hotelbetten in Riva fanden sie Fusswege durch Gebüsch und blühende Glockenheide und ein Fleckchen zum Ausruhen; genau senkrecht unter ihnen der strahlend blaue See, dessen Wasser am Ufer so durchsichtig grün war – bis auf den Grund! Gepackt – und dann kam schon das Schiff, das sie den ganzen Garda-See hinunterbringen sollte. Otto wollte ihr alles zeigen: Landstriche, die er selbst nicht kannte, von denen er vielleicht in seiner Jugend oder im Gefangenenlager geträumt hatte. Alles wollte er erforschen, alles mit ihr teilen …

Lustig nahmen sie ihre *colazione* (!) ein, tranken ihren ersten Chianti, der aber so miserabel war, dass er kaum Spuren hinterliess, als Lita etwas verschüttete. Sie sahen die eigenartigen Weingärten, sahen den Fusspfad, der oft über die schwierigsten Stellen kletterte und in den Fels gehauen war. Wunderbare Ortschaften, das paradiesische Gardone! Zuletzt wurde es kalt, und das Wasser spritzte Lita ins Gesicht, so dass sie in die Kajüte ging, zu Otto, der schon lange dort sass und seine Zigarre rauchte.

Über Mailand in stockfinsterer Nacht bis Genua. Während der Fahrt wurde Lita immer schwerer ums Herz, denn dort würde der richtige Abschied beginnen, dort würde ihr Schiff liegen, die LEVERKUSEN, die sie nach Hongkong bringen sollte. Nach der schlaflosen Hotelnacht – es war Karneval, und auf den Strassen wurde gegrölt – suchten sie eiligst die

Schiffs-Agentur auf, begierig auf Post von den Jungens. Unbesehen steckte Otto das kostbare Päckchen in die Brusttasche, drehte sich erst in der Tür um und fragte: «Und die LEVERKUSEN?» – «Kommt in drei Tagen!»

«Zeig die Briefe her!» drängte Lita. Aber davon wollte Otto nichts wissen. Mit der Bahn fuhren sie nach Santa Margherita, wo in den Gärten alles blühte. Mit einem Pferdewagen ging es weiter, unter Palmen und duftenden Mimosen, wo die Apfelsinen und Mandarinen schimmerten, golden, in dicker Fülle.

«Jetzt sind wir an der Riviera», sagte Otto befriedigt. «Hier war ich noch nie, denn meine Ausreise 1911 musste überstürzt vor sich gehen, weil ich ja eigentlich mit der Transsib hätte fahren sollen, als die Lungenpest ...»

«Jetzt hast du mich lange genug auf die Folter gespannt, wenn du jetzt nicht die Briefe hergibst, springe ich aus dem Wagen!» rief Lita verzweifelt.

«Hier sind wir schon an der Promenade, hier sind Bänke, hier können wir sie in aller Ruhe lesen», sagte Otto und stieg aus.

Lauter gute Nachrichten, drollige Fotos – aber zum Traurigsein liess er ihr nicht lange Zeit. Mit dem Bus ging's in gefährlicher Sausefahrt (wie Lita fand) nach Portofino Mare. Durch winklige Gassen, wo überall Spitzenklöpplerinnen sassen, zum kleinen Hafen, dann hinauf zur Kirche, Blick auf steile Felsen, blaues Meer, Brandung und viel Sonne. Ein Gartenweg bis zur äussersten Spitze, auf einem Stein unter Kiefern die Gegend genossen und über die Jungen gesprochen. «Wir müssen noch das Institut ansehen», mahnte Otto, «das Internat in Portofino-Kulm!»

‹Wie weit er in die Zukunft plant›, dachte Lita, ‹das ist ja beinah Optimismus!›

Es war ein sehr schönes Anwesen mit Blick auf

beide Meeresbuchten. Der liebenswürdige Besitzer zeigte ihnen alle Räume des grossen Hauses, sie radebrechten Italienisch mit französischen Brocken gemischt, sahen den Garten, den Wald, die Sportplätze. Zum Abschied bekam Lita einen Veilchenstrauss.

Das Schiff war immer noch nicht gemeldet, also «erforschten» sie in den nächsten Tagen noch Nervi, speisten in einer komischen «Pagodenvilla», der Fussboden aus Fliesen, die Füsse wurden auf Sofakissen gestellt! Auf der Nervi-Promenade trugen alle Leute Blumen im Knopfloch, im botanischen Garten blühten Kamelien*bäume* mit Blüten von grellem Weiss bis zu sattem Dunkelrot. Von den Tigern im kleinen Zoo konnte sich Lita kaum trennen: sie faszinierten sie!

Nach wiederholten Verspätungen lief endlich die LEVERKUSEN ein. Neben dem riesigen REX mit seinen 48000 Tonnen sah sie wie ein Kahn aus – und hatte doch ihre 9000 Tonnen, ein Frachtschiff mit beschränkter Passagierzahl, 27 Personen. Gegen Abend gingen sie an Bord, das Bord-Grammophon schmetterte dieselben dummen Lieder, die es ihnen nachher noch oft bei jeder Abfahrt in die Ohren posaunte. Das Schiff entfernte sich immer weiter von der Mole, und Lita wäre am liebsten an Land gesprungen, zurück zu ihren Kindern. Das Wasser war schwarz und ölig.

Der Kapitän, ein ernster, noch sehr junger Mann, war selten zu sehen. Er kam ihnen sehr sympathisch vor. Bei Tisch sass Lita rechts vom Ersten Offizier, Herrn Winand, dem alten Genüssler und Damenverehrer, der ihnen schon von der Reise nach Tsingtau her bekannt war – damals auf der OLDENBURG, als Jochen «Das Lied vom Ersten Offizier» gedichtet hatte, das sie dann immer sangen, und als Klaus

Herrn Winand gleich beim ersten Frühstück erklärte, seine Mutter müsse Backpflaumen essen, weil sie «harte Verdauung» habe. (Weitere interessante Einzelheiten erstickten unter der ihm auf den Mund gelegten Hand.) Links von Herrn Winand sass die schöne Hildegard mit den Glitzeraugen (von Otto heimlich «das Betthäschen» getauft). Ihnen gegenüber ein junges Ehepaar von der Bremer Firma Meyer-Illies: sie sehr liebenswert in ihrer Schlichtheit, er der Sohn reicher Eltern, der mit seinen Segelregatten in England und Riga prahlte, aber immer der erste war, der seekrank wurde, meistens in Kapitänsmütze und roter Klubjacke mit Monogramm herumstolzierend. Dann noch Elfriede, die deutsche Offiziersfrau, ältlich, mit saurem Mund, fünf Wochen lang am Offizierstisch, bei jedem Landausflug sich den Schnacks anschliessend, wozu sich noch das Betthäschen gesellte.

Frau Elfriede wurde die Vertraute des Betthäschens, das ihr mit sentimentalen Geschichten die Hucke voll log – aber als sich später der wahre Sachverhalt herausstellte, kniff die «beinah adlige» Offiziersfrau den Schwanz ein und wandte sich beleidigt ab: konnte sie das vorher ahnen? Freundin und Vertraute einer – Betthäsin, sie, die sogar mal mit angesehen hatte, wie dem General von Seeckt sein Monokel in die Boullijong gefallen war?

Über Betthäschen amüsierten sich Otto und Lita täglich. Gleich nach der Abfahrt hatte sie Lita bereits anvertraut, dass sie «auf ein Jahr» zu ihrem Freund in Batavia fahre – sechs Millionen von seiner Oma geerbt – «er hat mich natürlich sichergestellt», das bedeutete, Bankkonto und Geld für die erforderlichen Kleider und Ringe, einer länglich, einer rund, alles, wie es sein musste, schnell noch in die niedlichen Öhrchen Brillanten hineingepresst, was leider eine lang anhaltende Eiterung zur Folge hatte. Betthäschen «dresste» sich oft und gern, erschien aber auch zum Frühstück im Pyjama, der, in der Taille nicht zusammengenäht, freigebig ihre Bauchhaut sehen liess. Sie poussierte eifrig mit Herrn Winand, dem verliebten «Ersten», der sie heiraten wollte, aber hinter seinem Rücken von ihr ausgelacht wurde. Für Otto gab es immer etwas zu spötteln.

Nett war der Erste Ingenieur, sehr belesen, in ständigem Kampf mit dem Kapitän, weil seine Motoren so oft versagten: einmal lagen sie sogar acht Stunden still, mitten auf dem Meer. Am gemütlichsten fanden sie es in ihrer Kabine, von Otto «Wohnlaube» getauft. Im Essaal war er nicht gern. Winand sprach zu leise für ihn mit seiner Schwerhörigkeit, dazu das Tellerklappern, das Stimmengebrassel und das ewige Motorengeräusch – es war für ihn ein Krampf und Kampf. Häschen glaubte zuerst: ‹Der Mann hat Hemmungen!›, wie sie Lita erzählte, wunderte sich aber sehr, als Otto an einem Abend mit Tanz als ihr Partner erschien, die Hosenbeine zierlich hochhob, so dass die Sockenhalter zu sehen waren, und dazu sang: «Ich hab' dich einmal geküsst, ich hab' dich zweimal geküsst, und ich weiss noch immer nicht, was Liebe ist!» Mit Blödeln verging die Zeit.

Sie sahen den Stromboli auf schön geformter Insel, die Meerenge von Messina, den Ätna in Wolken, und in Port Said gingen sie an Land, belagert von der Gilde der Schuhputzer und einem kleinen Zauberkünstler, der aus Ottos Brusttasche ein lebendiges Küken hervorholte, das dort einen Klecks hinterliess. Ein andrer wollte Otto «Schweinebilder» andrehen: «I give you a hell of a chance!» Zurück an Bord, alle Fenster der Kabine aufgerissen, am nächsten Morgen durch den Suezkanal.

Die Schiffswellen schlugen schlammig gegen das nahe Ufer: es war genauso wie auf dem Pei-ho während der Fahrt nach Tientsin. Silbereichen, schön wie Farnkraut, begannen am Ufer entlangzuwandern, schlossen eine kleine Moschee ein. Kamele und Araber auf der breiten Landstrasse längs des Kanals, der sich zum Bittersee erweitert, und eingebettet in Sonnenglast die Häuser der Kanalgesellschaft. Immer flacher, immer weiter wurden die Bitterseen, bestückt mit Schiffszeichen. Einmal musste die LEVERKUSEN festmachen und warten, denn fünf Dampfer kamen von Süden herauf. Vom Übergang ins Rote Meer merkten sie nichts, Aden sahen sie nicht, es wurde ein wenig wärmer, nicht heiss.

Eintönig die Fahrt bis Colombo, nur einmal ganz in der Ferne die Unglücksinseln, die Malediven, auf die vor zwei Jahren ein deutsches Schiff aufgelaufen war. Vor Ceylon ein paar gelbe Segler auf dem Meer, aber keine Brise, feucht und heiss.

Im Botanischen Garten mit all den tropischen Gewächsen kam Lita aus dem Staunen nicht heraus, wollte nicht weiter, musste weggezerrt werden von den Gardenien, Orchideen, Euphorbien und zarten Gräsern. Dabei eine Luft: dick und nass und schwer! Auf den sauberen Strassen Menschen, zum Teil mit wunderbar schönen, edlen Gesichtern – zum Teil auch so hässlich und gemein wie die Fratzen der tibetischen Götterwelt. Als sie auf der Rasenterrasse MOUNT LAVINIA sassen, fuhr ein riesiger Überseedampfer vorüber, wahrscheinlich die RESOLUTE auf ihrer Weltkreuzfahrt. Der Schiffsarzt und der Zahlmeister gesellten sich zu ihnen, Lita hatte den schüchternen Doktor mit seinen langen Mädchenwimpern gern und bedauerte ihn jetzt, denn Hagenbecks Löwe hatte ihm seine weisse Hose mit einem gelben Strahl verdorben. Sie waren vorher auch im

Zoo gewesen, bei all den «frisch eingelieferten» Tieren für Hagenbeck in Hamburg: Lita hatte es beunruhigend empfunden, wie sich die Planken des Löwenkäfigs unter den Schritten der Löwen und Tiger gebogen hatten, wurde aber ausgelacht. Doch insgeheim verabscheute sie die Männer, die so herrliche Tiere fingen und einsperrten.

Dicht am Meer, im GALLE-FACE-Hotel, speiste man an mindestens hundert Tischen, über jedem Tisch ein Fächer, und lautlos glitten die schwarzen Diener hin und her. Der gläserne Leuchtturm am Ende der Strandpromenade erinnerte Lita an Mörikes Gedicht:

«Des Zauberers sein Mägdlein sass
In ihrem Saale rund von Glas:
Sie spann beim hellen Kerzenschein
Und sang so glockenhell darein.
Der Saal, als eine Kugel klar,
In Lüften aufgehangen war...»

In einer Barkasse zurück – bei Mondschein – die Stunde des Rendezvous' mit Klaus war längst vorbei. Schwarz ragten die Schiffswände auf.

Tagelang durch Meereswüste. Dann das schönste Erlebnis der Reise: Penang! Zusammen mit dem Doktor und der Klette Elfriede nahmen sie ein Auto und fuhren rund um die Insel mit ihren unzähligen, saphirblau glitzernden Buchten, dann zum Schlangentempel mit den vom Weihrauch halb betäubten Giftschlangen, die sich träge überall um dürre Äste wanden, vor einem, hinter einem, so dass die aufgedonnerten reichen Amerikanerinnen von der RESOLUTE zeterten und spektakelten. Lieber rasch mit der Bergbahn hinauf zum Peak: Ausblick und Umschau in der unvorstellbaren Tropenpracht entzückten sie gleichermassen.

Als sie in der Kabine 33 Grad hatten, nahmen sie

die Barkasse nach Port Swettenham hinüber, wo es noch heisser und noch feuchter war – an Mangrove-Sümpfen vorbei, erstmals gesehen, alle Bäume im Wasser, die Hütten auf Pfählen! In Klang bedauerten sie den Sultan, der in seinem Palast, einer mit Putz überkleisterten Ziegelsteintorte, auf Rasenflächen blicken durfte, die zum Golfplatz gehörten. 25 000 Rupien bekam er von den Engländern als Monatsgehalt und Abfindung für seine Ländereien!

Das Abschiedsfest für einige schon in Singapore von Bord gehende Passagiere wurde Otto zu laut, und selbst im berühmten RAFFLE'S HOTEL blickte er missmutig auf die geschminkten, verrunzelten, vorzeitig gealterten Ladies. Die feuchte Hitze im Orchideen-Park war ihm so unerträglich, dass Lita mit Bangen an das Klima in Canton dachte, das zwar nördlicher lag, aber noch übler sein sollte. Nachdem sie auch Miri auf Borneo und Ilo-Ilo auf den Philippinen sowie die Tanzlokale ersten bis vierten Ranges in Manila hinter sich gebracht hatten und Lita einen schweren Sturm mit Hilfe von Sekt, Knäckebrot und Vasano lebend überstand, näherten sie sich von der Meerseite her der Insel Viktoria: ein bezauberndes Bild! Zwischen Inseln und Vorgebirgen in das weite Hafenbecken einbiegend, kam rechterhand Hongkong mit all den Häusern in Sicht, die den Peak hinanklommen, während hinter der Einmündung des Perlflusses die Umrisse der Festland-Berge und Kowloon erschienen.

Das PENINSULA-Hotel mit dem moskitofreien Zimmer söhnte sie mit vielem aus. Im Hotelkeller standen wohlverwahrt die vorausgeschickten Kisten. Auf der Fähre, einem Dampfboot, flach wie ein Schlitten, glitten sie nach Hongkong hinüber, wo der Carlowitz-Stab sie mit Blumen und lieber Europa-Post erwartete. Die Jungen waren gesund, Jochen war von Hirschegg nach Rothenfelde zu seinem Bruder gebracht worden und ging schon in die Schule. Professor Eduard Engel, Ottos verehrter Freund (der Sprach-Reiniger), schalt sie, weil sie ihn nicht in Bornim besucht hatten. Stirnrunzelnd überflog Otto seine Geschäftspost, dann drängte Schmitti, der Manager der Hongkong-Filiale, mit ihm in sein kühles Haus zu fahren, wo seine Frau sie zum Essen erwartete. Haus und Garten waren paradiesisch schön – Lita würde es in ihrem «Niflheim» in Canton nie vergessen! «Arme Schnäcki-Taitai!» sagte Schmitti beim Abschied.

Ein Dampfer, auch wieder ein schlittenartiges Gebilde, sollte sie am Abend den Perlfluss hinauf nach Canton bringen. Bei der Überfahrt durch den Hafen sahen sie all die Lichterketten und Leuchtreklamen. Lita wollte die beiden «Ufer» des Perlflusses sehen – eine lächerliche Idee, denn da mündete ein Flussarm neben dem anderen, so riesig war das Delta. Wegen des Nebels auf dem Fluss konnte der Dampfer nicht schnell genug fahren, so dass sie bei eintretender Ebbe festsassen und stundenlang auf Flut warten mussten. Nach dem Frühstück betrachteten sie die «neue Heimat»: gelbbraune Lehmsosse, die Ufer knapp einen Meter breit, dahinter wieder Wasser, Reissümpfe, Kanäle – und Dschunken, die scheinbar über Land fuhren. Creeks und verschlammte Flussarme mit dem berühmten «Canton-Mud» – stinkender, aber fruchtbarer Schlamm! Elende Hütten, auf Pfählen stehend, denn das Land wurde für Reisfelder gebraucht. Schliesslich teilte die Insel Honan den Perlfluss in zwei grosse Arme, an deren Ufern die Kamelhufbäume in rosa Blütenpracht standen.

Auch hier wurden sie von Carlowitz-Leuten abgeholt und unter ohrenbetäubendem Gehupe durch überfüllte Strassen zu der Villa gebracht, in der bis dahin der Canton-Manager gewohnt hatte und die sie während dessen Urlaubs «hüten» sollten. Aber was gab es da zu hüten? Alle Türen der riesigen Zimmer standen weit offen, und doch war es eine düstere Gruft, Scharen von Moskitos flogen aus jeder Ecke auf, steife Chinesenmöbel aus Hartholz, aber kein einziger gemütlicher Sitzplatz, Milchglas in Fenstern und Türen. Die mit Fliesen belegten Böden spiegelten die Nässe wider, ein winziger Petroleumofen sollte die Feuchtigkeit verjagen.

Der Koch hatte ein ausgezeichnetes Mahl zubereitet, tropische Blumen schmückten den grossen, ovalen Esstisch. Muffiger Geruch stieg aus dem Sitzkissen auf – nicht einmal nachts konnte man seinen Kopf vertrauensvoll auf ein Federkissen legen und seinen Tränen freien Lauf lassen, denn da war nur eine harte, dumpfige Kopfrolle in den Betten. Auch Otto erging es schlimm: er konnte wegen der weiten Entfernung nicht zum Lunch nach Hause kommen und musste stundenlang in dem Lärm und Getöse des Geschäftsviertels aushalten.

Wenn sie von der feuchten Hitze nicht allzu erschlagen waren, zwangen sie sich zu kurzen Spaziergängen: am schokoladebraunen «Lido» entlang, wo Europäer nur baden konnten, wenn es ihnen auf etwas Typhus nicht ankam, an Schutthaufen und unkrautbewachsenen Bauplätzen vorbei, auf schmalen Rainen zwischen Reisfeldern, die von Ratten und Querläufern unterhöhlt waren. Oft glotzten «unrasierte» Wasserbüffel sie wie prähistorische Tiere an: sie waren aber gutartig und erschreckten Lita nur einmal, als sie gerade im lauwarmen Wasser der Badewanne lag und ein mächtiges Haupt neugierig zum Fenster hereinschaute.

Ausgedehntere Gänge führten sie bei kühlerem Wetter, wenn sie etwas mehr Energie hatten, zum

Bambuswald und dem «Räuberdorf» mit einem Fischteich, in dessen Mitte sich die Bedürfnisanstalt erhob, auf einem Bambussteg erreichbar. Der Rückweg verlief durch fleissig bestellte Felder, deren Fruchtbarkeit von dem hochgeschätzten und kostspieligen menschlichen Dünger herrührte, daher denn auch der Strassenrand mit zahlreichen «Klosetts» ausgestattet war, denen oft der schämige Mattenzaun fehlte. In erfreulicher Natürlichkeit prangte auf dem braunen Tonfass ein zerlöcherter Strohhut, der wie ein Trichter den edlen Stoff auffing. Der duftende Leidensweg mündete unvermittelt in eine feine Promenade zwischen Gärten von phantastisch geschmacklosen Villen reicher Chinesen, als Strassenbaum die Grevillea mit ihren farnkrautähnlichen Blättern, in Europa als teure Topfpflanze verkauft, oder FLAME OF THE FOREST mit seinem Feuermeer. Müde Heimkehr ins «Haus unter den Palmen».

Mit Geschäftsbesuchen wurde ein Ausflug in die «Weissen Wolkenberge» unternommen. Auf der Passhöhe ein Tempelchen mit Blick auf das ganze Flussgewirr des Deltas, wie eine Landkarte hingebreitet, mehr Wasser als Land! Um den Berg herum wanderten sie auf die Nordseite, die mit ihren Kiefern in der von deutschen Förstern angelegten Baumschule geradezu heimatlich anmutete. Lita wagte sich auf der tropischen Südseite trotz ihrer Angst vor Schlangen ins Gebüsch hinein, wo neben den roten auch gelbe Weihnachtssterne wucherten und wo wie eine Märchenblume eine weisse Gardenie duftete. In einem Seitentälchen eine Sandelholzmühle: ein Bergbach drehte ein Rad, dessen Hammer ständig auf Holzbrocken in einem Mörser schlug und sie für Räucherkerzen zu Staub zerkleinerte.

Als Lita, unten angelangt, wieder ins Auto steigen wollte, wurde sie zurückgerissen – in Abwesenheit des Fahrers hatten sich die Dörfler einen Spass erlaubt und eine Schlange in den Wagen praktiziert. Daraufhin verging Lita die Lust zu weiteren Ausflügen. Sie war dem Klima ohnehin nicht gewachsen, nahm dauernd ab, bis sie magerer als Gandhi war, unerträgliche Schmerzen hatte und zur Durchuntersuchung ins Krankenhaus kam. Doch man konnte nur die alte, chronische Amöbenruhr und – wegen der Abmagerung – eine Wanderniere feststellen. Sie verursachte derartige Schmerzen, dass Lita zwei Monate Liegekur verordnet wurden. Nun war Lita an den Balkon gefesselt, hatte die Füsse – gegen die Moskitos – in einen Sack gesteckt, hatte Arme und Nacken mit Geranienöl eingerieben und konnte den Tropenplunder betrachten: die Kampferbäume, auf deren Stämmen Orchideen hafteten, oder die Baumwollbäume mit den tellergrossen Blüten, die sie an Raubtierfleisch erinnerten. Am Türpfosten neben dem Liegestuhl hatte Otto mit dem Taschenmesser Kerben angebracht, die das Wachstum ihrer Jungens bezeichneten.

Doch das Alleinsein, über das ihr anfänglich nur ein Krimi oder die amerikanischen Zeitschriften hinweghalfen, sollte nicht lange dauern. Bald bekam sie jeden Tag Besuch. Die Canton-Damen waren ohne Ausnahme liebenswürdig und hilfsbereit, um Lita über den Trennungsschmerz von ihren Kindern hinwegzuhelfen. Es wurde wohl auch geklatscht, aber nie so gehässig wie in Mukden. Als Lita vorschlug, man solle sich bei Zusammenkünften praktisch betätigen und für die Armen in Deutschland warme Sachen stricken – ihres Mannes Firma würde die Wolle stiften –, waren alle einverstanden. Damit bei der feuchten Hitze der Wollfaden über die Finger rutschte, wurden die emsigen Hände immer wieder mit dem bereitstehenden Babypuder bestäubt. Über hundert Pullis, Jacken, Mäntelchen und Gamaschenhosen wurden am 30. November voller Stolz im Klub ausgestellt, fotografiert und dann in Überseekoffern von einer heimkehrenden Dame mitgenommen.

Auch die Deutsch-Amerikanerinnen hatten mitgemacht: «Mrs. Wurse», eine Dame aus Chikago, die bei Bruthitze immer noch behauptete: «It might be wurse!» (worse = schlimmer), wenn es nämlich acht Tage erfordere, bis ein gewaschenes Taschentuch trocken sei. Oder «unsre Irrlse», Deutsche mit amerikanischer Mutter, die die Arbeitsnachmittage spiessig fand und das Niveau durch einen Vortrag heben wollte. Ihr Thema lautete «Die normative Ethik von Plato bis Hitler». Hinterher seufzten alle, und Frau Huygen, Litas liebste Freundin, sprach von Normacol-Ethik (einem Abführmittel, das sie damals einnahm). Sowie es Lita besser ging, war sie oft bei Frau Huygen eingeladen, einschliesslich des «Tiffins», wie man dort den Lunch nannte. Und nach Büroschluss kamen die beiden Herren und ruhten sich in der wohltuenden Stille des Huygenschen Heims aus, das in einem wahren Wundergarten lag (sie wohnten schon seit zwanzig Jahren dort). Lita sagte hinterher zu ihrem Mann: «Frau Huygen weiss gar nicht, wieviel Gutes sie mir angetan hat. Nach den grässlichen Mukden-Jahren mit den ausgekochten Giftspinnen komme ich endlich zu mir.»

Trotzdem waren beide überglücklich, als die Zeit in Canton überstanden war. Lita hätte beinah doch noch einen Unfall gehabt, als sie, eingehakt bei zwei Herren, über den Golfplatz ging und plötzlich zwischen ihnen in der Tiefe versank: es war aber nur ein uraltes Grab, und sie war auf weichen Mulm gefallen. Sie gaben ein Abschiedsfest für alle Carlowitz-Leute in Canton, fünfundzwanzig Personen, darunter einige Buddhisten. – Es regnete, als sie abfuhren – wieder in einem dieser komischen, flachen «Schlickrutscher» oder «Schlittenboote». Sie wurden mit den schönsten Blumen überschüttet, und weil einer ihrer Freunde gesagt hatte: «Die werfen Sie ja nachher doch bloss in den Fluss!», winkte Lita vom Oberdeck mit den Sträussen, solange sie jemanden erkennen konnte.

Nach der Flussbiegung kamen sie an den berüchtigten Spielhäusern vorbei, dann am Landungssteg der Missionsstation dicht neben all den chinesischen Pantoffelbooten, die ihren Abfall einschließlich der Fäkalien und Kinderleichen in den Fluss kippten – wohin denn sonst, da es ja Tausende dieser Flussboote (Sampans genannt) gab –, und ausgerechnet dort schöpften die Missionsleute ihr Wasser, das sie tranken und mit dem sie Suppe, Kaffee und Gemüse kochten – natürlich gefiltert und abgekocht, aber trotzdem erkrankten sie an Typhus. Gegenüber lag Watsons Sodawasserfabrik, die aus derselben Flussbrühe das gute Selterswasser und Ingwerbier und Orangenlimonade herstellte. Nachher sauste ein kleiner Schleppdampfer in einen Flussarm hinein, der *neben* sich ein Kuliboot angebunden hatte – bis zum hohen Heck hinauf war es überlastig vollbeladen –, und Lita sagte empört: «Kein Wunder, dass sie umkippen und jedesmal so viele von diesen fleissigen Arbeitern ertrinken!»

Sie hatte sich auf die BOCCA TIGRIS gefreut, den «Tigerrachen», die Mündung des Perlflusses ins Meer. Doch alles sah ungefährlich aus, und die Portugiesen hatten seinerzeit wohl eher *die* Schrecken damit gemeint, die auf dem Fluss bis Canton hin *vor* ihnen lagen, denn wegen der Piraten war es dort lebensgefährlich gewesen, auch 1842 noch, als

Richard von Carlowitz in Canton die erste deutsche Faktorei gründen durfte.

Im Hafen von Hongkong lag neben englischen Kriegsschiffen, die wie hellgraue Windhunde aussahen, die dicke dänische NORA MAERSK, die sie nach Shanghai bringen sollte. Otto kontrollierte den Verlad der drei Kisten mit Pflanzen (341 Exemplare), die Lita fürs Herbarium Haussknecht gesammelt und mühsam im beheizten Kleiderschrank getrocknet hatte, damit sie nicht schimmelten (sogar Notizbücher schimmelten ja in Canton!). Dann stellte er pessimistische Betrachtungen über die NORA MAERSK an, deren Jungfernreise es war, und zwar ohne Fracht, also oberlastig. Natürlich sollte er recht behalten: in der Strasse von Formosa schaukelte und rollte die dicke NORA, und das am Ersten Advent! Dazu der Gestank der frischen Ölfarbe! Sogar Otto litt etwas: er wollte in Ki-lung (auf der Nordspitze von Formosa) nicht an Land, so verlockend die Berge auch aussahen – aber wozu? Es war doch alles japanisches Festungsgebiet: *No admittance!* Nach drei Tagen endlich die Einfahrt nach Shanghai; Otto erklärte Lita all die grossen Häuser am «Bund», auch schon Hochhäuser, was sie unbegreiflich fand, denn Shanghai ist auf Rosten erbaut (*shang* = auf, und *hai* = Meer). Die Häuser ‹sinken› so ähnlich wie die im Ruhrgebiet über den Zechen, sagt man. Sie wohnten im 13. Stock.

Am Vormittag kam Herr Wu ins Hotel und stellte ihnen seine fünf Kinder vor; sie waren allerliebst, rotwangig und rund und glattgebürstet, alle in blauen Ischangs (langen Überkleidern). Das Mädchen, Angelina, war ein richtiger Schalk und sprach sehr drollig. Einer von den Söhnen hiess «Otto» (eine grosse Ehre, die der kleine Wu damit seinem ehemaligen Deutsch-Lehrer erwies!). Er bedauerte es, dass

Litas Mann sein «tröstvolles Nest» (wie er es damals genannt hatte) in Mukden hatte aufgeben müssen. Nachmittags und abends waren sie bei den Shanghai-Partnern eingeladen, deren einer den Spitznamen «Der eiserne Besen» oder «Der Bumerangschmeisser» trug, während der andre, der Senior, die «Geissel Gottes» genannt wurde, übrigens ein piekfeiner Herr, jeden Tag eine andre Blume im Knopfloch, tägliche Ermahnung bei Meinungsverschiedenheiten: «Haltung, Fassung, Würde!» Und ein lustiger Abend bei Semmels: er mit seinem Froschkönigsgesicht war noch dicker geworden; sie, das reizende Semmelinchen, hatte gerade für einen Bazar Puppenkleider für 200 Püppchen genäht.

Nach all dem «social life» schliefen sie im Blue Express sofort ein und verpassten die Überfahrt über den Jangtsekiang, wo der Zug, in drei Teile zerlegt, auf einer Fähre die riesige Trichtermündung überquert. Am nächsten Morgen rötlicher Sonnenaufgang über einer vertrauten Winterlandschaft. Viele Segel hinter einem Erdwall? Das musste der Kaiserkanal sein! Kurz vor Tientsin erfuhr Lita, dass sie noch mindestens sechs Monate im Norden bleiben müssten, statt nach ein paar Wochen mit der Sibirischen Bahn heimzufahren – endlich zu den Kindern. «Du hast dein Versprechen gebrochen!» sagte Lita betrübt und sann auf Abhilfe.

Poggfred mit Hindernissen

Peking. Heiligabend im Hotel. Sie sitzt am Fenster. Weisse Taubenschwärme kreisen vor dem blauen Winterhimmel, Bambusflöten an den Füssen. Die Melodie zieht einem das Herz aus der Brust. Auf den grauen Dächern der niedrigen Fang-dsen liegen fette Pekingkatzen. Hinter ihr raschelt eine Zeitung. Er räuspert sich. Es ist nicht sein chronischer, qualvoller Räusperzwang. «Nicht sprechen!» sagt er. «Ausradieren!»

Beim Konzert im Wagons-Lits-Hotel stossen sie auf stellungslose Mukden-Leute. «Wir leben von unseren Schulden», spöttelt einer von ihnen, aber seine Frau, ein watschelndes weisses Schmalzfass, kneift den Mund zusammen. Durchs Gesandtschaftsviertel zurück; es liegt in tiefem Dornröschenschlaf. Berühmter Geschäftsbesuch: ein Vertreter der schwedischen Bofors-Werke. Mit ihm zusammen werden sie in eine vornehme chinesische Familie eingeladen, in ein echtes Chinesen-Gehöft. Rotes Tor mit goldbronzierten Beschlägen, mehrere Höfe, mehrere Häuser: eins für den Hausherrn, eins für die Taitai, eins für die Kinder ... Er soll ein grosser Don Juan sein, Teehäuser frequentieren und «erst bei der Ampel Schein seine volle Tätigkeit entfalten». Sieht jedoch nett aus. Die Taitai nicht hübsch, aber klug. Noch andere Gäste, Chinesen mit ihren Frauen, schön bemalte, hauchdünne Geschöpfe. Das Essen sehr üppig, zu jedem Gedeck gehört eine silberne

Garnitur: Visitenkartenhalter, Schüsselchen, Essstäbchenhalter, Sakebecher. An manchen hängt noch das rote Fädchen, mit dem die Preiszettel befestigt werden: also nur vom Silberschmied geliehen, zur Feier des Tages! Und wohl kaum vorher abgewaschen.

In der grössten Wohnhalle bullern zwei Öfen. Hinter einem Verschlag hatten Schattenspieler ihre Bühne aufgebaut, schon seit sechs Uhr. Kräftiger Knoblauch-Mief! Hinter dem Papierschirm Licht, die Zuschauer im Dunkeln. Fein geschabte, bunte Pergamentfiguren führen Zaubermärchen vor, die Seele der Fuchsgeister schwebt als leuchtende Kugel über ihnen. Dazu Gesang und ohrenbetäubende Musik. Otto verzweifelt, will aber durchhalten.

Nach Neujahr soll Lita ins Deutsche Hospital übersiedeln. Viele Untersuchungen, immer noch mehr wird entdeckt, und sie erhält eine Behandlung, bei der sie sogar im Liegen «Sterne sieht». Otto bringt endlich Briefe von den Jungens. Auch die Kur hilft.

Lita wird unternehmungslustig und macht mit Herrn Fuchs von Pohlich aus Wien täglich Spaziergänge, Stadtbummel, zeigt ihm alles, was es in Peking zu sehen gibt. Vieles ist ausgebessert und strahlt in der Wintersonne: die Paläste, der Ahnentempel, die Triumphbögen, der Lamatempel mit der Matreya-Figur und dem Jade-Buddha. Otto beteiligt sich nie, aber abends beim Essen erzählt er Herrn Fuchs (der in ihrem Hotel wohnt) über das alte China – und orakelt über die Entwicklung des neuen – wie er es sieht.

In Tientsin, wo sie länger bleiben werden, beziehen sie ein Haus, das arg vernachlässigte Haus eines Strohwitwers, der nun zu seiner Frau «auf Europa-Urlaub» fährt. «Sowie er zurückkommt, nehme ich ein volles Jahr Urlaub!» verspricht Otto, um Lita wegen des ewigen Aufschubs zu trösten. Sie ist oft bei ihrer Schwester, die ein drolliges Töchterchen hat und wieder ein Baby erwartet. Aber Lita ist in der grössten Sorge um Otto, der den tiefen Luftdruck vor dem Staubsturm nicht ertragen kann. Ostern Gluthitze und Windstille, und in der Nacht hat Otto den zweiten Herzanfall!

Jetzt wollte Lita eine kurze Ferienwoche am Meer, in Petaiho, erzwingen, doch wegen eines «Riesenauftrags» ging es nicht. Sie musste sich wieder einmal fügen. Dann endlich klappte es – Otto verzichtete sogar auf seinen Trio-Abend, der regelmässig mit zwei Österreichern bei ihnen stattfand. Die paar Tage am Meer taten ihm gut. Er war so heiter wie lange nicht und zu weiten Spaziergängen bereit, die sie über bewaldete Hügel führten. Und dort entdeckte er ein vermickertes Gesträuch – unbeachtet von Lita – wahrhaftig, es war die jahrelang gesuchte Securinega!

Mit dem Herbstanfang kam die «Tigerhitze» – zehn unerträglich heisse Tage. Lita suchte optimistisch das Gepäck für die Sibirienreise zusammen – Otto wollte über Finnland fahren – und dachte beim Packen an den Abschied von Frau Huygen in Canton. Auch hier in Tientsin musste sie eine Freundin zurücklassen, Frau Irmgard, bei der sie immer Anregung gefunden hatte – beide liebten das I-Djing und Konfuzius. – Als alles eingepackt war, erschien Otto mit einem Brief: der ehemalige Tientsin-Leiter komme nicht zurück (er starb bald darauf in Deutschland) und Otto müsse seinen Nachfolger abwarten und vier Wochen zugeben. Damit fiel die geplante Reise über Finnland ins Wasser, denn einen Monat später sei es dort nicht mehr schön. Jetzt versuchte Otto, ein Schiff über Suez zu bekommen:

der RAMSES fahre von Dairen über Japan, das sie dann zu sehen bekomme. Aber Lita hatte seine Reisepläne satt – sie wollte schnellstens zu ihren Kindern nach Rothenfelde.

Kurz vor der Abreise erhielt sie einen Anruf, ihre Schwester Dicki habe Zwillinge bekommen! Sie eilte ins Krankenhaus: zwei kleine Mädchen waren es, leider starb das eine sehr bald. Es hatte Litas und Dickis Vater merkwürdig ähnlich gesehen. Für den armen Slim, der von einer Reise zurückkehrte, war es ein trauriger Empfang. Lita sah das kleine Wesen im Sarg und war erschüttert. Slim hatte sein totes Töchterchen auf lauter rosa Nelken gebettet.

Der RAMSES erwies sich mehr und mehr als ein Unglücksschiff: er fuhr nicht *nach* Japan, sondern kam *von* Japan, um in der Südmandschurei 7000 Tonnen Sojabohnen in seine leeren Ladeluken aufzunehmen. Daher fuhren Otto und Lita nach Dairen und warteten auf den RAMSES. Er kam und kam nicht, weil er vorher noch nach Tschifu und Shanghai gefahren war. Lita verging vor Ungeduld, und Otto verwünschte seine Firma mit nicht mehr salonfähigen Ausdrücken. Während der Wartezeit machten sie einen Ausflug nach Hoshi-ga-ura und stiegen zum Berghaus hinauf, wo sie zwei Jahre zuvor mit den Kindern so glücklich gewesen waren. Glücklich und traurig – und nun wieder traurig, als sie das jetzt leere Häuschen sahen, das von einem Blütengewoge roter und weisser und rosenfarbener Cosmäen umgeben war. Dann kam der RAMSES: er war so leer, dass er hoch aus dem Wasser ragte.

Die Schiffsreise auf dem RAMSES war ebenso eintönig wie verrückt; sie dauerte sieben Wochen, eine Route, die der Kapitän noch nie gemacht hatte, nämlich von Dairen schnurstracks *östlich* an Formosa vorbei, durch ein Inselgewirr an der *Ost*küste der Insel Luzon entlang, in die St. Bernardino-Strasse hinein. Es wehte kein besonders starker Wind, aber er genügte, um vier Stunden später ein englisches Schiff an derselben Stelle vom Kurs abzubringen und auf ein Riff zu setzen. Im Nu war es in zwei Teile gespalten, die eine Hälfte des grossen Schiffs (9000 Tonnen wie der RAMSES) versank. Passagiere und Mannschaft retteten sich mit Floss auf eine Klippe, die nur sechs Meter über dem Wasserspiegel lag, und von dort wurden sie erst nach zwei Tagen gerettet. Die Retter, ein Japaner und ein Schiff der amerikanischen Marine, holten sich Lecks – ohne Tote ging es nicht ab.

Der RAMSES hatte also doch etwas mehr Glück (oder sein Kapitän? Das sollte sich noch zeigen!) Er legte in Cebu an. Lita kaufte eine Ukulele, die aus einer halben Kokosnuss geschnitzt war und hübsch klang. Die Luft war gesättigt von Feuchtigkeit. Trotz des trüben Himmels waren sie im Nu klitschnass, aber sie besichtigten viele Kirchen und die zierlich aus Bambus geflochtenen und mit Palmblättern gedeckten Häuschen, amüsierten sich über alte Philippino-Weiber mit Zigarre und fuhren in die Berge. Kein Fleck, wo es nicht in üppigster Fülle blühte – ebenso unten, in der altertümlichen Calle Colon, der ältesten Strasse von Cebu. Zusammen genossen sie alles, zusammengehörend wie ein junges Paar auf der Hochzeitsreise – «Nein, wie ein Gespann alter Ackergäule, Fiete und Liese», sagte Otto, der seine Herkunft vom Land nie verleugnete. Zwei «Passer», und doch verschieden: wie Otto in der Musik aufging, so war Lita der Natur verbunden.

An Bord stank es abscheulich nach Kopra (Kokosnuss-Schnitzeln), die in teils geplatzten Säcken in die Luken geladen wurde und wie erbrochene Milch roch. Mit ihr kamen die Koprakäfer, sie waren überall: auf den Zahnbürsten, in der Milch, in den Kleidern. Sie bissen nicht, aber sie stanken. Ein neuer Passagier schiffte sich ein, der Leiter des Lepra-Hospitals auf Malaya. Er erzählte ihnen von seinen Aussätzigen als «seiner Familie»: Lita las gerade Somerset Maughams Roman THE MOON AND SIXPENCE, deshalb fragte sie ihn über die Lepra aus.

Sowie der Kapitän seine Ladung verstaut hatte, dirigierte er den RAMSES durch die malerisch schöne Sulu-See – und dann, ohne ein einzigesmal anzulegen, durch bis Singapore, wo er noch einen Fahrgast aufnehmen musste: «das blonde Gift», eine Dame, die Siamesenkatzen züchtete. Der Schiffsarzt verliebte sich so irrsinnig in sie, dass er ihr zuliebe auf den Mast kletterte – das war auf hoher See lebensgefährlich, und der Kapitän schwor, ihn zu verklagen.

Lita und Otto genossen allabendlich auf der Kommando-Brücke den Sonnenuntergang – etwas anderes gab es bis zum Suezkanal nicht zu sehen. Als sie den in der Morgensonne leuchtenden, beschneiten Ätna bewunderten, hielt ihnen der Erste Offizier, ein aufdringlicher Mensch, wieder einmal einen Vortrag: alles sei Trugbild und Täuschung, es gäbe weder Berge noch Blumen noch Meer. Otto wurde grob, weil er befürchtete, Lita könne sich beeinflussen lassen, aber sie liebte die Natur viel zu sehr und lachte nur über den armen Tropf (wie sie ihn nannte).

Das Mittelmeer war spiegelglatt. Der Kapitän musste leider seinen RAMSES zwischen Sardinien und Korsika hindurchquetschen, und da fiel der Mistral über sie her und verdarb den Abschiedsabend. Otto setzte sich zwar gutmütig ans Klavier, zuerst wurde noch gesungen, dann aber lag das Schiff immer schräger, der Mond goss sein fahles Gespensterlicht durch Nebel und Gischt, und der Gang zur Kabine glich einer Bergpartie auf steilem Felsenhang. Lita und

Otto bauten alles ab, was rutschen konnte, sofern es nicht schon unten lag. Schlaflos rollten sie wie Zigarren in einer leeren Kiste hin und her – bis es einen mächtigen «Rummms!» und «Volldampf zurück!» gab. Im Nebel wäre das Schiff beinah auf die Insel mit dem Château d'If aufgelaufen, wo Dumas in seinem Roman den Grafen von Monte Christo schmachten lässt.

Doch das war alles unwichtig: die Riviera, Genua, eine Nacht in Erfurt und gleich weiter nach Rothenfelde. Sie erschraken über die Kinder: nach all dem Warten und den wiederholten Absagen waren sie übernervös und zappelig geworden, verhaspelten sich beim Sprechen und stiessen sich. Sie gehorchten überhaupt nicht mehr, weil die Tanten zu nachsichtig waren. Natürlich bedankte sich Lita von Herzen für alle Fürsorge, doch alle, auch die Tanten, hielten es für richtig, dass die Kinder zu den Eltern kämen, sobald Lita eine Wohnung und eine gute Schule gefunden hätte. Sie wählte Triberg im Schwarzwald.

Die Bilder wechseln nun rasch, doch die Hauptpersonen der Tragikomödie sind immer da – einzeln – oder alle vier.

Vor seinem grossen Flügel, den er sich nach Triberg hat kommen lassen und der den Kapellenberg hinaufbugsiert worden ist, sitzt verzweifelt, die Hände unentschlossen auf den Tasten, Litas Mann, blickt mit nassen Augen zu ihr auf und sagt: «Mit den Kindern ist es nicht auszuhalten!» In der Veranda bücken sich die Kinder über ihre Schularbeiten und schluchzen: «Mit Vater ist es nicht auszuhalten!» –

Otto grast die Umgebung von Hamburg ab, auf der Suche nach einem Haus, das für Poggfred geeignet wäre. Er findet eins mit Strohdach, denkt: ‹Das wird Lita gefallen!›, aber er kauft es nicht. (Sein Spitzname in der Firma: der grosse Cunctator!)

Eine Lichtung im Schwarzwald, an einem Bach lagert die Schulklasse der Kinder, ein Feuerchen wird gebaut, Klaus ist als geschickter Praktikus zugelassen, während Jochen sich absondert und das sumpfige Gelände erforscht, wo die weissen Flocken der Wollgräser im Winde wehen. Voller Stolz entdeckt er seinen ersten Sonnentau und bringt ihn Lita.

Ferien in Littenweiler, Lita mit Klaus, auf Wunsch seines Vaters getrennt vom Bruder, der am Titisee schwimmen lernt, beim Segeln helfen darf und mit seinem Vater lange Wanderungen unternimmt: er ist jetzt kerngesund, Lita ist glücklich, als er mit seinem Vater überraschend «zu Besuch» kommt. Klaus fällt vor Freude die Treppe hinunter und schlägt sich Lippen und Zähne blutig. Lita ist misstrauisch, und mit Recht: Otto zeigt ihr einen Brief, der seine Rückkehr nach Shanghai verlangt. «Nennst du das ein Jahr Urlaub?» ruft sie vorwurfsvoll.–

In Berlin! Lita nur mit Jochen, weil Klaus sich auf Anraten der Ärztin im Pflegeheim K. von einer nötigen Blinddarm- und einer unnötigen Mandel-Operation erholen soll. Sie fahren beide nach Bornim (Sanssouci nehmen sie im Vorbeigehen mit), der Besuch bei Ottos Freund Eduard Engel ist ihr wichtiger. Mit einiger Mühe finden sie das versteckt liegende Haus und werden begeistert aufgenommen. Der alte Herr lobt Litas Deutsch. «Mein Mann hat mir das Berlinern abgewöhnt», erklärt sie, «und ich ihm seine hol-s-teinischen S-tachelbeers-träucher!» – Am andern Morgen im Hotel ist Jochen nicht da! Sehr befriedigt taucht er nach einer halben Stunde wieder auf. Er habe sich den Tunnel zum Anhalter Bahnhof betrachtet und dort seine Uhr gestellt. Da der Lift noch nicht in Betrieb war, musste er die sieben oder acht Stockwerk zu Fuss hinuntersteigen.

‹Wie mag das erst auf dem Schiff werden›, denkt

Lita. Auf zwei Racker wird sie aufpassen müssen, das schärft ihr auch die Kieler Grossmutter ein, als sie sich in Hamburg die BURGENLAND zeigen lässt; klein wie Vogelbauer erscheinen ihr die zwei Kabinen.

Während die BURGENLAND schon mit ihrem grossen Gepäck abdampft und durch die Biskaya schippert, stehen Lita und Jochen auf dem Bahnhof in Singen. Sie erwarten den Zug, der Otto und Klaus aus dem Pflegeheim K. zu ihnen bringen soll... Wie ein zerlumpter *Besprisornyie* kommt ihr Junge auf sie zugerannt, mit zerfetztem Mantel, ohne Gürtel, hager und blass und aufgeregt. «Sie haben mir nicht erlaubt, dir zu schreiben», heult er, «und als ich ausreissen wollte, haben sie mich in nasse Laken gewickelt...» Lita funkelt ihren Mann wütend an. «Das war das letztemal!» sagt sie, und er weiss, was sie meint. Er muss zugeben, dass die Empfehlung der Freiburger Ärztin ein Fehler war. Er hätte nicht auf sie, sondern auf Lita hören sollen.

In Genua ist der Hafen wieder ein tolles Erlebnis für die beiden Jungens. Sie sind zum Glück noch nicht zu lang für die beiden Sofas in den kleinen Einerkabinen. Gemütlich wird der Heilige Abend gefeiert. Während auf dem Promenadendeck die Lichter des Weihnachtsbaums tränen, zerschmelzen und sich wie Zeigefinger krümmen – denn es ist im Golf von Aden! – und während vier Pastoren inbrünstig singen und predigen, zieht Lita die Vorhänge der Kabinchen zu und zündet ihren roten Adventsleuchter an. Klaus und Jochen haben die weissen Wände mit Goldsternen beklebt, so ist es doch trotz der Hitze beinah weihnachtlich. Die Kinder haben auf der Blockflöte ein Lied einstudiert («Leise rieselt der Schnee»), und als Klaus nun noch sein Gedicht aufsagt («Von drauss, vom Walde komm ich her»), hat die Komik der Situation ihren Höhepunkt erreicht.

Jochen legt seine Lieblingsplatte auf («Bei Pfeifers ist Ball...»), die er unter seinen Geschenken findet, und beide kramen begeistert in dem neuen, grossen Meccano-Kasten. Otto sucht sich einen friedlicheren Winkel mit etwas Fahrtwind.

Colombo, Singapore, Hongkong: immer ist er sehr besorgt, den Jungens alles Sehenswerte zu zeigen. Das Schönste ist für sie das Füttern der Äffchen, und er ist enttäuscht. «Vergiss nicht, dass es noch Kinder sind», tröstet Lita.

Lita – abends allein bei dem unruhig schlafenden Klaus. Noch immer quälen ihn Angstträume, aus denen er aufschreckt: «Münne, Münne, sie kommen! Sie wollen mich einsperren!» Lita beruhigt ihn, und er findet zum Vertrauen zurück. In vielen Nächten entwirft sie einen Brief an die Freiburger Ärztin, heimlich schreibt sie ihn, heimlich bringt sie ihn in Hongkong auf die Post. Nach vielen Wochen erhält sie Antwort und teilt sie Otto befriedigt mit: Oberin, Arzt und Schwester wurden entlassen!

Hongkong: bei schönem Frühlingswetter ein Spaziergang um den Peak. Sie sind wieder alle Vier zusammen – Glücks genug! Doch Otto hört das Neueste: der Generalissimus, Chiang kai-shek, war in Sian in Haft genommen worden. Und von wem? Vom «jungen Marschall» der Mandschurei, Chang hsüe-liang, dessen Truppen eine Sinnesänderung verlangen: nicht gegen ihre Brüder, sondern gegen die Japaner wollen sie zu Felde ziehen. Der Generalissimus gibt nach. Chang hsüe-liang kommt vor ein Kriegsgericht. Wieder droht Krieg.

Shanghai: nasskalt und neblig. Otto erfährt, dass er vorerst in Tientsin nach dem Rechten sehen müsse, weil der dortige Leiter versagt hat. Also noch immer kein endgültiges Heim! Andrerseits meint Lita, das trocknere Klima im Norden sei vielleicht etwas besser. Sie besichtigen die EMDEN – und alle erkälten sich. Der Kreuzer liegt mitten im Strom: so ein Kriegsschiff ist nichts als Kälte und Eisen, findet Lita. Dazu das elende Schlackerwetter.

Die Jangtse-Fähre, die ihren Zug aufnimmt, interessiert die Jungens, doch die nordchinesische Landschaft empfinden sie als Einöde, vielleicht, weil sie aus Deutschlands Wäldern kommen. In Tientsin werden sie von Tante Dicki und der kleinen Dite abgeholt und in ihr erstes Provisorium gebracht, das ASTOR HOUSE. Nach einigen Wochen sollen sie – auch provisorisch – das Haus von Dicki und Slim übernehmen, die derweil auf Urlaub gehen. «Alles provisorisch», seufzt Lita, doch sie richten sich die Hotelzimmer behaglich ein, und die Jungens probieren, ob die dicke Glasplatte auf dem Teetisch wohl zerspringt, wenn sie auf den Teppich fällt, und wann, das heisst, aus welcher Höhe. «Sie muss furchtbar stark gewesen sein», sagt Klaus, als er Lita die Trümmer zeigt.

Das war an dem Abend, als Lita und Otto ins Konzert gingen, um Mischa Elman zu hören, den berühmten Geiger. Er spielte ihnen die Kreutzer-Sonate mit einer Miene vor, als jongliere er dauernd mit zwölf gläsernen Kugeln in der Luft herum. Eine Zeitung schrieb nach dem ersten Programm, er habe alles, nur keine Seele. Und trotzdem empfand sich Lita mitgerissen – fast gegen ihren Willen. Das Klavierkonzert des Österreichers Paul von Weingartner befriedigte Otto sehr (das waren übrigens die beiden einzigen Konzerte, die während ihres langen Ostasien-Aufenthalts je in China gegeben wurden), und Otto begann schleunigst, ein Trio auf die Beine zu stellen, obwohl er immer häufiger abwesend sein sollte.

Beim Umzug in die Race Course Road, an der die

Wohnung lag, die ihnen die Urlauber Dicki und Slim überliessen, wurden auch die zehn Kisten und Koffer geöffnet, die seit drei Jahren eingelagert waren, und vom Geruch der eingemotteten Wollsachen bekam Jochen die schwersten Asthma-Anfälle, gegen die sich ihr neuer Arzt, der Firmenarzt, als völlig machtlos erwies und den armen Jungen auch psychisch so falsch behandelte, dass Lita ihn kurzerhand ins Deutsche Hospital nach Peking brachte. Nach zwei Wochen konnte sie ihn wieder abholen, und bald durfte er die Schule besuchen. Ein Foto aus jener Zeit: alle Schulkinder in einer langen Reihe aufgestellt, alle in Turnhosen und weissen Turnschuhen – alle bis auf «die beiden Schnacks», die schwarze Turnschuhe tragen mussten, weil ihr Vater es praktischer fand. Lita war empört.

Weil Otto jetzt sehr viel zu tun hatte, konnte er sich nicht so eingehend wie in Triberg mit den Kindern beschäftigen. Im Grunde war er immer noch der alte Junggeselle, der nicht wusste, dass alles, was jung ist, Nestwärme braucht – und wachsen muss. Das Wachstum mit anzusehen, erfordert Geduld und Vertrauen. Beides hatte er nicht, der arme, enttäuschte Idealist: er wollte sofort Musterknaben haben!

Lita hatte ausser der Fürsorge für die Kinder ihre «social duties». Gäste zum Mittagessen, Gäste zum Tee, Gäste zum Dinner, ein Gang nach dem andern, ein Wein nach dem andern, drei Messer rechts, drei Gabeln links, zu beiden Seiten von ihr dicke Männer, die sie grösstenteils komisch oder dumm fand; oder dann die Empfänge, mit Cocktailglas oder Mokkatasse zwischen Flügeltüren stehend, lächelnd. War das etwa Poggfred? Aber auch hier lernte sie freundliche Menschen kennen, hilfsbereite und gütige, obwohl Irmgard leider weggezogen war.

Dann kamen die Sommerferien, beide Jungens wurden in die Quinta versetzt, und Lita mietete ein Bungalow am Meer, in Petaiho. Sechs Stunden Fahrt durch Einöde – dann verlockendes Grün? Aber es war nur Schilf – sonst gedieh dort nichts. Die Salzgärten mit den grellweissen Salzbergen und die Segelmühlen tauchten auf, die das Meerwasser von einem Salzbeet ins andre schöpfen. Wenn sich die acht braunen Segel einer Mühle drehen, gleichen sie Galgenbrüdern, die im Winde schlottern. Steppe! Steppe! In der Ferne scheinen Bäume aus einem See aufzusteigen, aber es ist nur eine Fata Morgana.

Plötzlich saust der erste frische Lufthauch durch das Drahtnetz der Fliegenfenster. Das muss schon Seebrise sein! Gierig trinkt man die kühle Luft, denn im Abteil ist es stickig heiss, und die Fliegen spazieren träge auf Essensresten, Teegläsern und den bestrumpften Füssen müder Soldaten. Auf dem Bahnhof stehen Esel bereit und lassen sich das Gepäck aufschnallen, obendrauf setzt sich auch noch der Eseltreiber und schwenkt lustig den Futterkorb mit dem Reiseproviant.

Lita stellt fest, dass es nicht einfach ist, auf einem Esel zu reiten: weder vorne noch hinten ist viel von ihm vorhanden. Sie klammert sich an, als es steil ins Flussbett hinuntergeht. Mitten im Wasser bleibt er stehen, und vergebens ruft sie: «Tjae! Tjae!» Zum Gaudi der Kinder beachtet er sie gar nicht, verrichtet nur sein Geschäft und trabt geduldig weiter. Nach einer halben Stunde sind sie in den Bergen, auf bewaldeten Höhen mit duftenden Kiefern. In der Ferne blaut das Meer, und zu beiden Seiten des schmalen Pfades blüht es in wilder Buntheit – verlockt und lockt.

Der Bungalow ist klein und düster, aber eine breite Veranda läuft rings um das Haus. Die Jungens erstürmen die Sofaschaukel, zerbrechen sie und ernten Ohrfeigen. In der ersten Nacht erwischt Lita neunzehn Wanzen und verbrennt sie rachsüchtig in der Kerzenflamme. Unter vielen Entschuldigungen des Hausmanns wird die Matratze ausgetauscht – darauf habe wohl über Winter der Wassermann geschlafen. Sobald alles gesäubert und ausgepackt ist, kleben die Jungens Bilder an die Wände, damit ihr Vater es recht gemütlich findet, wenn er in vier Wochen nachkommt. Die Blumen im Garten werden gebeten, doch ja recht schnell zu wachsen, damit Vater sie in voller Blüte sieht. Aber er kommt nicht!

Zum Baden war es noch zu kühl. Sie sammelten Muscheln an dem endlos langen Sandstrand, oder sie gingen auf Pflanzenjagd, wobei Klaus auf dem Ziegenberg ein längliches schwarzes Gebilde entdeckte und fragte, was das für ein Käfer sei. Abends wanderten sie den Abendröteweg entlang und blickten von dicken Steinblöcken, die wie urzeitliche Tiere aussahen, über Wiesen und Felder bis zu den riesigen Bergen hinter der Bahn, wo bei Shan-hai-guan die grosse Mauer ans Meer stösst. Klaus und Lita malten ein Bild vom Haus mit den blühenden Büschen, um es Otto nach Tientsin zu schicken, und Jochen gelang eine Taglilie. Litas Bild fanden beide «zu glatt».

Abends sass sie friedlich und allein in der mit Moskitonetz geschützten Veranda-Ecke und ordnete getrocknete Pflanzen. Die Lichter von Ching-wang-tao blinkerten herüber, der Mond schien auf die Badebucht, auf hoher See zog stumm ein rotes oder grünes Dampferauge vorbei.

Eines Tages kam der Koch: «Chinesen und Japaner schon ganz doll verhauen! Bei Peking! Viele Menschen tot! Glaub schon, zweihundert!» Er war sehr aufgeregt – seine Familie wohnte in Tientsin. ‹Wieder ein Zwischenfall›, dachte Lita, ‹ein provozierter›. Er ging als Zwischenfall an der Marco-Polo-Brücke in die Geschichte ein und weitete sich zum Krieg aus. In ihrer abgelegenen Einsamkeit merkten sie nichts davon, doch Otto konnte nicht kommen. Die Zugverbindung riss ab, Schauergeschichten schwirrten durchs Dorf. Tagelang flogen die dicken Bomber über ihre Köpfe hinweg, immer Staffeln von fünf oder neun, die oft ein Mordsgebrumm machten – und alle in Richtung Tientsin. Vor Sorge um ihren Mann konnte Lita nicht schlafen und ging in Nachthemd und Sandalen in den feuchtheissen Garten. Da dufteten die Bäume, ihre Blüten schimmerten weiss vor dem hohen Nachthimmel, in dessen Blauschwarz die Bomber, klein wie Mücken, von Japan herkommend nach Tientsin summten. Es war ein unheimlicher Summton, ein Drohen dieser ersten Staffeln, zu solcher Stunde, um drei Uhr morgens, wenn noch nicht einmal die dicken Zikaden gellten. Kein Mensch war da – ausser ihr. Kein Mensch. Die Kinder waren da. Sie ging ins Haus. Was sollte sie sonst tun? Einmal ging sie nicht gleich hinein, sondern legte sich auf den Liegestuhl und dachte: «Wenn ich warte, kommt er.» Aber niemand kam.

Die Einnahme von Tientsin war verhältnismässig rasch verlaufen. Züge verkehrten, aber alles war mit Truppentransportern verstopft. Eines Abends – es goss gerade in Strömen – klopft jemand an die gläserne Verandatür, und dahinter steht wie ein aus dem Meer gestiegener Nöck – triefend nass – der mit Jubel begrüsste Vater! Sechsunddreissig Stunden (statt der üblichen sechs) war er unterwegs gewesen, hatte die entgleisten Züge gesehen, hatte in Tientsin die Brände und die Bombardierung des armseligen Wohnviertels in der Nähe des Bahnhofs beobachtet. Doch die Jungens mussten von ihrem eigenen schrecklichen Erlebnis erzählen: fast wären sie alle

Drei beim Schwimmen ertrunken! Es war am Morgen nach einem Sturm gewesen, der Sog der zurückebbenden See riss ihnen fast den Boden unter den Füssen weg, der Strand rückte immer ferner. Eine unheimliche Kraft zog und zog, Lita schrie vor Angst, bis endlich beide Kinder es begriffen und ihr halfen und mit den Armen ruderten.

Seither hatten sie paradiesisches Wetter. Weil Otto sich gleich am ersten Tag Schultern und Rücken verbrannte, gingen sie seltener zum Strand; an den geliebten Eselritten mochte er auch nicht teilnehmen, also wanderten sie in die Berge hinauf, denn der Goldpirol rief ständig: «Komm mit mir spazier'n!» (Es wurde fortan der Familienpfiff, noch jahrelang sollte er beibehalten werden.) Auf dunklen Waldwegen tönte es wie die Vogelstimmen aus Wagners «Waldweben». Lita fand unbekannte Pflanzen, duftende lavendelblaue Clematis, gelbe Glockenblumen.

Es wurde so heiss, dass der Koch, der ohnehin ein Wutbock war, vor dem Lita schon immer Angst gehabt hatte, einen Küchenkoller bekam und Otto anschrie: «Wo dsou! Wo dsou!» (Ich gehe.) Kein Ersatz in diesen unsicheren Zeiten. Weil auch fast gleichzeitig Ottos Sekretärin, Frau Seidel, zur Erholung gekommen war, ein blasses, spindeldürres Geschöpf, das nach der anstrengenden Reise halb ohnmächtig auf den nächsten Liegestuhl sank, übernahm Lita die Kocherei. Billig war es nicht: sie verbrauchte täglich ein Pfund Butter –, aber es schmeckte gut! Bald passte Frau Seidel nicht mehr in ihre Kleider und konnte an den Ausritten teilnehmen (Otto war unterdessen nach Tientsin zurückgekehrt und hatte versprochen, einen Koch zu schicken). Zwischen meterhohen Kaoleang-Feldern (eine Hirse-Art) ritten sie ostwärts zum Steilhang über dem Flugplatz – oder zum fernen Westend, wo Kleyes wohnten, die reizenden Tientsiner Freunde. Dann fuhr auch Frau Seidel weg – sie hatten es sehr lustig miteinander gehabt. Sie hatte sich schnell ans Reiten gewöhnt und war sehr zufrieden mit ihrem Grautier, während Jochen seinen faulen Esel schliesslich tauschen musste, denn Klaus auf seinem feurigen schwarzen Teufel war immer weit voraus; Lita hatte einen «Feinschnäuzigen», der ihr die mühsame Ernte unbekannter Pflanzen aus der Hand rupfen wollte.

Es wurde so heiss, dass sie von jedem Ausritt völlig durchnässt zurückkehrten. Die Fussböden wurden nie mehr trocken, in den Moskitogittern standen Wassertröpfchen. Lita hatte dank der neuen Mittel des Arztes ihre aufflackernde Dysenterie gut überstanden, und das war ein Glück, denn sie lag mehrere Tage hilflos herum und hatte Angst, die Kinder anzustecken. Dann setzte ein Dauerregen ein, und alles wurde noch nasser. Oft regnete es durch. Die Decke im Kinderzimmer drohte abzusakken, und die Betten mussten in «sichere» Ecken verschoben werden. Und überall tropfte und tröpfelte es in Becken und Eimer und Blechbüchsen und stank nach der aufgelösten Leimfarbe an den Wänden. Alles schimmelte, Kleider und Lampen und Notizbücher. Die Laken wurden abends vor den Küchenherd gehängt, und sowie sie trocken waren, legte man sich hinein, aber das war auch nur eine kurze Freude. Wenn Lita Gemüse vorbereitete, setzte sie sich auf die Veranda, und wenn sie dort einen Kuchenteig oder Majonäse rührte, tropfte der Schweiss von den Ellenbogen auf den ohnehin nassen Boden. Es war einfach nicht zu glauben!

In den Bergen sollten Räuber sein. Die Türen waren nicht verschliessbar. Eines Nachts kam Otto, packte alles ein, auch einen Futterkorb, und beim Schein von Kerzenstummeln verliessen sie um halb vier Uhr morgens das ungemütliche Haus. Als sie über den Berg zur Bahn zogen, funkelten noch die Sterne und ein schmaler Mond. Die Rückfahrt war ein Erlebnis! Umgestürzte Waggons versperrten die gerade erst ausgebesserten Geleise; Militärzüge hatten Vorfahrtsrecht, und sie mussten auf Seitengeleisen warten. Die Nacht wurde wegen der Moskitos und Wanzen zu einer Qual. Am Tag dann durch überschwemmtes Gebiet, denn die Chinesen hatten die Dämme aufgerissen, um die Japaner zu behindern – und sich selbst geschadet! Zerstörte Felder, umgekippte Kaoleang-Stengel, verfaulende Hirse und Baumwolle – es war ein Jammer!

Mächtiger Betrieb auf dem Golfplatz, der zu einem Flughafen geworden war. Mit Blitz und Donnergetöse fuhren sie in den Bahnhof ein. Wolkenbruchartiger Regen prasselte auf die Militärautos nieder, die über die Bahnsteige sausten! In der Bahnhofshalle ergossen sich Wasserfälle durch das beschädigte Dach. Draussen stand das Firmenauto – der Fahrer hatte seit anderthalb Tagen auf sie gewartet und erhielt von Otto fünf Dollar. Die Strassen standen unter Wasser, und zwischen Wassergardinen, die über dem Auto zusammenschlugen, erreichten sie ihr etwas höher gelegenes Haus. Aber war das ihr Haus? Sie getrauten sich kaum hinein: obwohl es (für Litas Geschmack) eine Notwohnung war, schien es jetzt ein Paradies an Sauberkeit. Der Kuli hatte zwei Büchsen Bohnerwachs in die Fussböden verarztet, und sein Gehalt wurde um zwei Dollar erhöht. Ein neuer Koch war da, eine Schlafmütze zwar, aber höflich.

Die Schule begann. Otto wurde gebeten, noch bis nach Weihnachten in Tientsin zu bleiben. Ein Foto aus der Zeit zeigt einen herrlichen Weihnachtsbaum, davor eine Krippe und ein Knusperhäuschen, beides von den Kindern gebastelt. Klaus hatte den Ruprecht gespielt, sich aber nachher schnell seines Barts entledigt – nur die schwarzen Augenbrauen wollte er nicht abputzen, da sie sein Gesicht «so gelehrt» machten.

Dann sollten sie innerhalb von zwölf Tagen in Shanghai sein – doch Otto war gerade auf seiner Mandschurei-Fahrt. Nun hiess es, er müsse allein nach Shanghai fahren – zwecks Besprechung der Lage in der Mandschurei – und was sich daraus machen lasse. Lita schwante Unheil. Nach einer weiteren Mandschurei-Reise und einem «Abstecher» nach Tokio hiess es, Shanghai sei geschäftlich tot, an eine Übersiedlung der ganzen Familie sei nicht zu denken. Lita höhnte: «Wir, ‹die kommenden Leute in Shanghai›! Hiess es nicht so? Und jetzt?» Sie hatte gerade eine Bauchfellentzündung mit einer dicken Geschwulst hinter sich und dank der Bestrahlungen bei ihrem neuen Arzt, dem guten Doktor Cohn, ging es ihr viel besser. Sie freundeten sich mit der sympathischen Arztfamilie an und verliessen sich auf seine klugen Ratschläge. Er konnte sogar Jochens Asthma heilen, das mit den einsetzenden Staubstürmen wieder ausgebrochen war. Er gab ihnen Spritzen gegen Scharlach, weigerte sich aber, ihnen auch noch Tetanusspritzen zu geben – die Kinder hatten sich beim Radfahren auf einem Platz, wo die Pferde «bewegt» wurden, die Knie aufgeschunden, und Otto unkte natürlich von Wundstarrkrampf.

Alles verlief anscheinend gut – nur ihre Zukunft war ungewiss, ein ewiges Hin und Her, oft innerhalb einer Woche, je nach dem Ergebnis von Ottos Reisen. Daher beschlossen sie, die Kinder in die Schweiz zu bringen –, aber Otto konnte sich nicht einmal einen Monat freimachen, um sie zu begleiten. Er war nun General-Manager für die Mandschurei und alle nordchinesischen Filialen – was aus seiner Familie wurde, war den Senior-Partnern egal. Kein eigenes Heim, kein Zusammenleben zu viert. Kein Poggfred in Sicht! Einer weniger geduldigen Frau als Lita hätte es längst klar sein müssen: Was konnten sie mit ihrem kleinen Einzelschicksal gegen die kriegerische Entwicklung ausrichten? Der chinesisch-japanische Krieg nahm immer grössere Ausmasse an, Peking, Shanghai und Nanking waren unter schwersten Blutopfern gefallen, die Hauptstadt wurde nach Chungking verlegt...

Otto kam Mitte Juni gerade rechtzeitig aus Japan zurück, um seine Lieben wenigstens bis nach Harbin, ja bis nach Tsitsikar zu bringen, wo sie in die Sibirische Bahn steigen konnten. Als die Lokomotive anfuhr, gemächlich wie immer, stand er allein auf dem menschenleeren Bahnsteig und blickte ihnen mit nassen Augen nach.

Frisch weht der Wind – keiner Heimat zu.

Es war die Melodie aus dem Tristan, die sich dem Räderrollen anpasste und sie durch ganz Sibirien begleitete. Einzige Erinnerung an die Reise: die finsteren Gesichter im Speisewagen. 1938 war Hitler alleiniger Befehlshaber der Wehrmacht geworden; im März hatte der Anschluss Österreichs stattgefunden; dann wurde Deutschland, um einen Krieg zu verhindern, im Münchner Abkommen das Sudetenland zugesprochen: ob die finsteren Gesichter im Speisewagen von Gerüchten oder Informationen herrührten? Bestimmt war es eine unheilschwangere Zeit, und Lita strebte, so schnell sie konnte, in die Schweiz. Davos schien ihr instinktiv das einzig Richtige zu sein. Otto und die Zukunft waren immer in ihren Gedanken.

Zuerst musste Jochen nach Hirschegg gebracht werden, weil Otto ihm durch die vegetarische Diät bei Bergengruens Gelegenheit geben wollte, vollständig zu gesunden. Klaus sollte sofort mit der Schule in Davos beginnen, aber im Internat leben, weil Lita einstweilen in einer Pension wohnte und sich «umschaute». Was sie in der Davoser Umgebung sah, war überwältigend. Nie hätte sie gedacht, dass es soviel Schönheit in der Welt gab! Sie durchstreifte Täler, stieg zu den Alpwiesen hinauf und schrieb Otto begeisterte Karten mit bunten Bergblumen oder schon Ansichten vom Ort, um Otto herzulocken. An den Sonntagen wanderte sie mit Klaus umher, aber er machte einen unglücklichen, verschlossenen Eindruck. Das Internat war bestimmt nicht für ihn geeignet. Anfangs stellte er sich ungeschickt an und brach beim Fussballspiel den Fuss und bald darauf den Arm. Es gab eine komplizierte Operation, und noch halb betäubt murmelte er ihr zu: «Ach, liebste, beste Münne, mir geht's ja so drekkig!» Das fand Lita auch – zu ihrem Ärger stand sein Bett zwischen denen von zwei Patienten, die beide im Sterben lagen.

Eines Tages sagte der Inhaber der Pension Collina zu ihr: «Man schämt sich, ein Deutscher zu sein!» und erzählte von der Kristallnacht und den Greueltaten der Nazis. Um so mehr festigte sich in Lita der Wunsch, in der Schweiz – und aus Gesundheitsrücksichten in Davos zu bleiben. Der Kuraufenthalt war ihnen ja freundlichst bewilligt worden. Klaus wurde kräftiger und war bald ein sehr guter Skiläufer. Wenn Lita allein war, arbeitete sie an ihrem Bericht über die in China gesammelten Pflanzen, oder sie las in Büchern, die ihr eine Holländerin, auch ein Pensionsgast, empfohlen hatte. Da schien sich ein Ausweg für Litas seelische Verfassung zu bieten. Sie suchte.

Die Einstellung ihres pessimistischen Lebensgefährten, dass nach dem Tode und mit dem Tode alles «aus» sei, dass er den Leib wie die Seele vernichte, hatte sie nie überzeugt. Der chinesische Buddhismus hatte ihr nur bis zu einem gewissen Grade zugesagt. Sie war zu diesseitsgläubig. Nun las sie zum erstenmal vom Sufismus und von den persischen Mystikern, teils englisch, teils in holländischer Sprache, die sie wegen ihrer Kenntnis des Plattdeutschen ziemlich leicht verstehen konnte. Als sie von der Leiterin des Sufi-Zentrums in Zürich, Fräulein R. B., zur Übersetzung von Aphorismen ins Deutsche aufgefordert wurde, versuchte sie sich sehr gern daran, ohne im geringsten ein Entgelt zu verlangen. Es machte ihr Spass, war aber nicht ganz leicht, da ihr einige englische Formulierungen nicht gefielen. Überhaupt behagte ihr dieser moderne Sufismus nicht restlos, und sie vertiefte sich lieber in die Dichtungen der islamischen Mystiker, die Goethe zu seinem Westöstlichen Diwan angeregt hatten.

Von ihrem einsam in Mukden hausenden Mann kam die Freudenbotschaft, dass er Weihnachten 1938 für zwei kurze Monate nach Europa komme und Jochen abholen und mitbringen wolle. Sofort begannen Lita und Klaus Pläne zu schmieden. Für die Feiertage nahmen sie wegen Platzmangels im überfüllten «Collina» zwei Zimmer in einem Hotel und bereiteten alles für das Weihnachtsfest vor. Am 24. Dezember traf Otto nach einer eisigen, schneeverwehten Sibirienreise und kurzen Abstechern zu den zwei Grossmüttern in Davos ein – und mit ihm erschien Jochen, sichtlich gesund, in die Höhe geschossen und mit tieferer Stimme. Klaus winkte vor Freude mit beiden Armen!

Endlich, nach so langer Trennung, waren sie alle Vier beisammen, beschenkten einander unter ihrem Weihnachtsbaum und machten Schneespaziergänge in der reinen Winterluft. Nach einer Woche musste Otto nach Hamburg fahren, aber der Anlass schien so erfreulich, dass er Lita wie ein Wunder vorkam: Otto wurde gebeten, im Hamburger Stammhaus zu arbeiten, statt nach Mukden zurückzukehren. Das bedeutete vielleicht eine Verwirklichung ihrer Poggfred-Träume! Nachdem Lita ihren Jochen in der Birklehof-Schule im Schwarzwald abgeliefert hatte, wo er auf Ottos Wunsch eine Zeitlang bleiben sollte, fuhr sie nach Hamburg. Über die Schule konnte sie Otto nur Gutes berichten.

Hamburg kam ihr wie ein Hexenkessel vor. Für die kommenden Monate fand sie für Otto eine Pension, in der er Klavier spielen durfte, besuchte mit ihm Konzerte, die ihn oft traurig stimmten, weil sich sein Gehör verschlechterte, und begab sich auf die Häusersuche, aber Otto kam zu keinem Entschluss. Was er von Freunden hörte, die, wie er selbst, nicht Parteigenossen waren, beunruhigte ihn.

Als der Diktator eines Tages, im offenen Wagen stehend, mit finsterer Miene langsam durch die Strassen fuhr, hatte er das Gesicht starr geradeaus gerichtet, als fürchte er, hasserfüllten Blicken zu begegnen. Doch die Leute jubelten ihm zu. Sie sahen nur die eine Seite: dass die Ordnung wiederhergestellt, das Chaos überwunden und Deutschland die stärkste Militärmacht Europas war. Den Druck, die Vergewaltigung, die Bespitzelung im Privatleben – das alles sahen sie nicht – oder durften es nicht sehen.

Allmählich wurde es Frühling, und Otto und Lita machten Ausflüge in die Lüneburger Heide, in die Holsteinische Schweiz (wo sie sich in Malente bereits eine Pension für die Sommerferien sicherten) und eine Maifahrt ins «Alte Land»: der erhöhte Deich wurde von tief unter ihnen wachsenden Kirschbäumen begleitet, so dass sie buchstäblich durch den weissen Blust der Baumkronen wanderten. Das wundersame Erlebnis wurde am Abend zerstört, als Otto ihr auseinandersetzte, die Kinder müssten auch in den Ferien getrennt bleiben. Niedergeschlagen fuhr sie mit ihm nach Berlin. Er hatte Besprechungen, und sie traf unterdessen ihren alten Freund Fridel, der mit einer Tochter des Theologen B. verheiratet war und einen resignierten Eindruck machte – genau wie Otto, als er nach einem Gespräch mit Admiral X. zu Lita zurückkehrte.

Zum Geburtstag der beiden Jungens liess sie Otto

traurig in Hamburg allein. Jochen erwartete sie schon in Hinterzarten, stolz, dass er Anwartschaft auf einen Schulanzug hatte. Noch sehnsüchtiger wurde sie in Davos von Klaus erwartet, denn der einzige Lehrer, der ihn in dem herzlosen Schulbetrieb verstanden hatte, war ausgeschieden. Sonntags erschien Klaus pünktlich in Litas Pension und entdeckte mit ihr den Bergfrühling, das blaue Enzianwunder.

Dass sie die Grossen Ferien getrennt verleben sollten, erschien Lita grundfalsch: ihr einziger Trost war es, dass Jochen sich im kameradschaftlichen Schulheim Birklehof so wohl fühlte und dass sie ihn gut aufgehoben wusste. Mit Klaus allein fuhr sie über Erfurt und Hamburg nach Malente. Von ihrem Turmzimmer hatten sie einen unbeschreiblich schönen Blick über die Seen und Wälder. Wenn Otto für das Wochenende aus Hamburg kam, stellte er regelmässig fest, dass Klaus durch das tägliche Schwimmen, Rudern und Wandern kräftig und froh wurde und sich sichtlich verändert hatte (‹dank mir›, dachte Lita, aber sie schwieg). Sonntagabends brachten sie den Vater dann meistens atemlos an die Bahn: oft musste er ohne Fahrkarte durch die Sperre hasten, getreu seinem Motto: «Veel to fröh!», was Lita an grausige Erlebnisse auf den Bahnsteigen Mailands, Frankfurts oder Berlins erinnerte. Er wollte sie belehren – aber es glückte ihm selten. Auch in Hamburg gelang es ihm nicht, sie im Geschäftshaus zu einer «Rundreise» in dem entsetzlichen Paternoster-Aufzug zu bewegen – für Klaus war es natürlich ein tolles Vergnügen. Es war sein letzter Ferientag – dann fuhr Lita (nach einem erbitterten Streit mit ihrem Mann wegen des Davoser Internats) mit Klaus im Schlafwagen bis Lindau durch, wo sie das Alpinum Sündermann «studieren» konnte und danach mit ihm den Aussichtsturm bestieg. Dort oben tauschten sie Abschiedsgeschenke aus, und er bettelte und flehte wieder, sie solle ihn nicht ins Internat zurückschicken. Glücklicherweise bekam er einen netteren Stubenkameraden.

Nachdem Lita sich nochmals mit dem Direktor, dem Schularzt und der Aufsichtsdame unterhalten hatte, musste sie zum Birklehof fahren und Jochen abholen. Die Schlussfeier der Schule – mit Theateraufführungen, Musik und Spass – bewies ihr wieder, dass es zweierlei Schulheime geben kann. In Frankfurt besahen sie sich das Goethehaus und den Palmengarten mit den tropenheissen Gewächshäusern; dann im Schlafwagen nach Hamburg und weiter, über Kiel, nach Malente. Die Kieler Grossmutter war mitgekommen, und Lita gelang es, sie mit Ottos Zukunftsideen zu schockieren: jeder Junge in einem andern Internat, und Otto und Lita ohne festen Wohnsitz in einem Wohnwagen durch die Welt ziehend! Aber das war ja nur eine groteske Ausgeburt seiner Verzweiflung ob der ungewissen Lage.

Jedesmal, wenn er über Wochenende zu Lita und Jochen nach Malente kam, berichtete er von den Artikeln in ausländischen Zeitungen und von Befürchtungen in Berlin, Essen und Magdeburg, wohin ihn seine kurzen Geschäftsreisen führten. Doch die Waldwanderungen und die langen Ruderpartien konnten ihn vorübergehend ablenken, bis sie eines Tages, an dem Jochen fünfundvierzig Minuten geschwommen hatte und müde nach Hause gekommen war, unter sich auf dem Balkon eine Stimme hörten: «Ja, ja, jetzt geht's los. Hast du auch mein Ordensband eingepackt, Grete?» – Alle Männer wurden eingezogen, die Hotels mussten geräumt werden. Otto telefonierte mit Hamburg: die Zahl der Züge würde ab Sonntag eingeschränkt. In grosser

Hetze wurde gepackt, und als sie in Ottos Pension eintrafen, herrschte dort optimistische Stimmung: es werde schon verhandelt. Aber am ersten September wurde Polen überfallen, und am dritten September folgten die Kriegserklärungen Englands und Frankreichs. Der erste nächtliche Fliegeralarm. Trennung von Otto! «Die Kinder müssen ein Zuhause haben!» erklärte Lita.

Auf Umwegen erreichten Lita und Jochen das schöne Donautal mit dem Kloster Beuron: dorthin war Jochens Schule verlegt worden, denn der Birklehof war ja von fünf Bunkern umgeben. Jochen war sehr zufrieden über seinen grossen Pilgersaal. In der halb erhellten Klosterkirche ergreifender Gesang der Benediktinermönche. Trennung von Jochen! Fahrt im Stockdunkeln nach Tübingen ins Tropenhospital, wo Lita zwei Wochen lang untersucht und behandelt wurde. Im Stockdunkeln nach Friedrichshafen – und nach Davos, wo keine Verdunkelung war! Doch zum Aufatmen blieb ihr weder Zeit noch Stimmung: keine Nachrichten von Otto, dann sehr widersprüchliche Briefe und schliesslich sinnlose Gespräche mit dem Filialleiter der Bank und überstürzter Aufbruch – zurück nach Hamburg! Trennung von Klaus, weil sie das Gefühl hatte, Otto brauche sie!

Ihre Ahnung hatte sie nicht getäuscht, er hatte eine gefährliche Furunkulose und schwebte tagelang in Lebensgefahr. Erst nach zehn Tagen durfte er wieder ins Geschäft gehen, wo inzwischen ein Kollege innerhalb von zwei Tagen an derselben Sache gestorben war. Der Arzt prüfte auch Ottos Hals und Ohren und empfahl ihm dringend, ein trockenes Hochgebirgsklima aufzusuchen. Man wollte ihn nicht gehen lassen, erst zu Weihnachten bekam er Urlaub – und Lita dachte bei sich: dann werden wir schon weitersehen! Jochen wurde abgeholt, wollte aber nach dem Fest unbedingt wieder in seine Schule zurück. Lita liess ihn gehen, obwohl er so hager wie der Prince of Wales aussah. Doch ihren Mann liess sie nicht gehen. Sie wohnten zu dritt im Collina (auch Klaus behielt sie bei sich), und dann mietete sie eine Wohnung, weil Otto in der Pension den Lärm des Tellerklapperns und des Radios und das Quietschen der ausgetrockneten Parkettböden nicht ertragen konnte.

Eine putzige Bleibe hatten sie jetzt: aussen echt Schweizer Chalet, aber mit Türmchen, innen Wände aus Arvenholz, und die Decken in schönstem Jugendstil mit Putten, Rosenranken und Liebesgöttern auf himmelblauem Untergrund bemalt. Die Küche war im Keller, ein Speisenaufzug wackelte ins Esszimmer hinauf. Lita kochte – nicht so dilettantisch wie in Petaiho, sondern mit Kochbüchern und täglichen Eintragungen in ein Heft, weil sie den Ehrgeiz hatte, sich sechs Wochen lang nicht mit dem Speisezettel zu wiederholen. Otto bestätigte, alles sei primissima und sie sei plus-quam-perfekt. Klaus bekam grosse Lust, auch zu kochen, und spielte sich als *Chef de Cuisine* auf, wandte aber dann sein Interesse «der allgemeinen Chemie» zu, weil man mit dem chemischen Experimentierkasten mehr ausprobieren könne.

Während der Krieg sich immer weiter ausdehnte und Hitlers Heere immer mehr Länder besetzten, beobachteten sie von ihrer Friedensinsel aus mit zunehmendem Grauen eine Entwicklung, die kein gutes Ende nehmen konnte. Abends lasen sie, um sich abzulenken, in Büchern, die sie beide liebten, vor allem Stifter: ob sie jemals zum Dreisesselstein kommen würden? Tagsüber warteten sie auf das erste Davoser Frühlingszeichen, das Rieseln und Tropfen der Dachrinnen. Lita machte, in Wolldecken gewikkelt, Liegekur auf dem noch immer verschneiten Balkon, oder sie besuchte ihre älteste Davoser Freundin, Elisabeth Peters, «Petersilie» genannt, eine Enkelin des Gründers von Davos als Lungenkurort. Otto litt unter dem Föhn, spielte Klavier oder stapfte mit Lita durch den Sulzschnee. Eines Tages erschien Jochen; bei heftigstem Schneegestöber kam er höchst selbständig angereist – und blieb! Die Jungens durften sich ihren ungarischen Freund Josi einladen, der in Zürich das Gymnasium besuchte und froh war, dass er noch um Ostern mit ihnen skifahren konnte. Trotz des Föhns wurde Otto bei allen Ausflügen mitgeschleppt, und allmählich erholte er sich und hatte Freude an der herrlichen Natur. Sie kraxelten auch ohne Weg und Steg herum, kochten ab und «schafften» jede Alp und das Seehorn und den Wannengrat, die alte Zügenstrasse und als Krönung den Alteingrat. Es war der schönste Sommer in Litas Leben – und der letzte schöne. Bald sollte alles anders werden.

Weil Otto aus Gesundheitsgründen vorläufig in Davos bleiben musste, nahmen sie eine grössere Wohnung mit Blick über das ganze Davoser Tal bis zur Tinzenhorn-Kette. Die Jungens hatten jeder sein Hobby, Klaus experimentierte im «Orkus» und erzeugte «Blitze», Jochen arbeitete an seinem Herbarium, das ihm die «Petersilie» noch durch ein Herbarium ihrer Mutter erweitert hatte. Beide musizierten, und zu Weihnachten überraschten sie ihre Eltern mit einer Feier, die zehn Programmpunkte aufwies (einschliesslich Bescherung und Essen!) Doch Ottos Miene verfinsterte sich immer mehr.

Weil er so unbeschäftigt war, befasste er sich zu sehr mit seinen Söhnen, die mit fünfzehn Jahren konfirmiert und allmählich etwas aufsässig wurden. Es kam wieder zu Zusammenstössen und Beschwerden – wie damals in Triberg. Lita versuchte, ihren Mann zu beschwichtigen, aber es nützte gar nichts, er wollte Musterknaben haben, und die Jungens wurden frech. Trotzdem machten sie schöne Ausflüge, auch mit Litas Mutter, dem Altchen, die zu Besuch kam und fand, Otto sei starrköpfig. Er litt – wie sie alle – unter den schlechten Nachrichten.

Otto war für einen Ortswechsel und mietete ein Haus am Lago Maggiore, in San Nazarro. Hinter Ottos Zimmer rollten nachts die Kohlenzüge nach Italien, neben Litas Zimmer brauste ein stürmischer Wildbach zutal. Das Haus war verdreckt, in der Glasveranda hausten Hornissen, und mit den Lebensmitteleinkäufen war es anfangs nicht einfach. Doch da sie stets sehr freundlich mit den Ladenbesitzern sprachen (mangels italienischer Sprachkenntnisse probierten sie es lachend auf Chinesisch!) und sich auf vegetarische Ernährung umstellten, wurde es besser, und Lita verlor ihren chronischen Schnupfen, der sie seit zwanzig Jahren gequält hatte. Die Jungens machten sich natürlich selbständig und ruderten auch bei ungünstigem Wetter nach Ascona, um die Inseln herum und an die Maggia-Mündung – mit und ohne Erlaubnis. Dann wurde es endlich sehr schön.

In der Zeitung lasen sie vom Tod Dr. Noltes, Herzschlag am Schreibtisch, Otto hatte ihm in Hamburg im Büro monatelang gegenüber gesessen, und in Tientsin war er viele Wochen ihr fröhlicher Hausgast gewesen. Es erschütterte Lita weit mehr als eine andre Nachricht, die sieben Jahre später eintreffen sollte: dass sich der Senior-Partner von Carlowitz in Shanghai vergiftet hatte.

Grössere Ausflüge nach Locarno und Lugano, nach Ronco und San Abbondio endeten wegen der grossen Hitze meistens mit Erschöpfung, so dass sie alle Vier froh waren, als sie in die Davoser Bergluft zurückkehren konnten. Auch für ihre Gesundheit war es besser, obwohl sich die Jungens sogleich eine Radtour ins Engadin vornahmen, ohne Pyjama, Seife und Zahnbürste. Otto erfuhr es erst hinterher, als sie sich in der Badewanne an heisser Suppe labten.

Das Jahr endete schlimmer, als es begonnen hatte. Ottos Depressionen hingen nicht nur mit dem Föhn und nicht nur mit den Kindern zusammen, deren ungestüme Wildheit er wegen seiner überempfindlichen Gehörsnerven nicht ertragen konnte, sondern auch mit den Kriegsereignissen und ihrer ungewissen Lage. Er machte sich nun dauernd Sorgen um die fernere und die nähere Zukunft seiner Lieben. Lita schlug vor, die finanzielle Seite zu erleichtern, indem sie in eine billigere, leere Wohnung zögen und sich Möbel kauften, ein Problem, das eine Reise Ottos nach Zürich bedingte, wo er mit einem Möbelfabrikanten sprach, der ihnen *eventuell* Möbel nach ihrem Geschmack anfertigen sollte: Möbel, die sich nicht vordrängten, von einfachen Formen, etwa wie die der Deutschen Werkstätten. Er reiste weiter nach Lausanne und Genf, um sich dort umzusehen. Als Möglichkeit für eine fernere Zukunft sagte es ihm nicht zu. Er war zu sehr mit China verbunden. Nach seiner Rückkehr neuer Ärger wegen der Jungens, denen er erst einmal in einem Brief seine Meinung auseinandersetzte, dann kam es zu einem allgemeinen Zusammenprall, und danach waren sie alle Vier «fröhlich mit Distanz», wie Lita feststellte – und das schmerzte furchtbar.

Die Atmosphäre in Davos war wegen der Nazis höchst unerfreulich: sie wussten, dass sie bespitzelt wurden und dass man unter ihrem Fenster lauschte, welche Sender sie einstellten. Auf der Strasse unterhielten sich Lita und ihr Mann lieber Chinesisch. Im Konsulat war Otto als Nicht-Parteigenosse natürlich nicht gut angeschrieben, konnte aber drängende Aufforderungen stets mit dem Hinweis auf seine unsichere Position und sein Umherreisen ablehnen.

Lita gab den letzten Anstoss zum Möbelkauf, und sobald sie angefertigt waren und eintrafen, zogen sie um. Dadurch war Lita stets in Anspruch genommen und verfolgte aus der Ferne Ottos ihr unbegreifliche Reisen innerhalb Deutschlands, das ihm doch verhasst war. Erst viel später sollte sie begreifen, weshalb er so oft zwischen Hamburg, Essen, Magdeburg und Kiel hin und her fuhr. Ausserdem war sie mit einer neuen Kur gegen die Amöben-Dysenterie beschäftigt, denn trotz des günstigen Hochgebirgsklimas «lebten» die Amöben hartnäckig weiter.

Als Otto zu Weihnachten 1942 ins Haus am Wiesenrain zurückkehrte, verriet er Lita nichts über den Zweck seiner Reisen, war aber offenbar so verzweifelt, dass er ihr die wahnwitzigsten Vorschläge machte, «um die Devisen zu schonen». Sie waren alle unglücklich, und schon nach Neujahr reiste er wieder ab.

Aus Essen schrieb er Lita, seine Besprechungen in Hamburg hätten ihn überzeugt, dass das Chinageschäft auf unabsehbare Zeit «tot» sei. Deshalb habe er sich, um sich selber einen Beruf und ihnen allen eine Zukunft zu sichern, der Firma Krupp zur Verfügung gestellt, mit der Carlowitz seit Jahrzehnten in Geschäftsverbindung gestanden hatte. Am 20. Januar wolle er als Krupp-Delegierter nach Sofia gehen. Lita beschwor ihn, bei ihnen in der Schweiz zu bleiben, doch da schien es einen geheimnisvollen Widerstand zu geben, den sie wegen der Briefzensur nicht herausfinden konnte. Sie versicherte ihm, dass sie durch Vermietung eines Zimmers das Haushaltsgeld aufbessern könne, dass die Söhne ihr soviel Freude machten, der vernünftige, ernste Jochen mit seinem «schwarzen» Humor und der leichtlebige, lustige Klaus, dass ihnen das Klima so gut tue und auch für ihn das Beste sei – es war vergebens. Vom Vermieten riet er dringend ab.

Ein qualvoller Briefwechsel begann. Sie mussten sich beide verschlüsselt ausdrücken, noch dazu in einem vorher nicht verabredeten Schlüssel: über Probleme, die sich auf das Vermögen und auf den Hauskauf in Kiel und Freiburg bezogen, das heisst auf «Poggfred». Dieses Poggfred! War es ein Irrlicht?

Seine Briefe aus Sofia bestanden meistens aus Sammelberichten für alle Angehörigen. Otto hatte eine schöne, hochgelegene Wohnung mit Klavier, er hörte Konzerte und machte Spaziergänge. Im Winter musste er kurz nach Essen fahren und versuchte von dort aus, nach Davos zu gelangen. Die Einreise in die Schweiz wurde abgelehnt, weil er keinen deutschen Sichtvermerk bekam, was Lita sich nicht erklären konnte. Sie schrieb ihm, dass Jochen vom Militärarzt gemustert worden war – im nächsten Jahr sollten beide Söhne den Stellungsbefehl erhalten. Das zu verhindern, war jetzt Litas grösste Sorge. Ihrem Mann riet sie, in die Türkei zu fliehen. Doch das wollte er auf keinen Fall, wie er schrieb. Er fürchtete, vom Regen in die Traufe zu geraten, denn die Türken seien deutschfeindlich. Er wohnte jetzt ausserhalb von Sofia in der Sommervilla des Krupp-Agenten, der ihn zusammen mit vierundzwanzig anderen Flüchtlingen freundlichst aufgenommen hatte. Nach drei schweren Bombardierungen war Sofia zerstört und die Treppe zu Ottos Wohnung ein gähnendes Loch. In seinen Briefen sorgte er sich weiter um die Berufswahl der Kinder, und Lita suchte seine Sorgen zu zerstreuen: Klaus hatte das Abitur bestanden und besuchte eine Handelsschule, während Jochen sich auf sein Abitur vorbereitete.

Endlich gelang Otto die Flucht aus Sofia: sieben Tage war er unterwegs, erholte sich in Erfurt bei Litas Mutter und fuhr dann nach Essen zu Krupp, «um weitere Weisungen zu erhalten» (ein Satz, der Lita rätselhaft vorkam). Auf der Fahrt zu seiner Mutter in Kiel büsste er bei einem Beschuss durch Tiefflieger seinen Mantel und sein Gepäck ein. Er selbst hatte sich gerettet, indem er blutbespritzt unter die Sitzbank seines Abteils kroch. Er müsse nun in Kiel abwarten, schrieb er; nur zweimal im Monat dürften Briefe ins Ausland verschickt werden.

Lita antwortete (und betonte es noch mit einem Telegramm), er müsse seiner Kinder wegen sofort nach Davos kommen. Seine Nachricht war unfasslich: er sei kriegsdienstverwendungsfähig geschrieben worden, doch Krupp (in seinem Falle die Germaniawerft in Kiel) habe ihn angefordert und wolle ihn als kaufmännischen Direktor nach Drontheim schicken! Wegen dieses furchtbaren Dilemmas wollte er einen kurzen Davoser Urlaub beantragen. Er versuchte alles Erdenkliche und reiste zwischen Kiel und den betreffenden Ämtern in Berlin hin und her. Ohne deutschen Sichtvermerk bekam er kein Einreisevisum von Bern. In Berlin wurde er abgewiesen, frühestens nach acht Wochen könne er wieder anfragen. Aber so lange könne er die Germaniawerft nicht warten lassen. Lita riet ihm: «Trenne dich von Krupp!» Das wollte er nicht, er müsse sich die Verbindung zu Krupp für die Zukunft in China warmhalten. Er wolle von Drontheim aus einen kurzen Urlaub für die Schweiz beantragen. Dann trat er seine Nordlandreise an. Im November 1944.

Nun begann ein Briefwechsel, der kaum als solcher bezeichnet werden konnte: Otto erhielt Litas Briefe nicht, und sie nicht die seinen. Im Dezember bestätigte er vier Briefe vom Oktober, aus denen er zu seiner Freude ersehen konnte, dass Lita beide Söhne, dank des Attests eines Schweizer Professors, vom Militärdienst «freibekommen» hatte. Er wünschte ihnen Frohe Weihnachten und bat um ein Foto, das sie schon vorher von sich aus abgeschickt hatte, das aber nie von ihm bestätigt wurde. Sie schrieb ihm wiederholt, sie wolle im April mit den Kindern «versuchsweise» für ein Sommersemester in die französische Schweiz fahren, wo sie auf Grund ihrer Zeugnisse vielleicht allmählich Arbeitserlaubnis erhalten könne, bekam aber keine Antwort. Telegraphisch bat sie zweimal um Vollmachten, weil eine Blockierung der deutschen Guthaben drohe. Die Generalvollmacht traf zu spät ein.

Anfang April hatte Jochen sein Abitur bestanden und Lita hatte ihre Wohnung für einige Monate vermietet. Das Gepäck für einen Aufenthalt in der welschen Schweiz war schon vorausgeschickt worden. Am Abend vor ihrer Abreise erhielt sie ein verstümmeltes Telegramm aus Drontheim, dem sie nur die Worte «Lungenentzündung ... versch ... ihr Gemahl ...» entnehmen konnte. Sie deutete es als «verschlimmert» –, denn anders konnte, anders wollte sie es nicht auslegen. In der Nacht nahmen die Zweifel Gestalt an: sie weinte und wollte doch nicht an Schlimmeres glauben. Die briefliche Verbindung mit ihrem Mann war schon im März abgerissen, ebenso die zu ihren Verwandten. Was tun? Sie musste doch eine Zukunft aufbauen! Ihre Kinder beratschlagten mit ihr. Dann fuhren sie nach Zürich, um sich mit Ottos Bankier auszusprechen.

Er machte ihr keine Hoffnung, verschaffte ihr aber bei der Verrechnungsstelle die Erlaubnis, monatlich Bargeld von ihrem blockierten Guthaben abzuheben. Er gab ihr drei Tausender. «Stecken Sie's in den Strumpf», riet er, «und zahlen Sie's ja nicht auf einer

Bank ein!» Die Söhne studieren zu lassen, hielt er für Unfug. «Liftboy oder Schneeschaufler in Davos – da haben Sie jederzeit Bargeld!»

Lita warf den Kopf in den Nacken und ging zu Professor H., der ihr das Attest für die Kinder gegeben hatte. Er riet ihr, ruhig ein Sommersemester in der welschen Schweiz zu versuchen. Eine Verbindung mit Deutschland oder Drontheim könne sie jetzt, Ende April 1945, bestimmt nicht erhalten – auf lange Sicht nicht, unkte er. Sie könne weiter für ihn arbeiten, dann sei auch sie beschäftigt. «Lungenentzündung?» lachte er. «Das ist bei den Nazis ein beliebtes Wort, wenn sie einen Mann beseitigt haben, der ihnen nicht genehm war!» Als er die Tür hinter ihnen geschlossen hatte, blickten die Kinder sie empört an. «Der Rohling! Für den willst du arbeiten? Lass uns bloss erst mal hier weg!»

Lita war wie betäubt. Sie fuhren über Bern, wo Lita pflichtschuldigst bei der Fremdenpolizei vorsprach, in die welsche Schweiz.

Im Unbehausten

Sie waren in Genf gelandet, Lita und ihre beiden Söhne. Oder vielmehr: gestrandet. *Heureux qui comme Ulysse ...?* Das konnte man von ihnen gewiss nicht sagen. Glücklich waren sie nicht, die drei Heimatlosen. Noch hatten sie ihre Wohnung in Davos, das ihnen so freundlich eine Art Heimat gewährt hatte, als sie im Sommer 1938, aus China kommend, dort eingetroffen waren. Nach vierzehn Jahren in China.

Und nun waren sie in Genf, um hier ein Weiterleben zu versuchen. Sie wohnten recht provisorisch in einer kleinen Pension am Ende der Route de Florissant, wo die Strasse sich im freien Feld verlor. Noch in Champel. Joseph Conrad hatte in der Nähe, am Bout du Monde, seinen berühmten Genfer Roman UNDER WESTERN EYES geschrieben. Einen Emigranten-Roman. Nur waren es russische Emigranten gewesen, deren Schicksal er schilderte.

Route de Florissant. Erbärmliche Löcher, in denen sie untergebracht waren, dunkel. Die Fenster gingen auf die düstere, hohe Tannenwand eines Parks. Kein Himmel, keine Aussicht. Es war der Annex, in dem sie diese Kammern erhalten hatten. Die Pension mit dem Esszimmer lag jenseits der Strasse. Dort war nichts frei.

Täglich gingen sie zu Fuss in die Universität. Es war ein weiter Weg, aber für die Strassenbahn gab Lita kein Geld her. Sie hatten sich alle drei immatrikulieren lassen. Klaus an der Ecole de Chimie: er hatte sich geweigert, die Dolmetscherschule zu besuchen, wo er schon brieflich angemeldet war. Chemie war seit Jahren sein Steckenpferd gewesen. Jochen, der Bücherwurm, besuchte Bibliothekarskurse und alle Vorlesungen, die dazu gehörten. Lita hatte Französisch und Pädagogik belegt. Falls sie die Arbeitserlaubnis erhielte, wollte sie ihren früheren Beruf als Lehrerin an Höheren Schulen ausüben. An Privatschulen, weil ihr das Eidgenössische Abitur fehlte. Einstweilen blieb nichts als Lernen, Lesen, Vorlesungen hören, in Kolleghefte kritzeln – aber in diesem Sommersemester ging bei ihr alles zum einen Ohr hinein und zum andern hinaus.

Auch Klaus und Jochen hatten es schwer: täglich die ungewohnte Sprache. Am achten Mai gingen sie beide in die Stadt hinunter, da wurde der Frieden gefeiert – mit Umzügen und Freudenjubel und Gesang. Sie kamen still zurück. Lita fragte nicht. Sie hatte unterdessen UNDER WESTERN EYES weitergelesen, aber selbst darauf konnte sie sich nicht konzentrieren, und doch musste es so gewesen sein: der Schauplatz hier in Genf, der Jardin des Bastions, der Blick auf den Jura, den die russischen Emigranten damals als Gefängnismauer empfanden ... Nein, das Buch konnte sie nicht genügend ablenken. Sie hoffte von Tag zu Tag auf Nachricht ...

Auch in der Dolmetscherschule hatte sie ein paar Fächer belegt, denn als sie Klaus abmelden musste (was ihr peinlich war), hatte Dr. Velleman, der liebenswürdige Direktor, lächelnd vorgeschlagen, sie könne ja statt seiner kommen. So lernte sie französische Geschäftsbriefe schreiben, fasste Werbe-Anzeigen ab – sehr witzige sogar, denn von den amerikanischen Zeitschriften her, die sie in Canton während ihrer wochenlangen Liegekur von A bis

Z gelesen hatte, war ihr die Art der amerikanischen Werbung vertraut. Aber das war wohl der einzige Spass an der Dolmetscherschule. Viele Juden studierten dort, und sie waren alle sehr freundlich zu ihr. Sie konnten gemeinsam trauern, jeder um sein kleines Einzelschicksal und jeder um die wirre, undurchschaubare Zukunft.

An der Faculté hatte Lita vierundzwanzig Stunden die Woche, auch Rechtswissenschaft bei dem berühmten Professor Bourquin, der ein so elegantes Französisch sprach, und natürlich Literatur und Pädagogik bei ebenso berühmten Professoren. Es hallte alles wie leeres Geklingel. In Canton hatte man ihr von den weissen Ameisen erzählt, die sich in einem Tisch einnisten konnten, von aussen unsichtbar – bis eines Tages, wenn man unversehens dagegen stiess, alles zusammensank und nur noch Asche blieb. So war ihr in jenen Frühlingsmonaten zumute – nach aussen hin noch recht brauchbar erscheinend, bis eines Tages ...

In den schlaflosen Nächten hörte sie die Stimme des Fremdenkommissars in Bern: «Warum denn Lausanne oder Genf? Gehen Sie nach Deutschland mit Ihren Söhnen! Ein schönes Land – ich kenne es!» Das hatte er ihr Ende April 1945 gesagt, nach einem stundenlangen Verhör über ihre Vergangenheit. Gegen soviel Sadismus konnte sie nur ihre Auflehnung setzen: sie hatte es gewagt, ohne seine Genehmigung nach Genf zu gehen, wo man ihr freundlich die Aufenthaltsbewilligung gab, sogar die Wohngenehmigung. (Zuerst hatten sie es in Lausanne versucht, wo sie zwar die Zulassung zur Universität erhielten, jedoch wegen der Wohnungsnot in einem Hotel hätten wohnen müssen.) Obwohl es gegen den Willen ihres Mannes war, plante Lita, bald gänzlich nach Genf zu übersiedeln.

Am Ende des Sommersemesters fuhren sie daher nach Davos, in ihre alte Wohnung am Wiesenrain, um dort den Umzug vorzubereiten. Das Wiedersehen mit den Zimmern, in denen Otto noch bis Januar 1943 gewohnt hatte, wirkte wie ein Schock auf Lita und die Kinder. Alles war da, Möbel und Geschirr, Bilder und Wäsche, sein Schreibtisch mit seinen Akten und den gesammelten Zeitungen – nur er war nicht da. Was lag ihr an den Sachen, dachte sie in ihrer Verzweiflung. Und doch, wie gut, dass sie eigene Möbel besassen! Was für ein Kampf war es gewesen, ihm die Zustimmung zum Kauf der Möbel abzuringen! Soviel Devisen auszugeben, wenn man nicht wusste, wie sich die Zukunft entwickeln würde? Aber es war richtig gewesen. In Genf würden sie wieder ein eigenes Zuhause haben, und ein Zimmer würde sie wieder vermieten – an das Musiker-Ehepaar, das schon zweimal bei ihnen gewohnt hatte und das je nach Saison teils in Davos, teils im Welschland engagiert war.

Aber wann kam Otto? Wo war er? Die Ungewissheit war qualvoll. An die schlimmste Möglichkeit konnten sie nicht glauben. Sie schrieb ihm abends – und am nächsten Morgen zerriss sie den Brief wieder. Denn wohin sollte sie ihn schicken? Im Sommer 1945! Sie hatte doch keine Adresse! Immer wieder, während sie packte, lief sie erwartungsvoll ans Telefon – sie hatte sich verhört. Eines Nachts, im Halbschlaf, glaubte sie, es habe an der Haustür geläutet. Sie rannte den kahlen Korridor hinab, fiel hin, schlug mit dem Hinterkopf auf den Boden – musste sich besinnen – dann taumelte sie an die Tür, lauschte in die Nacht hinaus: nichts! Nichts und niemand!

Wenn gutes Wetter war, schickte sie die Jungens an die Luft, diese prickelnde, köstlich dünne und reine Bergluft, und wenn es regnete, mussten sie sich auf das nächste Semester vorbereiten, denn mit der Sprache haperte es noch. Dann kam der letzte Abend, die Packer waren gegangen, und als Lita am nächsten Morgen erwachte, sah sie, noch im Halbschlaf, zugenagelte Kisten, sah Stroh und Papierfetzen auf dem Fussboden, sah sich selbst in einem hellblauen Pyjama, der Otto gehörte und den er seinerzeit nicht mitgenommen hatte.

In Genf wohnten sie zunächst in einer besseren Pension, bis Lita eine Wohnung gemietet hatte. Man war misstrauisch ihr gegenüber. Für eine Wohnung, die nicht teuer war und ihr gut gefiel, sollte sie ein Jahr Miete im voraus bezahlen! Sie verzog den Mund. Das üble Zwischenspiel in Bern hatte sie belehrt, dass sie nichts zu erwarten hatte, sich nur auf sich selbst verlassen konnte. Und von jetzt an sah sie nur eine Lösung: «Weitermachen!»

Sie fand eine hübsche Wohnung in Champel, auf dem Plateau, im dritten Stock. Die Fenster blickten nach drei Seiten, dementsprechend «zog» es bei Bise – aber es war auch freundlich und hell. Wenn nur nicht die Kohlenknappheit gewesen wäre! Das ganze Haus wurde nicht geheizt. Vor dem schönen Kamin stand ein Kanonenofen, für den sie eine Zuteilung an Torf bekamen, der nicht brennen wollte und rasch wieder aufgab. Ihr eigenes elektrisches Öfchen durfte sie nicht einschalten, das war verboten und wurde kontrolliert. Wenn sie von der Uni nach Hause kamen, war es eiskalt. Deshalb gewöhnte Lita es sich an, nach jedem stärkeren Wind schon früh um sechs in den nahen Park zu gehen und Tannenzapfen zu sammeln. Vor allem die hohen Weymouthskiefern lieferten eine reiche Ernte. Natürlich gab es auch Wettbewerb.

Alles schien etwas besser zu werden, als die Girardins kamen, der Geiger mit seiner Frau Susi. Selbst die «Küchen-Mitbenutzung» bot nicht den geringsten Anlass zu Verärgerung. Jeder hatte seine eigenen Sorgen. Lita bangte viel zu sehr um Nachrichten von ihrem Mann, als dass sie den furchtbaren Ausgang des Krieges in Ostasien mit voller Anteilnahme verfolgt hätte. Otto hatte ihr versprochen, die Flucht nach Schweden zu wagen – hatte er nicht immer gute Beziehungen zu diesem Land gehabt, dessen Vizekonsul er damals in Tientsin gewesen war? Und hatte er es nicht dank seines Wanderlebens vermeiden können, Parteigenosse zu werden? Oder steckte darin des Rätsels Lösung?

Im September erhielt sie einen Brief von Otto – wie furchtbar, er war am 7. Januar 1945 geschrieben worden. War zensuriert worden. Er berichtete über das hässliche Wetter, den düsteren Weg zur Arbeit – und dass ihm der deutsche Sichtvermerk für einen Urlaub in Davos verweigert worden sei. Die Schweizer Einreise-Erlaubnis habe er dankenswerterweise trotzdem direkt von Bern erhalten – aber jetzt sei es zu spät, er wolle es in einem Monat noch einmal versuchen, jetzt sei Urlaubssperre.

Im Herbst traf die erste Nachricht aus Kiel ein: eine Postkarte seines Bruders Emil, auch von Davos nachgeschickt. «Wie mir versichert wurde, hat man dir das traurige Telegramm wegen Ottos Erkrankung und Herzversagen noch rechtzeitig nach Davos senden können. Hoffentlich kann ich dir bald Näheres mitteilen.»

Es kam ihr wie der reinste Irrsinn vor: sie konnte es nicht fassen. Sie würde von Otto hören, von ihm, der ihr früher jeden Tag geschrieben hatte! Sie malte sich aus, wohin er geflohen sein könnte.

Am Heiligen Abend ging sie mit den beiden Söhnen in die Kathedrale, um eine Christmette zu hören. Aber es war eine reformierte Kirche: kein

Altar, kein Schmuck, kalt und nüchtern. Unglücklich irrten sie im Dunkeln durch schmale Strassen der Altstadt und gingen schliesslich nach Hause.

Von da an arbeitete Lita noch verbissener als vorher. Es war ein trostloser Winter. Endlich kamen gleich drei Briefe auf einmal: von Emil, vom Direktor der Werft und von einem Kollegen Ottos, der ihn zu Beginn seiner Erkrankung gesehen hatte. Es sei eine Lungenentzündung gewesen, er habe hohes Fieber gehabt und immer davon gesprochen, dass man die Milch den Kindern der Frau geben solle, bei der er wohnte. Ein gepackter Rucksack sei ihm aufgefallen. Als er ihn das nächstemal besuchen wollte, sei Otto nicht mehr dagewesen, sei abgeholt worden – ins Militärhospital. Von ihm selbst – kein Wort, kein Gruss.

«Ich glaube es nicht!» sagte Lita. «Ich glaube es nicht!» schrieb sie an Ottos Bruder Emil. Er schickte ihr die Abschrift einer Todesbescheinigung mit «telefonisch durchgegebenen Personalien» und der Unterschrift eines Marinestabsarztes.

Lita ging seltener in die Universität, wohl aber holte sie Bücher von der Bibliothek und brachte antiquarisch gekaufte Bücher nach Hause, mit denen sie wie besessen arbeitete. Es waren englische Bücher. Eines Tages erklärte sie den Kindern, sie wolle vom dritten Semester an nur Englisch belegen, Literatur, Grammatik, Phonetik, einfach alles. «Ich sattle um!» sagte sie.

«Ich auch!» erwiderte Jochen zu ihrem Erstaunen. «Ich gehe nicht länger in die Bibliothekarskurse, wo ich der einzige Student unter neunundzwanzig Mädchen bin!»

«Aber du musst doch etwas werden!» sagte Lita. «Soll das alles umsonst gewesen sein, die zwei Semester ...?»

«Mir egal», entgegnete er. «Ich will Geld verdienen! Such mir bitte eine Stelle!»

Lita schrieb in ihrer hilflosen Lage an ihre Freundin in Zürich, die gute Regina Bollmann, ob sie ihr raten könne.

Arbeitserlaubnis gäbe es nur für Mangelberufe, kam die Antwort. In ihrer Druckerei fehle ihnen jemand. Ob Herr Jochen mit so einer Tätigkeit einverstanden sei?

Er war es. Wenn Lita ihn nicht in der täglichen Umgebung ihrer Freundin gewusst hätte, wäre sie über dieses neue Unglück, die Trennung von ihrem Jochen, nicht hinweggekommen. Sie versenkte sich noch mehr in ihre Arbeit, die ihr sehr zusagte, ja, die irgendwie eine unsichtbare Verbindung zu ihrem Mann herzustellen schien, weil er in seinen Briefen die Bedeutung des Englischen für das Studium der Jungens hervorgehoben – und vom Französischen abgeraten hatte. An der Dolmetscherschule schlug man Lita vor, für das Examen *Proficiency in English* der Universität Cambridge zu arbeiten, sie könne es in Genf vorbereiten, das Examen würde in Lausanne abgenommen. Lita war sofort einverstanden.

Die netten Girardins waren inzwischen ausgezogen, und Lita hatte eine andre Untermieterin gefunden. Eines Tages läutete ein Polizist an der Wohnungstür. Lita bekam keinen kleinen Schreck. Hatte sie etwas falsch gemacht? Der elektrische Ofen war zum Glück kalt, er hätte getrost die Hand drauflegen können. «Es ist wegen Ihrer Untermieterin», begann er. «Sie haben ihr wohl gekündigt? Sie hat sich bei uns beschwert, sie dächte nicht daran, auszuziehen! Was ist denn los?» – «Man kann ihr nichts recht machen, sie schimpft über alles, poltert noch spät abends im Bad und in der Küche herum – dabei können wir nicht in Ruhe arbeiten, mein Sohn und ich. Ich darf doch vermieten?» – «Sicher, sicher. Es ist nur wegen der Wohnungsnot, sie ist alt, deshalb will sie nicht weg.» – «Der Direktor der Dolmetscherschule hat mich gebeten, zwei seiner Studentinnen bei mir aufzunehmen; junge Mädchen, die auch fleissig arbeiten müssen, passen besser in meinen Haushalt.» – «Ja, ja», nickte der Blaue verständnisvoll. «Woll'n mal sehen, ob sich was findet. Aber ich rate Ihnen: Nehmen Sie nie 'ne Alte! Die sind meist ungeniessbar. Und die da besonders!»

Alles ging glatt, zwei nette Studentinnen zogen ein, und Lita konnte ungestört für ihr Cambridge-Examen arbeiten. Die beiden jungen Mädchen wollten auch am Essen teilnehmen, und Lita war einverstanden, falls sie dementsprechend mehr bezahlten – und ihre Betten selbst machten. Sie kochte ja gern, und die übrige Haushaltsarbeit schaffte sie mühelos, vor allem, weil Klaus ihr half. Er war umsichtig und praktisch – nur von den Mädchen war er nicht begeistert. Es ärgerte ihn, dass die eine stets etwas auf dem Teller liegen liess, und nannte es heimlich *le don suisse*. Dass Lita so gut kochte, sprach sich herum, und noch mehr Studentinnen wollten bei ihr wohnen. Sie nahm noch eine auf. Klaus wurde ins Gastzimmer unter dem Dach verbannt, das ihr der Mieter eines andern Stockwerks vermietete. Die Concierge wurde immer unfreundlicher. «Der müssen Sie mal ein Trinkgeld geben», wurde Lita geraten. «Also wie in China», dachte Lita erbost, wenn die Concierge sie von jetzt an huldvoll begrüsste. «Das gekaufte Lächeln!»

Als sie in Lausanne das Examen für Cambridge bestanden hatte, geriet sie in eine so euphorische Stimmung, dass sie am liebsten gleich noch eins vorbereitet hätte, wie sie Klaus erzählte. Er hatte sie begleitet – zum erstenmal seit zwei Jahren waren sie mit der Bahn gefahren und in Lausanne und Montreux am Ufer des herrlichen Sees spazierengegangen. So war Lita etwas gestärkt und konnte es mit den Unglücksnachrichten aufnehmen, die allmählich eintrafen.

Aus lauter Vorsicht hatte Otto seinerzeit das Vermögen «risikolos» (wie er meinte) und so vielseitig verteilt, dass Lita jetzt mit den Trümmern fertigwerden musste. Holländische Papiere vom Kriegsministerium beschlagnahmt, finnische Papiere (er war ja mal finnischer Konsul gewesen) einfach enteignet, die Reichsmark nach der Umwandlung zu Wasser geworden, und die beiden Häuser hatten Bombenschäden, die mangels Material noch nicht repariert werden konnten. Letztere Nachricht stammte von Ottos Bruder aus Kiel, denn dort hatte Otto vor Jahren ein Mietshaus erworben – als sichere Einnahmequelle. Trauriger als alles: Emil fragte, ob er sich Ottos Sachen umarbeiten lassen dürfe, die Otto damals nicht mitgenommen habe. Es sei schwer, Kleidung zu beschaffen, und die Sachen, die Otto in Drontheim hatte, seien als verloren gemeldet worden: Anzüge, Bücher, Noten, mit einem Schiff an Emils Adresse geschickt; das Schiff sei «gesunken». Ende April 45 – es war immerhin möglich. – Er hatte Ottos Testament beigelegt...

‹Seine Noten›, dachte Lita. ‹Seine Uhr – die Omega, die er zur Einsegnung von seinem Vater bekommen, die Tsingtau und die japanische Gefangenschaft überdauert hatte – einfach weg!› Weinend riss sie das Mittelfach seines Schreibtischs auf. Tief hinten hatte sie eine goldene Pralinéschachtel ausser Sichtweite gelegt (die Kinder hatten sie vor langer Zeit für ein Geschenk mit silbernen Sternen beklebt). Sie nahm sie hervor, konnte sie aber nicht öffnen. ‹Was nützt das alles?› dachte sie. ‹Ich muss weitermachen!› Sie wusste ja, was darin lag: ein Brillen-Etui, das er später nicht mehr benutzt hatte. Aber in China hatte sie es oft in der Hand gehalten, wenn er sich umzog (damals war es von seinem Körper noch warm gewesen), bis er es wieder einsteckte und sie ausgingen. Ausserdem lagen seine Orden in dem Kästchen –, aber die sagten ihr nichts. ‹Kriege!› dachte sie erbittert. Sie schob das Kästchen hinter all den Papierkram des Schubfachs. Papierkram, mit dem sie sich befassen musste, den sie verstehen sollte.

Sie wollte wieder ein Ziel haben, eine feste Arbeit, und bat den Anglisten der Fakultät, ihr eine Doktorarbeit vorzuschlagen. «Was wollen Sie mit einem Doktortitel – in Ihrem Alter?» witzelte er. Sicher wollte er geistreich sein. Professor B., bei dem sie Spitteler hörte, hatte ihr nicht geglaubt, dass sie den Ersten Weltkrieg miterlebt hatte. Und der liebe, alte Velleman machte ihr oft Komplimente. «Eine Arbeit!» beharrte Lita. «Eine wertvolle Arbeit!» Er sah sie kritisch an: «Haben Sie schon mal etwas übersetzt?» Lita wich aus, denn sie wollte nichts von den beiden Bändchen mit Sufi-Aphorismen erwähnen, die sie für Regina Bollmann übersetzt hatte: «Eigentlich nicht! Warum?» – «Sie könnten mir vielleicht bei meiner Keats-Übersetzung helfen. Ich soll einen Band Prosa und Gedichte von Keats ins Deutsche übertragen, und bei den ersten drei Briefen bin ich gleich steckengeblieben. Ich fand es nicht gut, was ich übersetzt hatte, und liess die Arbeit einfach liegen. Wollen Sie die Briefe mal ansehen?»

Er brachte ihr die drei von ihm übersetzten Briefe und den Originaltext in die nächste Vorlesung mit, und zu Hause betrachtete sie die Sache. Sie fand die Übersetzung nicht gut, das Deutsch war unnatürlich steif – und das im Brief eines Dichters! Sie legte seine drei Versuche beiseite und fertigte eine eigene Übersetzung an, die sie ihm dann gab. Er staunte, ja, er war hocherfreut. «Sie müssen unbedingt mit mir zusammenarbeiten!»

«Ich weiss nicht genug über Keats», wehrte sie sich. «Das ist nicht nötig – auf den Ton kommt es an, und den haben Sie glänzend getroffen.»

Schliesslich endete es damit, dass sie sich für das Leben und Werk dieses grössten englischen Poeten immer mehr begeisterte und mit der Übertragung der Briefe begann. Weil sie nicht viel Zeit hatte, kam sie einmal die Woche mit ihrem Professor zusammen, sie las ihm vor, was sie jeweils gearbeitet hatte, er gab seine Meinung ab, und so rückte die Arbeit langsam, sehr langsam voran. Denn sie hatte ja ihre Kollegs an der Uni, ihre Stunden an der Dolmetscherschule, den Haushalt – und noch eine andre Arbeit.

Als er eines Tages früher als sonst kam und begierig auf ihren Schreibtisch blickte, rief er: «Was ist denn das? Das ist doch nicht Keats! Diese greulichen Missgeburten?»

«Ich mache Auszüge aus medizinischen Fachzeitschriften», erklärte sie. «Unentgeltlich. Für einen Arzt, dem ich unendlich viel zu verdanken habe, denn er hat es mittels eines Attests fertiggebracht, dass meine Jungens nicht in den Krieg mussten. Sie waren beide für Herbst 44 aufgeboten. Natürlich sind die Kinder völlig gesund, deshalb weigerte sich unser Davoser Hausarzt, das erforderliche Attest auszustellen. ‹Heute nehmen sie auch die Lahmen und die Blinden!› hatte er sich gewehrt. Ich glaube, er hatte Angst vor dem deutschen Militärarzt, der sich in Davos eingenistet hatte. Deshalb fuhr ich nach Zürich, hörte von diesem Vererbungsforscher, erzählte ihm von meinen Zwillingen – ein besonders interessantes Kapitel für sein Gebiet –, und da er die Nazis verabscheute, war er noch so gern bereit, mir zu helfen. Aber mit was für Ängsten ging ich dann mit dem Attest zum Militärarzt in Davos! Irgend etwas bestimmte ihn, mich anzuhören (was es war, erfuhr ich sehr viel später), und dann schrieb er beide Jungen frei!»

Lita sah ihren Englisch-Professor triumphierend an. «Und das war im Herbst 1944?» sagte Professor H. W. H. «Da wird einem deutschen Militärarzt wohl schon selber etwas mulmig zumute gewesen sein. Und seitdem machen Sie diese Auszüge? Ich versteh's ja, aber der Keats geht doch vor, finde ich!»

Die Übersetzung der Briefe (es war ohnehin nur eine Auswahl) wurde schliesslich zur gegenseitigen Zufriedenheit beendet, und Lita hatte Lust, sich an den Gedichten zu versuchen, denn die angeblich «fertigen» erschienen ihr zu sentimental. Sie begann gleich mit den Oden und Sonetten, die eine besonders strenge Formulierung verlangten. Einmal deutete sie sogar eine ganze Zeile anders als der Professor und liess sich nicht von ihrer Ansicht abbringen. «Das wollen wir Middleton Murry vorlegen», wurde entschieden. Murry war *der* grosse Keats-Forscher und wurde in Genf erwartet, wo er auf Einladung des *British Council* einen Vortrag halten sollte.

Während der langen Zeitspanne der Keats-Übertragung hatte sich natürlich mancherlei Wichtigeres in Litas Alltagsleben ereignet: sosehr sie Keats liebte, sie und ihre Kinder brauchten Geld, und eine Arbeitserlaubnis besass sie nicht. Plötzlich wurde sie von Professor Velleman als Lehrerin für entlassene amerikanische Soldaten vorgeschlagen, die an der Dolmetscherschule auf Kosten der USA studierten – und das von den USA spendierte Honorar durfte Lita annehmen. Übrigens war es sauer verdientes Geld: die jungen Männer legten die Füsse auf die Pulte und stellten dumme Fragen, und nur die auch vorhandenen jungen Damen söhnten etwas durch ihren erfreulichen Anblick aus, denn sie sassen in der vordersten Reihe, in teure Angora-Pullis gekleidet, rosa, hellblau, lila, weiss, gelb und blassgrün, wie lauter Ostereier, und jede mit einer Perlenreihe um den Hals, zweireihig, wie es damals die Mode gebot: sie nahmen alles sehr ernst, sogar den Unterricht.

Das Honorar ermöglichte es Lita, eine grössere Wohnung zu mieten, denn die kleine Wohnung am Plateau de Champel platzte allmählich aus den Nähten, weil noch mehr Studentinnen bei ihr wohnen wollten. Lita musste bereits im Esszimmer auf einem Sofa nächtigen, das so kurz war, dass sie für ihren müden Kopf nur auf einem Regal des dahinterstehenden Bücherbords ein Plätzchen fand. Das wurde nun in der Rue de Beaumont anders. Drei schöne Zimmer des Hochparterres blickten auf den Park mit der alten Libanonzeder, die andern Zimmer waren kleiner, aber auch sehr brauchbar, und gegessen wurde an dem ovalen Tisch in der Halle, wo an der Wand, Litas Platz genau gegenüber, ein Bild hing, das sie schon in Mukden besessen hatte. Es hiess «Geschlagen» und stellte eine Gruppe von Deutschordensrittern dar, die auf müden Gäulen durch den Winterwald zogen, ein geschlagenes Heer. Merkwürdigerweise machte ihr das Bild immer wieder Mut, wenn ihr alles zu schwer wurde – wie etwa beim Erscheinen der Zöllner.

Ihre Schwester Dicki, die zwölf Jahre länger als Lita in China geblieben war, hatte sich bei ihrem Wegzug aus Tientsin um Litas noch immer dort eingelagerte Sachen gekümmert und sie auf verschiedene befreundete Familien zur treuen Aufbewahrung verteilt. Als es dann möglich wurde, die Sachen nach Europa kommen zu lassen, waren sie auf Irrwegen (man denke: über Addis Abeba!) nach Genf gekommen. Selbstverständlich nicht alles – vielleicht die Hälfte –, denn über Tientsin waren ja auch verschiedene «Wellen» hinweggebraust. Jeder hatte sich ein wenig stibitzt: Russen, Chinesen, Amerikaner – wer weiss? Klaus und Lita packten die Kisten mit gespannter Begeisterung aus. Da kam ein Sahnetöpfchen aus dem Mokkaservice zum Vorschein, vom Essgeschirr waren sogar vier Teller und eine Schüssel vorhanden, die Bestecke vollzählig, aber eine silberne Teekanne nebst Zubehör fehlte, jedenfalls war es ein grosser Spass. Die Hauptsache waren die Teppiche! Die waren alle echt und handgeknüpft und machten die Wohnung sehr elegant, das fanden auch die Studentinnen, und die mussten es ja wissen, da sie aus reichen ausländischen Familien stammten.

Und dann erschienen eines Tages die beiden Zöllner. «Sie haben hier die folgenden Sachen eingeführt...» Lange Liste! «Stimmt», sagte Lita, «alles gebraucht und mein Eigentum.» – «Aber Sie benutzen es nicht zum Privatgebrauch!» ???? «Sie ziehen Nutzen daraus!» ???? «Sie haben doch hier Studentinnen bei sich, in deren Zimmern die Teppiche liegen?» ???? «Und die Studentinnen zahlen doch ein Pensionsgeld an Sie?» ???? «Das ist gewerbsmässige Einnahme, und dafür müssen Sie Zoll zahlen.»

Lita musste auf einer langen Liste den Wert der «Ware» angeben, und dann musste sie Zoll zahlen. Und wie!

Immerhin, die Wohnung war jetzt schön, und sie konnte auch öfters Bekannte einladen: das machte den Studentinnen besonderen Spass. Middleton Murry kam mit Frau (seiner vierten – die erste war bekanntlich Katherine Mansfield gewesen), und nach dem Essen zog man sich in Litas Arbeitszimmer zurück, wo die Keats-Übersetzer fast aneinandergerieten und Murry, der grosse Keats-Forscher, Litas

Standpunkt teilte. Sie war stolz, konnte jedoch nicht täglich an ihrer Übersetzung weiterarbeiten.

Sie hatte noch andere Pflichten, nämlich den Versand von Paketen und Lebensmitteln an die Angehörigen. Sobald ihr Schwager, der aus China widerrechtlich repatriiert worden war (auch er war nicht Parteigenosse gewesen), nun in Göppingen wohnte, liess er ihr durch einen Schweizer Freund Geld zukommen, damit sie Lebensmittel und Kleider für Liebesgabenpakete einkaufte und verpackte, Listen anfertigte und regelmässig samstags auf die Post brachte. Es nahm viel Zeit in Anspruch, aber Lita war glücklich, dass sie helfen konnte.

Sodann hatte sie sich eine Arbeit ausgedacht, die polizeilich erlaubt war und ihr wenigstens ein Taschengeld einbrachte. Sie verfasste in englischer Sprache für eine Studentenzeitung kurze Artikel, die stets dasselbe Thema behandelten und viel Anklang fanden. Ein Schotte war der Herausgeber, und sie musste wie ein Luchs aufpassen, dass sie das Honorar bekam. Ihren Sohn Jochen betrog er leider um drei Monatsgehälter. Ehe Jochen nach Deutschland fuhr, um sich dort nach einem zusagenden Posten umzusehen, war er nämlich vorübergehend bei Lita in Genf gewesen und hatte ebenfalls für das Blatt gearbeitet. Zum Glück konnte er sich nachher bei einem grossen Konzern eine Lebensstellung aufbauen, nachdem er unglaubliche Schwierigkeiten bei den Behörden überwunden hatte, denn er war ja Auslandsdeutscher, in China geboren. Damit war Lita einer Sorge enthoben – doch nach ein paar Jahren wurde er nach Kanada versetzt, was Lita sehr unglücklich machte.

Sie ging noch täglich in die Universität. Die Arbeit für ihre Studentinnen wuchs ihr fast über den Kopf, denn nebenbei erteilte sie Privatunterricht an ausländische Studenten, Grammatik und Übersetzen.

Natürlich war sie dann abends todmüde, und wenn Klaus, der jetzt seine Doktor-These vorbereitete, ihr nicht im Haushalt geholfen hätte, wäre sie bald am Ende ihrer Kräfte gewesen. Immerhin gab es unter den Studentinnen sehr nette junge Mädchen, so «die weissen Mäuse», wie Klaus sie getauft hatte, zwei blonde rosige Engländerinnen mit der berühmten englischen Gesichtshaut, stets in strahlendes Weiss gekleidet; die belesene Jugoslawin Mara; die drollige Mary Abrahams, die fest überzeugt war, Lita sei aus reiner Menschenliebe um sie alle besorgt, – und dann die üblen Exemplare, die mannstolle Jeannine aus Frankreich, die anspruchsvolle Brasilianerin Rena, die sich nicht scheute, nach Rio zu telefonieren, wenn Lita abwesend war; die Amerikanerinnen, die gern Gäste zum Mittagessen mitbrachten – und wer sollte das teure Fleisch bezahlen? Denn von «Zukost» oder «Stoff», wie Klaus es nannte, hielten sie nicht viel. Am meisten Freude hatte sie an der langen Ulla aus Manila, während eine andre Deutsche, als sie nach bestandenem Dolmetscher-Examen auszog, sich mit einem tollen Knalleffekt von Lita verabschiedete: mit Gepäck und Koffer-Radio stand sie im Lift, zog das Scherengitter zu, rief: «Und ich wünsche Ihnen nur Studentinnen mit ganz lauten Radios!» und sank, die gelben Augen glitzernd, in die Tiefe.

Alle freuten sich, wenn Lita zum Abendessen Gäste eingeladen hatte, Professoren, Lehrer von der Sommerschule oder den so sehr beliebten Maler-Schriftsteller J. A. Welti, in dessen gastlichem Haus Lita öfters zum Fondue-Essen eingeladen war. Er konnte grossartig erzählen, denn hatte er nicht den Roman WENN PURITANER JUNG SIND geschrieben? Ihr Englisch-Professor H. W. H. kam weniger gern, er war nicht so für junges Gemüse, doch *wenn* er kam, brachte er Schriftsteller mit, die vom British Council zu Vorträgen auf Schweizer Tournee geschickt worden waren. Einer der ersten war, wie gesagt, John Middleton Murry, der Keats-Forscher.

Durch H. W. H. lernte Lita auch Herbert Read kennen, dessen Bücher und Gedichte sie sehr bewunderte. Er war mit einer deutschen Frau verheiratet. Sie unterhielten sich über typische Keats-Wörter, deren schwierige Übersetzung ins Deutsche ihn sehr interessierte, ganz besonders das Wort *Negative Capability*. Keats sah in diesem «negativen Können» die Gabe des Dichters, sein eigenes Selbst zu vergessen und völlig in anderen Wesen aufzugehen. So konnte Keats in seinen Briefen gar nicht genug betonen, dass der Dichter «keine Identität» habe und darum das unpoetischste aller Geschöpfe sei. Herbert Read spürte, wie begeistert Lita von Keats' Gedichten und Briefen war, und lud sie ein, ihn zu benachrichtigen, falls sie durch London käme – er wolle ihr sein INSTITUTE OF MODERN ART zeigen. Sehr viel später kam es auch dazu.

Aber einstweilen war der deutsche Keats-Band noch nicht abgeschlossen. Der Verleger, Herr Dr. Meier vom Manesse-Verlag, wünschte ein Nachwort über das Leben von John Keats; H. W. H. verfasste zwei Drittel und meinte dann zu Lita: «Schreiben Sie das letzte Drittel – auf die Liebesgeschichte mit Fanny Brawne verstehen Sie sich besser als ich.» Lita hatte nämlich stets für den armen kranken Keats Partei ergriffen und war erbost über seine Braut Fanny – sehr zu Unrecht, wie es sich viele, viele Jahre später herausstellte, als neues Material zutage kam.

Nachdem sie alles noch einmal ins Reine getippt und abgeschickt hatte, musste sie für den Anhang eine Erklärung der «Keats-Wörter» zusammenstellen, eine kurze, aber sehr inhaltsreiche Arbeit, die der Verleger ausgezeichnet fand: Lita war eben durch das Übersetzen bis ins kleinste mit «ihrem» Keats vertraut. Das Buch erschien erst 1950. Middleton Murry erhielt ein Exemplar und schrieb darüber an Lita: *«But you should have been on the title-page!»* Das fand auch Lita.

Zum Trost versprach ihr der Verleger einen neuen Auftrag, bei dem ihr Name dann natürlich allein auf der Titelseite erscheinen würde. Es handelte sich um eine Sammlung von Erzählungen irischer Autoren. Wie war er auf den Gedanken gekommen? Weil Lita im Frühling 1949 je eine irische Erzählung für die Zeitschrift DU übersetzt hatte, nämlich Frank O'Connors IN DER BAHN und Sean O'Faolains DIE FORELLE. In jenem Jahr war auch O'Faolain zu einem Vortrag nach Genf gekommen. Er schlug Lita vor, in Dublin das nötige Material für den Band – ihre erste Iren-Anthologie – zu sammeln, und versprach, ihr zu helfen. Lita war es sehr beklommen zumute, als sie am 10. September nach Irland flog. Für eine ganze Woche musste sie ihre vier Studentinnen der Obhut ihres Sohnes überlassen, und er mochte «die Goofen» nicht leiden, die sich ihrerseits beklagten, er rieche immer nach Chemie. Aber sie hatte soviel wie möglich vorbereitet.

Übrigens war es der erste Flug ihres Lebens, und sie erwartete gefasst, dass das Flugzeug verunglücken würde. Erstaunlicherweise verlief der Flug in der guten AER LINGUS mit dem grünen Glücksklee auf dem schlanken Flugzeug-Leib ganz glatt, so dass sie – kurz vor der Landung – sogar den Anblick der grünen Wiesen geniessen konnte – fortan «ihrer» grünen Insel. Sean O'Faolain hatte Wort gehalten: er holte sie ab, brachte sie in ein Hotel und führte sie dann in ein paar Antiquariate, in denen Lita die von ihm empfohlenen Bücher kaufte und nach Genf schicken liess. Nachher beschrieb er ihr sehr genau, wie sie zu seinem Haus in Killiney gelangen könne, wo er und seine Frau Eileen sie zu einem Drink erwarteten.

Lita packte aus, ass irgendein eigenartiges irisches Gemüse (sie war ja Vegetarierin) und fuhr dann vorsichtshalber bereits den ersten Teil der Strecke nach Killiney, nämlich nach Dun Laoghairy (ganz einfach Donliri auszusprechen), wo sie einen kleineren Bus bergauf hätte nehmen sollen – aber es war noch viel zu früh – «veel to fröh», wie ihr Mann immer gesagt hatte, wenn er mal wieder ein Zuspätkommen riskierte. Sie ging an den Strand, der keiner war – ein paar Felsblöcke vor dem Pier für die aus England kommenden *mail-boats* –, und suchte sich einen halbwegs trockenen Stein mit Aussicht. Es war gerade Ebbe: sie starrte traurig über den grauen Schlick, dachte an die vielen fröhlichen Reisen, die der reiselustige Otto immer mit ihr und den Kindern unternommen hatte, und kam sich so verlassen wie Iphigenie vor, musste aber über sich selber lachen. Welches Land sollte *sie* wohl «mit der Seele suchen»? Höchstens Genf und ihre Küche, in der sich Klaus hoffentlich vernünftig benahm.

Endlich war es Zeit, zum Bus hinaufzuschlendern. Er fuhr in Kehren bergauf und bot hübsche Ausblicke auf Dublin, wo schon vereinzelte Lichter aufblitzten – mit Hongkong war es allerdings nicht im entferntesten zu vergleichen. Sie fand zum grünen Gartentor und an den blühenden Fuchsienbäumchen vorbei zur Haustür, und Eileen, noch mit Küchenschürze angetan, empfing sie und stiess die Tür zu Seans Studierzimmer auf. «Elizabeth!» rief sie ins Zimmer hinein. Lita sah sich einer Anzahl irischer Herren gegenüber, die verlegen aufstanden (wie Lita später erfuhr, hatten sie gerade über Geburtenkontrolle gesprochen, ein in Irland äusserst heikles Thema!), und nur einer, ein Riese mit weisser Mähne, rief vergnügt: «Da ist ja Liz, unsere Übersetzerin!» Das war nun so übertrieben, dass alle lachten und der Bann gebrochen war. Es zeigte sich, dass Sean alle «greifbaren» irischen Erzähler zusammengetrommelt hatte. Der aber, der sie, die scheue Landfremde, so liebenswürdig begrüsst hatte, war – wer konnte es anders sein? – der Dichter Frank O'Connor, der sich so gut in andere versetzen konnte und einmal in einem Interview gesagt hatte, sein Thema sei der Mensch, etwas Besseres könne er sich nicht vorstellen. Und es stimmt, all seine Geschichten beweisen es: seine Art, die Menschen zu betrachten, ist frei von Blasiertheit oder Zynismus. Er nimmt sie hin wie ein Naturereignis, entdeckt sie und will sie nicht ändern, sondern freut sich der seltsamen und kauzigen Exemplare. Wie herzlich er Lita umarmte und sie «Liz» nannte!

Ganz anders der Hausherr! Zuerst machte er Lita mit den andern Herren bekannt (eine Dame war nicht anwesend): mit Francis Macmanus, dem Lehrer und Schriftsteller aus Kilkenny, der beim Radio Eireann angestellt ist: von seinen Romanen waren schon mehrere in deutscher Sprache in einem Schweizer Verlag in Luzern erschienen, Lita kannte sie. Sie konnte es dem stillen, feinen Mann gar nicht zutrauen, dass er mit so harter Skepsis über sein Land und Volk schrieb. Er überreichte ihr lächelnd ein Päckchen Manuskripte, noch nicht übersetzte Geschichten: sie versprach, sich ihrer anzunehmen. Und Sean lächelte ebenfalls und liess seine «Haifischzähne» und die Lachfältchen um Augen und Mundwinkel sehen.

Sean O'Faolain, hier mit dem gleichen kritischen Blick, mit dem er in Genf seine Zuhörer in der *Swiss*

British Society oder im Hörsaal der Universität gemustert hatte! Als Knabe hiess er noch John Whelan (sein Vater war britischer Polizist im Westen Irlands), bis ihn die Begeisterungswoge für die Wiederbelebung der irischen Sprache und Kultur mit fortriss und er Gälisch lernte und während der «Unruhen» nächtlicherweile in einer Redaktion Nachrichten für die Rebellen druckte und sie auf seinem Fahrrad «austrug», was sicher ebenso gefährlich war wie der Kleinkrieg in den Bergen oder das Herstellen primitiver Bomben. Als dann seine arme Heimat endlich im Besitz der schwer errungenen Freiheit war, starrte ihm wie all den jungen Idealisten die nüchterne Wirklichkeit ins Gesicht, die da hiess: krasse Selbstsucht und Pöstchenhascherei. Sein erster Erzählungsband wurde sofort auf die Schwarze Liste gesetzt und konfisziert. Auf die Untaten der irischen Zensurbehörde sollten sie an jenem Abend noch zu sprechen kommen.

Der nächste Gast, mit dem Lita bekanntgemacht wurde, war Seans derzeitiger Nachbar, Michael Farrell, der während der Unruhen in Haft sass, nach der Befreiung eine lange Odyssee durch Europa und Afrika antrat und sich schliesslich für längere Zeit in den Wicklowbergen niederliess; er arbeitete jetzt für Radio Eireann und für die von O'Faolain geleitete Zeitschrift THE BELL, ausserdem an einem Roman, der kein Ende nehmen wollte. Sein Freund Dr. Monk Gibbon, der auch anwesend war, beriet ihn bei seiner Arbeit und empfahl ein Streichen von mehreren hundert Seiten. Doch dazu hatte sich der Autor noch nicht entschliessen können.

Monk Gibbon war schon in den Fünfzigern, als Lita an jenem Abend mit ihm sprach. Er freute sich, dass sie aus der Schweiz kam, denn er hatte dort lange an Internaten unterrichtet und Reisebücher geschrieben, von denen das berühmteste, MOUNT IDA, 1948 erschienen war. Er schenkte Lita den Band – ohne allzu grosse Hoffnung, dass sie einen deutschen Verleger dafür finden könne. «Monk ist auch durch seine Gedichte bekannt geworden», sagte Sean zu Lita und führte sie weiter – zu Lennox Robinson, einem der Direktoren des Abbey-Theaters. Er versprach Lita, ihr das Theater zu zeigen, da es Gemälde bedeutender Iren barg, vor allem das Bildnis von William Butler Yeats, wie er in die Abendkasse lugt. Yeats war ihr natürlich längst bekannt – an der Genfer Uni hatte sie sich eingehend mit seinem Werk beschäftigt.

Dann musste sich Sean O'Faolain wieder um die Getränke kümmern, denn Eileen kam in das schon etwas verräucherte Zimmer und bot Sandwiches an. Unterdessen wurde Lita von Frank O'Connor zu dem schwarzhaarigen, glutäugigen Bryan MacMahon geführt, der speziell für diesen Abend von der Westküste hergekommen war, um Lita einen Band seiner Erzählungen zu überreichen. Er war Lehrer in der Grafschaft Limerick und sprach nicht nur Gälisch, sondern auch die Sprache der Zigeuner (mit deren Problemen er sich aufopfernd beschäftigte) wie seine Muttersprache.

Wenn Lita an den schönen Abend zurückdachte, meinte sie, es wären noch mehr Schriftsteller dabeigewesen, vielleicht auch James Plunkett, dessen Werk ihr O'Connor besonders ans Herz legte: er war Gewerkschaftsführer und Berufsgeiger und sollte später für seine Produktionen beim Irischen Fernsehen und für seine Dubliner Romane Berühmtheit erlangen. Wen sie aber nicht vergass, das war der Rechtsanwalt Terence de Vere White, der bei einem Wettbewerb der Irischen Literatur-Akademie als Sieger hervorging und sich daraufhin mehr und mehr als Romanschriftsteller betätigte: seine Bücher zeichnen sich durch scharfe Beobachtung und einen satirischen Stil aus. Er lud Lita für den folgenden Tag zum Lunch in seinen Klub ein, den Kildare Club, den Lita ehrfurchtsvoll betrat, denn sie war noch nie in einem so englisch wirkenden Klub gewesen.

Bald beteiligten sich alle an der Diskussion über die Zensur, die jedermann erbitterte, da sie von völlig unfähigen Beamten durchgeführt wurde. Sean bezeichnete die Zensur als Symbol der Furcht vor dem Geschlechtlichen, wie es die Geistlichkeit verstand. Die irische Verbotsliste führte auf 150 eng bedruckten Seiten unter anderem auch die Namen fast aller guten irischen Autoren auf. Nach zwanzig Jahren heftigsten Protests der Irischen Akademie, der W. B. Yeats vorstand, wurde eine Berufungskommission gebildet, und bei einem Bruchteil von Büchern war das Verbot aufgehoben worden. Aber inzwischen waren die meisten Werke vergriffen. Die weiterhin angestrebte Lockerung der Zensurgesetze beschäftigte die Herren so sehr, dass Lita sich der Hausfrau zuwandte.

Eileen O'Faolain hatte ihr bereits zwei ihrer schönen Kinderbücher geschickt, von denen Lita später DIE KLEINE HENNE GENOVEVA für den Benziger-Verlag übersetzte. Vor allem war Eileen aber in Irland wie in England für ihre Sammlung alter Volkserzählungen bekannt. Da sie fliessend Gälisch spricht, konnte sie mit authentischer Treue aufschreiben, was ihr die alten, hochverehrten «Shenaghie» abends am Kamin erzählten: Geschichten aus prähistorischer Zeit, Heldensagen, Elfenmärchen – ein unerschöpflicher Schatz alten Volksgutes. Eileen O'Faolains Augen leuchteten, als sie Lita über die Abende am Torffeuer berichtete, wenn die Dorfleute die Nacht in drei Teile gliederten, «einen fürs Essen und Trinken, einen fürs Musizieren und einen dritten fürs Geschichtenerzählen.»

Aber auch der Abend bei den O'Faolains musste einmal enden. Wertvolle Manuskripte wurden dankend eingesammelt, Adressen wurden notiert, und bei einem letzten «Schluck auf der Türschwelle» wurde auf ein Wiedersehen angestossen. (Lita flog elfmal nach Irland.)

Zwei Tage drauf fuhr sie nach Bennetsbridge in der Grafschaft Kilkenny – zu den Butlers. Hubert Butler, ein Privatlehrer und *gentleman farmer*, war auch in Genf gewesen, wo er sich in der Universitätsbibliothek nach Unterlagen für seine Arbeiten umgesehen hatte, vor allem nach Briefen der Schriftstellerin Maria Edgeworth, deren Romane CASTLE RACKRENT und THE ABSENTEE zu Beginn des vorigen Jahrhunderts erschienen waren und mit kritischem, oft auch humorvollem Blick die Welt des anglo-irischen Landadels schildern. Durch die Heirat ihrer Schwester Harriett mit einem Richard Butler war Hubert mit ihr verwandt. Die Butlers waren alteingesessener, vornehmer Landadel.

Während der Fahrt in der drolligen irischen Eisenbahn, wo es sogar Holzkohle-Öfchen zum Füssewärmen gab, passte Lita gespannt auf die Namen der Bahnhöfe auf. «Die nächste Station hinter Kilkenny», hatte Hubert gesagt, als er sie in Genf einlud, ein paar Tage bei ihnen zu verleben. «Kilkenny können Sie nicht übersehen, eine schöne alte Stadt, aber dann wird es kritisch, denn die Namen der Ortschaften sind nur in gälischer Sprache angegeben.» – Ein endlos langes, unaussprechbares Wort auf dem Schild des winzigen Bahnhofs – das musste es sein! Sie stieg aus, mitsamt dem Gepäck, sehr im Zweifel, ob das nun Bennetsbridge war. Doch da kam ein vorsintflutlicher Stationswagen angefahren, und Hubert winkte ihr.

Es war so neblig, dass Lita nichts von der Umgebung erkennen konnte – kaum das Geländer der Brücke zeichnete sich ab, über die der Wagen rumpelte, kaum das alte Herrenhaus, als der Wagen die Zufahrt geschafft hatte und der Kies unter den Reifen wegspritzte. Doch im Haus war es behaglich, das heisst, im grossen Wohnzimmer. Im breiten Kamin brannte ein verschlafenes Torffeuer, an dem sich Lita die erstarrten Hände aufwärmen konnte, während Hubert an der Seitenwand des Kamins den altertümlichen Hebel in Bewegung setzte, mit dem man früher statt mit einem kümmerlichen Handblasebalg das Feuer anfachte. Dann kam Peggy, die Hausfrau, gefolgt von einem Bauernmädchen, das ein tischgrosses Silbertablett trug. Wie sie das schaffen konnte, war Lita ein Rätsel, denn da waren nicht nur die silberne Kanne mit dem erstaunlich duftenden Tee, sondern auch noch viele andere Sachen aufgetürmt, die zu einer echt irischen Teemahlzeit gehören: Schalen mit selbstgebackenem Weissbrot, Sodabrot genannt, Dosen mit Marmelade und Jam (wie Peggy bemerkte, stammten Reineclauden und Pfirsiche aus dem eigenen Garten) und mehrere Silberschüsseln, unter deren Deckeln sich heisse Scones und Rosinenbrötchen versteckten.

Nach den anstrengenden Tagen in Dublin – sie hatte ihr ganzes Programm absolviert – fühlte sich Lita zum erstenmal entspannt, als sie mit Peggy durch Garten und Park schritt. Zwischen den grauen Buchenstämmen hingen noch ein paar Nebelfetzen, und auf dem Rückweg bekam sie einen guten Eindruck vom Haus. «Es steht seit Cromwells Zeiten», erläuterte Peggy, «und der Anbau mit den Gastzimmern soll noch älter sein. Im Isabellenzimmer soll sich manchmal ein seufzender Geist zeigen – aber an so etwas glauben Sie natürlich nicht?» fragte sie lächelnd. Lita erwiderte, dass sie in dieser für sie so neuen und doch uralten Welt auf alles gefasst sei. «Warten Sie nur, bis Hubert mit Erzählen beginnt», sagte Peggy.

Das Abendessen nahmen sie seltsamerweise in der Küche ein, denn das Mädchen kam nur tagsüber. Es war ein riesengrosser Raum mit einem altertümlichen Herd und Rauchfang. Da sie ohne Bedienung waren, stellte Peggy der Einfachheit halber die leergegessenen Silberschüsseln vorerst auf dem Fussboden ab – sauber gescheuerten roten Ziegelsteinen. Sieben mehr oder weniger kleine Hunde mussten weggescheucht werden. Lita verabscheute Hunde.

Nach dem Essen, als sie am Kamin sassen, kam Hubert aus der Bibliothek zu ihnen – in der einen Hand eine Kerze, in der andern einen Stoss Bücher. Er blies die Kerze aus, entledigte sich der Bücher und sagte, er müsse erst etwas auftauen, in der Bibliothek sei es bei Nebelwetter etwas nasskalt. Dann deutete er, nun mit dem Rücken zum Kamin, auf das Manuskript in seiner Hand. «Ich habe da einen kleinen Artikel geschrieben, betitelt NEU-GENF IN IRLAND, für den sich vielleicht die Schweizer interessieren würden, wenn Sie ihn übersetzen mögen? Den Schauplatz werden wir besichtigen, sowie sich das Wetter bessert. Als ich kürzlich in Genf war, habe ich mich auch über die rebellischen Uhrmacher orientiert, die nach Irland auswandern wollten.» Dann kam er auf Edmund Downey zu sprechen, der in Waterford gelebt und geschrieben habe – nicht weit von New-Geneva.

Er setzte sich ans Licht der gemütlichen Petroleumlampe und begann, Lita von den Büchern zu erzählen, die er mitgebracht hatte und die anscheinend noch eiskalt waren, denn er rieb sich immer wieder die Hände. «Das hier sind also die Romane der Maria Edgeworth, mit deren Familie wir verwandt sind – erstaunlich, dass sie noch nicht ins Deutsche übersetzt wurden. Und hier zwei Bücher, die Sie unbedingt übersetzen sollten, denn sie sind in zahllosen englischen Auflagen erschienen: die Humoresken des Schriftsteller-Teams Somerville and Ross. Es sind zwei Kusinen, von denen die eine längst verstorben ist, aber die Überlebende behauptet, noch immer von ihr inspiriert zu werden. Sie haben auch einen sehr boshaften Roman verfasst, THE REAL CHARLOTTE, vom Standpunkt anglo-irischen Landadels aus gesehen.»

Als Lita einwarf, dass ihr die Bezeichnung «anglo-irisch» noch nicht ganz klar sei, hielt Hubert einen langen geschichtlichen Vortrag, der natürlich mit dem Überfall Englands, den Raubzügen Cromwells und der Unterjochung Irlands begann und sich bis zur Erhebung der irischen Freiheitskämpfer hingezogen hätte, wenn ihm nicht schliesslich Litas verstohlenes Gähnen aufgefallen wäre. «Sie ist sicher todmüde», sagte Peggy mitleidig. «Morgen ist auch noch ein Tag!»

Lita verzichtete auf ein Bad bei Kerzenbeleuchtung, entdeckte voller Dankbarkeit einen Wärmstein in ihrem Himmelbett und versuchte, die Kerze zu löschen, ohne dabei die mit Rosen geschmückten Bettvorhänge in Brand zu stecken. Dass «jemand» ihr zart übers Haar fuhr, machte ihr kaum noch Angst – sicher war es nur eine Maus, für jede andere Erklärung war ihr mit Wissen vollgestopftes Gehirn einfach zu müde.

In den folgenden Nebeltagen erfuhr sie noch viel über Irlands Frühgeschichte, bekam aber auch wertvolle Hinweise auf weitere irische Autoren und deren Werk.

Endlich «brach» das Wetter, gerade noch rechtzeitig vor Litas Rückkehr nach Dublin. Die Fahrt über

Land nach Waterford war eintönig, das Land flach, und Hubert erzählte noch mehr über Edmund Downey, dessen Roman CLASHMORE sehr zu Unrecht in Vergessenheit geraten sei. Der Schauplatz war der Strand südlich des Binnenhafens, wo der Fluss Suir in einer riesigen Trichtermündung zum Meer hinfliesst. Dort spielten sich die spannendsten Ereignisse ab: alles, was zu einem Detektivroman gehört, und obendrein eine reizende Liebesgeschichte. Zwei Jahre später sollte Lita die Übersetzung in Angriff nehmen – ohne einen Auftrag zu haben! Nach weiteren zehn Jahren fiel ihr die Arbeit wieder ein, sie bot sie einem Verlag an, und so erschien FRANK UND GERALDINE!

Jetzt aber wollte Hubert ihr die Ruinen von «Neu-Genf» zeigen, einer einst hoffnungsvoll begonnenen und dann wieder aufgegebenen Siedlung der aus der Schweiz geflüchteten Genfer Uhrmacher. Das Fischerdorf Passage lag am Westufer des Suir. «Einst wäre es beinah zum Zentrum einer blühenden Stadt mit Universität, Akademien und mancherlei Handel und Gewerbe geworden. Gelehrte aus ganz Europa, vierundvierzig Professoren und Dozenten sollten kommen. So war es 1782 vorgesehen. Das Unternehmen rückte schnell voran – aber unterdessen hatten sich die noch daheimgebliebenen Rebellen an das neue Régime gewöhnt und beschlossen, den Plan aufzugeben. Noch jahrelang lagen überall grosse Steinblöcke herum, «und schliesslich», so endete Hubert seinen Bericht, «wurde aus den schon errichteten Gebäuden, die als NEW GENEVA den Triumph der Freiheit und Demokratie in Irland verkünden sollten, ein Gefängnis für irische Patrioten.»

Als Lita am folgenden Morgen im Flugzeug sass, überlegte sie: Stoff habe ich reichlich für meine Anthologie IRISCHE ERZÄHLER! Liam O'Flaherty hätte ich gern gesehen, aber mir wurde abgeraten, ihn aufzusuchen, weil er Interviewer und ähnliche Literaturbeflissene schroff von der Tür weise. (Sie konnte nicht ahnen, dass der liebe Liam Jahrzehnte später gemütlich mit einer Flasche Rotwein in ihrer Sofaecke sitzen würde.) Elizabeth Bowen war auch nicht an Seans Abend dagewesen – aber Lita hatte sie ja in Genf anlässlich des Vortrages in der Genfer Fakultät gesehen, wenn auch kaum gesprochen – eine herbe Frau mit einem männlichen Profil, dessen Strenge sie durch eine Überfülle an Schmuck ausgeglichen hatte. Ihre Erzählungen waren bewundernswert, der Stil scharf geschliffen. Ihre wahre Begabung ist die dichterische, lebendige Evokation von Schauplätzen und Szenen, die ihr lieber seien als Menschen, wie sie Lita nach der Vorlesung erklärte. Männer waren von ihr bezaubert. Sean zeigte Lita ein Foto, wo er – als noch sehr junger Mann – neben ihr auf dem weiten Rasen vor Bowen's Court sitzt, ihrem Elternhaus, das sie während der Revolution verlor.

Nach der (glücklichen!) Landung in Genf-Cointrin fand sie zu Hause einen mürrischen Sohn vor, der nur ungern ihr Stellvertreter gewesen war. Um so mehr leuchtete sein Gesicht auf, als sie ihm erzählte, was sie sich im Flugzeug überlegt hatte. Sie wolle vom nächsten Frühjahr an nie mehr Studentinnen aufnehmen. Dank dem Bau von Wohnblocks war die Wohnungsnot nicht länger akut, die Studentinnen bevorzugten Studios, sie schienen sich zu emanzipieren, das merke sie jetzt schon, und mit nur vier Kostgängerinnen müsse sie wieder zusetzen – wie damals in Champel.

«Und die Wohnung?» fragte Klaus interessiert. Er wohnte seit einiger Zeit in einer winzigen Studentenbude, zwei Meter lang und zwei Meter breit, Lita hatte sie sich angeschaut und kaum glauben können, dass ihr «Doktorand» (denn das war er jetzt) in dieser Bude Freunde und Freundinnen mit Brathuhn und Salat bewirtete und dass hinterher sogar getanzt wurde: der Tisch wurde dann übers Fensterbrett gestülpt. Alle Sachen, die sich aufhängen liessen, hingen in Orangenkisten an der Wand.

«Die Wohnung wird möbliert an Ausländer vermietet», fuhr Lita fort, «mein Studium stecke ich nächste Ostern auf und sondiere die Lage in Zürich. Ich habe nämlich soviel Stoff gesammelt, den ich übersetzen möchte, dass ich den Plan mit dem Unterrichten an einer Privatschule aufgebe. Mir fehlen bloss noch Aufträge – ich habe ja nur den einen vom Manesse-Verlag.»

«Hier ist ein Brief von einem andern Verlag», sagte ihr Sohn. «Vielleicht geht's schon los mit den Aufträgen», spottete er. Doch der Spott verging ihm. Ein Bremer Verlag wünschte ebenfalls, eine Sammlung mit irischen Geschichten zu veröffentlichen, da ihm die Erzählungen im DU gefallen hätten.

«Da haben wir's!» rief Lita entsetzt. «Wie im Märchen: es regnet Hirsebrei, nun fehlt der Löffel. Oder vielmehr: ich kann doch nicht für zwei Verleger die gleiche Art Buch machen. Wie soll ich mich da herauswinden?» Aber es gelang ihr.

Zunächst begann sie ihre Studentinnen etwas «abzubauen», um Zeit fürs Übersetzen zu gewinnen. Dann bat sie Professor Malche, bei dem sie im ersten Semester Pädagogik studiert hatte, ihr zu einer Niederlassungsbewilligung zu verhelfen. Er war Conseil d'État und dafür bekannt, wie sehr er sich stets für Emigranten eingesetzt hatte. «Niederlassung bedeutet Arbeitserlaubnis», glaubte sie ihm erklären zu müssen, aber seine gütigen Augen blickten zweiflerisch.

Gerade in jener Zeit kam alle drei Monate ein Polizist ins Haus, ob Klaus seine Doktorarbeit noch nicht beendet habe. Litas Söhne hätten doch unterschrieben, dass sie die Schweiz sofort nach dem Studium verlassen würden. Lita beruhigte ihn.

Sie war unverzagt und begann, Gäste einzuladen, um sich zu verabschieden. Sie hatten in den fünf Genfer Jahren einige sehr liebe Freunde gewonnen, alles Deutsch-Schweizer. (Mit Deutschen verkehrte sie nicht, dazu konnte sie sich noch nicht überwinden.) Die liebsten waren ihr die Weltis, bei denen sie lustige Stunden verlebt hatten. Wie gemütlich war ihr Haus (das der Sohn, angehender «Eisenbahner», mit Schildern geschmückt hatte, die einem selbst in der Toilette entgegenlachten: NON SPUTARE NELLA CAROZZA! Oder: NICHT AUS DEM FENSTER LEHNEN!) und wie interessant für Lita der schöne Garten, den Frau Welti so fleissig pflegte! Einmal hatte sie sogar einen Steinkauz auf der Eiche gehabt, so abseits vom Strassengetümmel lag der Garten.

Und Herr Welti hatte sie ins Tal der London eingeladen, wo es noch richtige Nachtigallen geben sollte, vielleicht bloss in der Nacht? Jedenfalls glaubte Lita (unter dem Einfluss von Keats' ODE AN DIE NACHTIGALL), ganz frühmorgens in der grossen Ulme am Plateau eine gehört zu haben. Niemand glaubte ihr. Auch Montalègre wurde ihnen vorgeführt, das Haus, wo Shelley gewohnt und wo Mary Shelley ihren Roman FRANKENSTEIN geschrieben hatte oder dazu inspiriert worden war. Von Byrons Villa Diodata auf dem gleichen Grundstück war nichts mehr zu sehen – aber die abgeschiedene Lage und die Aussicht müssen einzigartig gewesen sein. Dann stöberte Herr Welti, angespornt von H. W. H., die Stelle auf, wo 1864 Ferdinand Lassalle im Duell gefallen war: an der Strasse von Carouge nach

Veyrier, und deshalb interessant, weil der englische Dichter George Meredith diese Fakten für seinen zwei Jahre später erschienenen Roman THE TRAGIC COMEDIANS benutzt hatte. – Auch den Bildhauer König und dessen liebe, blasse Frau sahen sie manchmal, und sehr oft Frau Frieda Beerli, die für die NZZ Konzertberichte schrieb.

Klaus hatte natürlich seine Freunde an der Ecole de Chimie, deren einer ihm seine Bude «untervermietet» hatte. Lita hatte dessen Eltern, die ihren Sohn in Genf besuchten, für ein paar Tage bei sich aufgenommen. Bei der Bombardierung Berlins hatten sie aus ihrem brennenden Haus flüchten müssen und reisten seither stets mit einer langen Strickleiter. Sie erzählten auch, wie schlau sie ihre Goldstücke im Garten vergraben hatten – und nachher wiederfanden! Als Lita viele Jahre später in Princeton, wo sie eine Anthologie amerikanischer Erzählungen vorbereitete, an ihr Hotelfenster trat, wurde sie plötzlich wieder an Hilperts erinnert, denn unter dem Fensterbrett befand sich in einem Blechkasten – eine Strickleiter!

Während ihres einstweilen vorübergehenden Aufenthalts in Zürich wohnte sie bei einer adligen Dame in einem Zimmer, das vor ihr die liebe Ulla aus Manila bewohnt hatte. Der grosse Arbeitstisch verlockte und liess sie trotz der hohen Miete zusagen – doch dann entdeckte sie, dass es bloss ein ans Fenster geschobener Esstisch war. Sie nächtigte also in einem Speisezimmer – auf einer buckligen Couch – unter einem schweren Ahnenbild, und arbeitete nur bei geschlossenen Fenstern, denn die gute Luft aus den drei Garagen darunter war betäubend. Trotzdem beendete sie dort ihre erste Iren-Anthologie, übersetzte auf gut Glück Downeys Roman FRANK UND GERALDINE, arbeitete für das erste Semester (amerikanische und deutsche Literatur bei grossartigen Professoren) und bereitete ihren Verleger-Feldzug vor.

In Zürich hatte sie bald die Verlagsrunde gemacht. Dr. Keckeis (Benziger) beauftragte sie, O'Faolains Roman KOMM HEIM NACH IRLAND zu übersetzen. Sonst fand sie keine Interessenten. Ein Verleger (nebst Gattin) lachte Lita aus: «Übersetzer gibt's wie Sand am Meer!», was die sonst sehr schüchterne Lita zu der Entgegnung veranlasste: «Aber keine wie mich!» Hinterher schämte sie sich. Sie sah sich gezwungen, auf Verlegersuche nach Deutschland zu gehen, das sie vor sechsundzwanzig Jahren verlassen hatte. Sie bot «ihre» Iren wie warme Semmeln an. «Haben Sie keine Romane?» hiess es überall. Erzählungen wollte niemand. In Düsseldorf sah sie Eliots FAMILIENTAG – den Platz hatte sie der Schauspielerin Elisabeth Flickenschildt zu verdanken. – Dann endlich nach Essen, zu ihrer Patentante Liese, die sie seit langen Jahren nicht mehr gesehen hatte und die jetzt in ihrer Ruine (der Ruine ihres einst so stattlichen Hauses) wohnte. Nicht die Bombardierungen seien das schlimmste gewesen, erzählte sie Lita, sondern der Tag, an dem ihr schönes, mit Liebe und unter Entbehrungen aufgebautes Geschäft von einer Rotte Jugendlicher zertrümmert worden sei – einzig deshalb, weil sie es an eine Jüdin verkauft hatte. Da sei sie ihnen entgegengetreten – Jungens aus der Nachbarschaft waren dabei – und habe ihnen zugerufen: «Was tut ihr uns da an? Wie oft habt ihr früher Hüte für mich ausgetragen und jedesmal eine Mark dafür bekommen!» – «Tut uns leid, Frau Rossmy», sagten sie, «es ist Befehl!» – Ein Zeitungskiosk war jetzt im Erdgeschoss, wo einst alles von Kristallglas und Chromstahl geblitzt hatte. Sie hauste im Rest des ersten Stockwerks; Litas ehemaliges Zimmer und die Küche waren übriggeblieben, die Seitenmauer war durch mächtige Pfeiler abgestützt, das Treppenhaus ragte unnütz und ohne Dach bis zum dritten Stock hinauf.

Nach der Rückkehr in die Schweiz kam ihr Zürich ganz unwirklich vor. Dann reiste sie nach Irland, um dort in der Bibliothek zu arbeiten oder in Ballsbridge in ihrer eiskalten, feuchten Bude Seans Roman KOMM HEIM NACH IRLAND zu übersetzen. Viele Leute erkrankten an Grippe (Lita nicht, weil sie als Stubenhocker und Übersetzerin selten unter Menschen kam). Frank O'Connor (sein Schriftstellername – eigentlich heisst er Michael O'Donovan) lag leidend im Bett und bedauerte sich selbst: «Poor Michael! Poor Michael!», als Eileen und Sean mit Lita ihm einen Krankenbesuch machten. Er wohnte damals mit Joan und seinem Söhnchen Oliver in einer Neubau-Siedlung; der Fussboden lag – nicht unterkellert – direkt über frisch umgebrochenem Bauland und tiefen Wasserlöchern. Eileen und Lita schlüpften nach oben, um Michaels Mutter zu begrüssen, der er später in einem Erinnerungsband EINZIGES KIND ein so wundervolles Denkmal setzen sollte: Minnie O'Donovan, geborene O'Connor. Eileen und Minnie stammten beide aus Cork und plauderten von alten Zeiten. Minnie war früh zur Halbwaise geworden und sah sich eines Tages neben der jüngeren Schwester und ein paar Habseligkeiten am Strassenrand sitzen, weil sie aus ihrer Hütte vertrieben worden waren. «Mein Herzblatt, wir haben kein Zuhause mehr», erklärte die Mutter den weinenden Kindern, die ins Waisenhaus kommen sollten.

«Wir haben kein Zuhause mehr!» Das war ein Wort, das auch den jungen Michael durch seine ganze Jugend verfolgte – ein Wort, dem er vielleicht sein tiefes Einfühlungsvermögen als Schriftsteller verdankte. Doch als Lita ihn am Silvesterabend zum zweitenmal besuchte, war er längst gesund und in ausgelassener Stimmung. Durch den Türspalt sah sie ihn im Lehnstuhl sitzen, wie er mit zurückgeworfenem Kopf und blitzenden Augen das Lied aus Seans Roman sang: «Komm heim nach Irland, Mavourneen, Mavourneen!» Seine Frau, die blasse Joan mit den langen, aschblonden Haaren, lachte über ihn und machte Lita mit den andern Gästen bekannt. Dann flog die Tür auf, und der französische Gesandte erschien mit ein paar Flaschen Champagner, den Michael besonders liebte. Im Laufe des Abends sang er sogar deutsche Volkslieder, ging zu Brahms und Hugo Wolf über und schloss spöttelnd mit einem gefühlvollen Lied auf Youghal Harbour, den Hafen seiner Vaterstadt Cork. Um Mitternacht stiess Lita mit ihm an und nannte ihn den «heimlichen König von Cork». Und so kam er ihr auch viele Jahre später vor, als sie in New York durch die Strassen schlenderten, wo er «ein gutes französisches Restaurant» wusste – unbekümmert und froh, mit leuchtend weisser Mähne, bunter Wollkrawatte und buntem irischem Gürtel über der hellen Kordsamthose.

Bei den O'Faolains war Lita in jenem Winter immer wieder – es ergab sich ja schon durch Übersetzungsprobleme, und bald waren sie so befreundet, dass Lita Weihnachten bei ihnen verleben durfte. Eileen war übermütig, tanzte und rief den andern zu: «Seid nicht so ernst, nicht so nüchtern!» Der Whisky, das «Wasser des Lebens», spielte natürlich immer eine grosse Rolle. «Dadurch wird Weihnachten so teuer!» seufzte Sean und blinzelte Lita zu. Sie lernte in ihm nicht nur den Erzähler, sondern auch den Historiker und Gelehrten kennen: das erste, was sie 1948 in Genf von ihm gelesen hatte, war sein Buch THE SHORT STORY gewesen, in dem er auf einleuchtende Weise die Technik der Kurzgeschichte erläutert. Sein Freund und Rivale O'Connor – sie schrieben manchmal über den gleichen Stoff und verglichen das Ergebnis («zähneknirschend», wie O'Connor lachend gestand) – hat später in seinem Buch THE LONELY VOICE dasselbe Sachgebiet behandelt, wenn auch weit temperamentvoller als O'Faolain. Am besten gefiel Lita sein Wort: «Nicht deuten, sondern andeuten.»

Als Lita Dublin zum zweitenmal verliess, hatte sie mit den O'Faolains eine Reise durch ganz Irland verabredet – im Sommer müsse es sein, in einem Sommer. Sie fuhr über England zurück, traf sich mit Herbert Read und sprach mit ihm über Keats, dessen Brief vom 14. 2. 1819 über das «Tal der Seelenwerdung» beide gleichermassen liebten, weil es, wie Keats meinte, ein Heilssystem sei, «das weder unsre Vernunft noch unsre Menschenwürde verletzt.» Ihre tiefsinnigen Gespräche wurden drollig unterbrochen, als plötzlich Gäste ins Restaurant traten, die Lita hier am wenigsten erwartet hatte – Schweizer Jodler! Ob Herbert Read sie hatte überraschen wollen? Jedenfalls zogen sie es vor, das Weite zu suchen.

Auch den versprochenen Besuch bei Middleton Murry musste Lita noch einschieben. Drei Stunden dauerte die Bahnfahrt nach Thelnetham in Norfolk, einem Ort, den niemand kennt. Dort hatte sich Murry, der tiefschürfende Deuter eines John Keats, seinen langjährigen Traum erfüllen können: eine Community Farm zu gründen. Doch darob war er – zum Schweinezüchter geworden! Lita mochte ihren Ohren nicht trauen. Sie konnte sich kein widerlicheres Tier als ein Schwein vorstellen – und nun gar noch viele, viele? Zum Glück regnete es in Strömen, so brauchte sie diesen Zweig seiner Farm nicht *in natura* zu bewundern. In dem strohgedeckten, lauschigen

Cottage verbrachten sie einen Abend, der von geistreichen Äusserungen nur so troff, und Lita «bewahrte sie alle getreulich in ihrem Herzen». Als Murry ihr mit vielsagendem Blick sein zweites Buch über D. H. Lawrence schenkte, dankte sie verlegen, denn über den Lawrence-Murry-Streit hatte sie ihre eigene Ansicht. Sie spürte jedoch, dass die satirischen Porträts, die Lawrence und auch Huxley von Murry gezeichnet hatten, ihn tief gekränkt haben mussten.

Die Welt ist schön – die Welt ist weit

Nach der Rückkehr wurde sie in Zürich auf der Polizeistation gefragt, wo sie so lange gesteckt habe und ob sie sich endlich für einen Wohnsitz entscheiden könne, Zürich oder Genf, sie habe ja jetzt die Niederlassung. Es verschlug ihr die Sprache: das hatte sie dem guten Professor Malche in Genf zu verdanken!

Am Abend ging sie in das grosse Bürohaus, wo der Arzt seine Praxis hatte, dem sie wegen des Attests für ihre Söhne zu Dank verpflichtet war. Sie erklärte ihm, dass sie von jetzt an ihre ganze Zeit für das Übersetzen benötige und nicht mehr für ihn arbeiten könne. «Bücher sind nicht so wichtig wie die Erforschung von Krankheiten!» schrie er sie zu ihrer Verblüffung an, öffnete die Tür zum Nebenzimmer und schloss hinter ihr ab. Sie lachte und suchte den Lichtschalter, fand ihn aber nicht. Weil vielleicht Apparate im Zimmer waren, wagte sie sich im Dunkeln nicht zu rühren und rief ihm zu:«Lassen Sie doch die Dummheiten!» Sie klopfte und hämmerte so laut an die Tür, bis er öffnete. Sie raffte ihre Sachen zusammen, und im Hinausgehen hörte sie, wie er ihr nachrief: «Ich werde sie an die Grenze stellen lassen!» Dass er es konnte, war unwahrscheinlich, aber es machte sie nervös, so dass sie, wenn ein Auto zu nah am Randstein bremste, lieber etwas schneller ging. Immerhin: sie hatte ihm das Leben ihrer Söhne zu verdanken – ohne sein wirksames Attest wären sie im letzten Kriegswinter in Deutschland umgekommen.

Von Klaus hörte sie, dass seine Doktorarbeit bald beendet sei und dass er sich verlobt habe. Ein günstiges Angebot nach USA konnte er nicht annehmen, weil er dort als «China Quote Zwei» galt (das heisst, in China geboren) was Lita sehr ärgerte. Seine Grossmutter in Kiel hatte er noch kurz vor ihrem Tode aufgesucht, aber die war taub und fast blind und hielt ihn für ihren Sohn Otto. Ungefähr zur gleichen Zeit hatte sich auch Jochen in Montreal verlobt. Bald würde Lita ganz allein sein.

Durch ihre Mitstudentin Miggi lernte sie Peter Schifferli, den Leiter des Arche-Verlags, kennen, der ihr weitere Aufträge gab. Auf Anraten von Regina Bollmann zog sie ins «Heimeli» am Zürichberg – zu den «alkoholfreien Frauen» –, wo sie billig wohnen konnte und die schönste Aussicht hatte. Sie übersetzte emsig, denn im Sommer sollte die Irlandfahrt mit den O'Faolains stattfinden. Die Zauberlaterne zeigt immer wieder dasselbe Bild, grau, monoton: einen Schreibtisch mit aufgetürmten Büchern, auf dem einzigen freien Fleck eine kleine graue Reiseschreibmaschine, über die sich tags und während der Nacht ein weibliches Wesen beugt. Bis auf einmal Leben ins Bild kommt, ein Aufruhr und ein wildes Kofferpacken. Peter Schifferli gab Lita noch «ein kleines Büchlein» mit auf den Weg, sie solle schon von unterwegs die jeweils fertigen Manuskriptseiten schicken.

Fahrt zum Flughafen – und nun die buntesten Bilder in raschem Wechsel. Aus milchigen Wolkenschleiern und dem matten Opal des Meeres taucht die Küste auf, der Sandstrand der schön geschwungenen Buchten von Bray und Killiney und, tief unter dem linken Flügel des Flugzeugs, Dublin-Bay und die

Halbinsel Howth. Im Garten der O'Faolains wird bei Sonnenuntergang eine zehntägige Fahrt geplant, Sean fährt, Eileen auf dem Rücksitz erläutert die Szenerie, oder sie belehrt Lita über die Elfen, an die sie zu glauben vorgibt – wenigstens im Moment.

Kurzer Bummel durch den Park von Celbridge, wo Jonathan Swift seine Freundin Vanessa besuchte. Eine uralte Steinbrücke führt über den goldgekräuselten Fluss, den James Joyce als Anna Livia Plurabelle verewigt hat. Im Moor besäumen gelbe Schwertlilien den senkrechten Abstich des schwarzen Torfs. Westwärts zum Shannon mit seinen baumbestandenen Inseln. In Clonfert vor dem mit Steinköpfen geschmückten Kirchentor wundert sich Lita über die Mongolen-Gesichter im Rundbogen: welcher Fremdling mag den Steinmetz dazu inspiriert haben? Und warum eine Meerjungfer am Kirchenpfeiler?

Irland ist reich an Absonderlichkeiten. Die Rundtürme dienten als Zuflucht bei Überfällen der Nordmänner und Dänen. Die *Boreens*, schmale Heckenwege, schlagen mit ihren Zweigen über dem Wagendach zusammen und schlängeln sich immer höher bis zur baumlosen schiefen Ebene des Burren, dessen polierte Felsbänder in den Ritzen überquellen von Enzian und Frauenhaarfarn! Wildwachsend! Lita kann sich vor Entzücken kaum fassen. Beim Überklettern der Ringmauern, *Chevaux-de-frise* genannt, die wie Riesenzähne den prähistorischen Rundbau Ballycinnvarraga schützen, wird sie fast vom Wind heruntergeweht. 40000 dieser Ringforts soll es in Irland geben, und Eileen erzählt, dass die oft grasüberwachsenen Ruinen von den Landleuten für Tanzplätze der Feen gehalten werden; doch das Fort von Moghan habe 1854 beim Bau der Bahn ganze Hüte voll goldener Hals- und Armbänder der Bronzezeitleute hergegeben: die Arbeiter hatten sie heimlich wegschaffen wollen. Einiges davon ist in Museen.

Sean will Lita den Schauplatz seines Romans KOMM HEIM NACH IRLAND zeigen, den sie im Winter übersetzt hat. Sie lagern an einem flachen Wiesensee und sehen in silbriger Ferne den warnenden Zeigefinger des Kirchturms, vor dem er sich als Kind gefürchtet hat. Irgendwoher klingt der urewige Laut des Sense-Dengelns und der unablässige Ruf des Wachtelkönigs. Sean ist glücklich. Dann will er, dass Lita im Dorf Kilfinnane die Hand aufs Strohdach des niedrigen Häuschens legt, wo sich der Rebell Frankie auf der Flucht vor den britischen Söldnern, den Schwarzgelben, versteckt hielt.

Tagelang durch Seebrise und Meeresbläue, auf Strassen, die von meterhohen roten Fuchsienbüschen besäumt sind. Eines Morgens dringt das Plätschern der kommenden Flut in den leichten Schlummer der «weissen» Nacht, und sie lassen sich zur Garanish-Insel übersetzen, die ein einziger botanischer Garten ist. Hier möchte Lita bleiben – aber Sean und Eileen wollen «das stille Tal» wiedersehen, wo sie als Jungverliebte in der Sommerschule Gälisch lernten. Auch das ein Ort zum Bleiben, der See in Gougane Barra, in einer Stille, die nur durch einen hochschnellenden Fisch unterbrochen wird. «Wonach sehnt man sich nur – sogar hier?» fragt Lita ihren Dichter.

Ein paar Tage später erblicken sie im Vorbeifahren das einsame Haus in den Wicklow-Bergen, wo die O'Faolains nach der Rückkehr aus Amerika zuerst gewohnt hatten. «Da habe ich meine Bücher geschrieben», sagt Sean, und Eileen lacht: «Und da hast du geträumt und PANGURBAN zugeschaut, dem weissen Kater! ‹Er war auf Mäusefang bedacht – und du auf Wörterfang!›» verdreht sie das Gedicht des irischen Wandermönchs, der es einst in Kärnten in einem Kloster auf den Rand der Epistel Pauli kritzelte. «Jedes Schulkind kennt das Gedicht», erklärt sie Lita, die aber spottet: «Und hat jeder irische Dichter einen weissen Kater?»

Am Abend nach der Rundreise holt Sean aus der Hütte im Garten, wohin er sich oft zum Arbeiten flüchtet, das Manuskript einer Erzählung und einen Briefbeschwerer aus hellgrünem, irischem Marmor. «Behalt ihn!» sagt er. «Bis zum nächstenmal!» Eileen kommt dazu: «Was steht ihr hier im kalten Wind? Soll Liz etwa das irische Klima nach Zürich mitnehmen?»

«‹Frisch weht der Wind – keiner Heimat zu›», zitiert Lita *ihre* Version aus dem Tristan und erklärt, so hätten ihr die Worte in der sibirischen Bahn in den Ohren geklungen, damals, als sie 1938 ins Ungewisse fuhren. «Emigrantenschicksal – irisches Schicksal», sagt Eileen.

In Zürich erwartete Lita ein Telegramm ihrer Schwestern, dass ihre Mutter, das kleine Altchen, im Sterben liege. Sie fuhr sofort nach Bonn zu ihrem Sohn Klaus, um dort den Antrag auf das Einreisevisum zu stellen – Einreisevisum für Erfurt in Thüringen (das einst «das grüne Herz Deutschlands» hiess). Zu lange musste sie warten – als die Erlaubnis endlich eintraf, war es zu spät.

Als sie wieder im Heimeli vor ihrem Schreibtisch sass, musste sie über Jochens Frage in seinem letzten Brief nachdenken: «Willst du die Genfer Wohnung aufgeben? Dann haben wir ja kein Zuhause mehr! Und wo bleiben all unsre Bücher?» – Wenn sie in den Regen starrte, der seine Tropfen am Leitungsdraht wie kleine gläserne Kabinen talab schickte, folgte sie ihnen zwangsläufig mit den Blicken. Ja, all die

Bücher! War es nicht seltsam, dass in den Büchern, die Otto seinerzeit aus Sofia nach Davos geschickt hatte, stets «Mukden» neben seinem Namen stand? Wusste er nichts von der Entwicklung in China? Oder erwartete er Geschäfte im zukünftigen Shenyang? Seine Sachen waren ja noch in Mukden – aber was bedeutete das schon! Sachen! Alles in ihr sträubte sich gegen die Vorstellung, eines Tages dorthin zurückzukehren – und ohne die Kinder! Nie! Er aber... Es war alles zu spät.

Zwei Jahre arbeitete sie als Halbtagslektorin in der Arche. «Eigentlich sollten Sie mir Lehrgeld zahlen», sagte Peter Schifferli. Er hatte recht. Sie war geschäftstüchtig geworden. Sie warb nicht nur für «ihre» Iren, sondern auch für amerikanische Erzähler, und bald wurde sie aufgefordert, zwei Sammelbände mit amerikanischen Erzählungen herauszugeben. Sie reiste nach USA.

Der riesige Ozeandampfer kämpfte sich durch einen der schwersten Äquinoktialstürme. Jeden Morgen klomm sie, ihrer Kabine entfliehend, die fünf schwankenden Treppen hinauf, und das war ein Kunststück, denn die Stufen sackten jäh unter ihr weg oder schleuderten sie beiseite. Achtsam, das Geländer nicht loszulassen, achtsam, nicht in Erbrochenes zu treten, so turnte sie zum Sonnendeck hinauf; der Lift war seit drei Tagen verklemmt, eine Menschenfalle. Sie war froh, der stinkenden Kabine mit den drei seekranken Geschöpfen entronnen zu sein – das halbe Schiff war seekrank, jammerte, fiel aus den Kojen, brach Arme und Beine...

Hinauf in die scharfe Luft, in den scharfen Wind, menschenleer das Deck, nur Lita eingewickelt in Wolldecken wie in einen Kokon, ausgestreckt auf dem Liegestuhl, hingegeben an Luft und Licht, das so gleissend hell war, obwohl die Sonne nur dann und wann als hellblaue Scheibe zwischen Gischt und Nebelschwaden auftauchte. Turmhoch sprühten die Wellen empor. Von der Dünung gewiegt, in Halbschlaf gesungen vom unheimlichen Sirren der Masten – nur ab und an wach, wenn ein besonders starker Stoss die eiserne Flanke erschütterte. Fünfzigtausend Tonnen Eisen – wie eine blecherne Sardinendose zitternd, dem Ozean ausgeliefert. Dann wieder das Heulen der Hunde, die in ihren Quarantäne-Boxen jaulten, und unaufhörlich das seltsame Sirren.

Wie hypnotisiert ist sie vom ewigen Kreisen der roten Radar-Arme, dösend – und doch hellsichtig vom tagelangen Fasten, das nur durch eine Grapefruit oder einen Zwieback unterbrochen wird. Sie erinnert sich der Aufgaben, die ihrer warten, der Autoren und Verleger, die sie besuchen muss. Und ist hellwach. Vorne ragt der silberne Mastbaum auf, um den geheimnisvoll und stumm die Fang-Arme des Radar-Geräts rechts und links ausholen und in den Nebel langen. Tief am Horizont der Mond, rot in schwarzem Dunst versinkend, der über dem Küstenschlick lagert. Das Nebelhorn des Riesendampfers heult auf, Einfahrt heischend. Aber gleichmütig tasten die langen Finger des Leuchtfeuers – eins und zwei und eins und zwei – über die graue Reibeisenfläche des Meeres.

Dann ist es fünf Uhr morgens! Milchblaues Licht träuft vom Osthimmel her auf die beiden dicken roten Walzen der Schlote, die durch die jetzt nebelfreie Morgenluft schneiden. Es tagt! Wie auf graurosa Seide gemalt stehen hauchzart die Türme von Manhattan, unwirklich, ein Lüftchen kann sie wegwischen. Auf Backbord rollen weisse Wellen über die seichte Untiefe heran, doch hier auf Steuerbord ist es hell, hier ragt die ganze asymmetrische Pilz-

und Turmversammlung in den Morgenhimmel, schön nur dort, wo sie ganz schlicht als ungeheure Klippenwand aufsteilen, verziert durch das Farbenspiel der Millionen Glitzerplättchen ihrer Fenster, mit den Häuptern zwischen jagenden Wolken segelnd, und schwankend? Ja, schwankend! Dort hinein also.

Während der Einfahrt bringt man ihr eine Funkdepesche in die Kabine: «Wir erwarten dich!» Und da stehen sie und winken, Bill Goyen und Joe Glasco! Schon in Zürich war sie ihnen begegnet, als Lita, in einer Telefonkabine stehend, dem Arche-Verleger so dringend empfahl, doch unbedingt das Werk William Goyens zu verlegen. Den ersten Band hatte Ernst Robert Curtius übersetzt: HAUS AUS HAUCH, den zweiten hatte er Lita überlassen. 1955 wurde er fertig, der Erzählungsband GEIST UND FLEISCH, fast gleichzeitig mit dem Band ZAMOUR beim Suhrkamp-Verlag. – Sie umarmen sich strahlend, bringen Litas Gepäck ins nahe Hotel und gehen eingehakt, vor Freude wie betrunken, zu dritt die Fifth Avenue entlang. Sehen einen älteren Herrn: «Das ist doch Thornton Wilder?» fragt Lita. Aber den darf man nicht belästigen – Lita hätte auch keine Entschuldigung gehabt, da sie nichts von ihm übersetzt hatte. Dann ruft Bill: «Schau nach rechts!», damit sie nicht nach links blickt. «Das war Truman Capote eben», sagt Bill, «mit dem stehe ich auf Kriegsfuss!» Lita lacht: «Jetzt fehlen uns bloss noch ein paar schreibende Damen!» – «Wenn du Eudora Welty sprechen musst – und du brauchst doch etwas von ihr für deine amerikanische Anthologie –, dann ruf sie nur an, sie wohnt dieser Tage im Algonquin-Hotel, weil sie einen Vortrag halten soll.»

Sie wohnt sonst in den Südstaaten, Lita weiss es; sie hat sich gründlich vorbereitet auf ihren neuen Sammelband für den Manesse-Verlag, aber es fehlt ihr noch vieles, deshalb muss sie nach Princeton gehen, Professor Blackmur hat ihr den Zutritt zur Bibliothek erlaubt. Zuerst aber erwartet sie in New York noch die Ankunft ihrer Kinder aus Montreal, denn Jochen hat inzwischen geheiratet. Sie lachen über Litas Gesicht, das vom weissen Sonnenglast auf dem Deck krebsrot eingebrannt ist – kein Puder kann es verdecken! Als sie zu fünft zusammensitzen, ist von Bills neuem Roman IM FERNSTEN LAND die Rede, denn in jenes fernste Land wird sie reisen, wird nach dem Aufenthalt in Princeton nach Taos in New Mexico fahren und in Bill Goyens Haus wohnen.

Mit dem Greyhound eine Stunde über Land. Auch im fast tropisch feuchten, laubigen, altmodischen Princeton warten hilfreiche Freunde auf Lita. Im kleinen Hotelzimmer verbirgt sich unter Mullgardinen und Fensterbrett der Blechkasten mit der Feuerleiter. Sie fasst es als gutes Zeichen auf. Dann zur Universitätsbibliothek – drei Stockwerke unter der Erde, ein Riesenreich, in dem sie wie ein Schatzgräber arbeitet. Manchmal begegnet sie andern Lebewesen in den einsamen Gängen, wo hinter Gittern unzählige Bücher aufgestellt sind. – In gastlichen Häusern lernt sie noch andere Professoren kennen, Maurice Coindreau, der Faulkner ins Französische überträgt, und Erich von Kahler, der mit Lawrences Schwägerin Else Jaffe-Richthofen befreundet war und Lita Briefe von Lawrence zeigt, als sie ihm erzählt, dass sie in Taos die Nachbarin von Frieda Lawrence sein wird. Auch Faulkners Verleger, Saxe Commins, lädt Lita ein, ebenso der Germanist Professor Ulmer. Alle sind sehr darauf bedacht, ihr zu helfen und ihr das Leben in Princeton interessant zu machen, und ganz besonderen Dank schuldet sie Professor Blackmur, dem bedeutenden Lyriker und Literaturkritiker und seinen wertvollen Ratschlägen, während Professor Coindreau mit ihr weniger über Literatur spricht, sie aber immer wieder zu Ausflügen in die Umgebung oder auch nur in seinen bezaubernden Garten holt. Wenn sie nicht eingeladen ist, genügen ihr «auf der Bude» Zimt-Toast, Kirschkuchen und Grapefruit, und manchmal übersetzt sie stundenlang so selbstvergessen, dass sie nur ein paar Stück Zucker verdrückt und nicht ausgeht, obwohl die Luftfeuchtigkeit immer unerträglicher wird und die nackten Arme an der Tischfläche kleben bleiben. Vom Besuch bei Ezra Pound rät man ihr ab, doch da ihre Reiseroute ohnehin über Washington verläuft, fährt sie zu ihm, kauft Nelken für ihn und nimmt ein Taxi.

Das war eine seltsame Begegnung! Über einen Arm des Potomac und bergauf zu einer ehemaligen Farm und hohen Bäumen in einem alten Park. Die andern Geisteskranken wurden gerade ins Haus geholt; so sass der arme Ezra allein in seinem Liegestuhl, neben ihm seine Frau Dorothy, née Shakespeare. Er trug (trotz der Brutsonne) eine Fellmütze und einen dicken gelben Wollschal, bestickt mit den chinesischen Zeichen für «Glück» und «Langes Leben». Sein Bart glich dem des Konfuzius, das Hemd stand offen, die Brust war rotgebrannt und voller Haare. Er sprach vor allem von seinen Ideen über Staatswirtschaft – sie müssten bekannt werden, aber welcher Verleger hätte wohl den Mut dazu, sie zu veröffentlichen. Er schenkte ihr fünf Bücher, sie seien dynamisch und «dangerous» (was Lita bezweifelte). Es war alles so traurig und fast komisch und doch bedrückend.

Zurück in den Bus, und durch Wälder und Täler, die der reinste Garten Eden waren: alle Hänge wie schneebedeckt von weissblühendem Dogwood, Brautsträusse von rosa Kalmien! Niemand sprach, jeder starrte wie verzaubert in all die Schönheit hinaus. Stundenlang. Nachts durch die «Crazy Mountains» (die verrückten Berge) mit ihren unzähligen Kehren geschüttelt. Backofenhitze in St. Louis, nachher Ölfelder, wo die mit unheimlicher Stetigkeit weiterpumpenden Bohrer Wiesen und sogar Vorgärten vernichteten – für wen? Für Hohlköpfe, die mit ihren Reichtümern nichts anzufangen wussten. In Springfield prallte sie entsetzt zurück, als sie die Tür zu einem REST-ROOM öffnete und in *einem* Raum vier Klosetts sah, auf denen in aller Öffentlichkeit vier Frauen nebeneinander thronten. Später hiess es COLOURED LADIES. Durchs östliche New Mexico. Tafelberge!

In Santa Fé bei Freundinnen von Bill Goyen übernachtet – in einem Adobe-Haus aus rötlichem Lehm. Beide Damen verwöhnten Lita, die sich von der Höhe (7000 Fuß) angegriffen fühlte. Am nächsten Morgen durch Hügel zum Rio Grande, bergig, immer bergiger, wilde Felsformationen und Schluchten, Ranches und Lehmhäuser, endlich Taos! Auf einem Mäuerchen hockte «die Brett» (Malerfreundin der Lawrences), baumelte mit den Beinen und war sehr freundlich zu Lita. In Bretts Stationswagen sass angekettet auf einer schmierigen Matratze ein Höllenhund namens «June» vor einem stinkigen, riesengrossen Pferdeknochen und beleckte Litas Nacken. «Macht's Ihnen was aus?» fragte Brett.

Sie kaufen ein, denn in Bills Haus in El Prado draussen muss Lita sich selbst verköstigen. Links zweigte die Strasse zum Haus von Frieda Lawrence ab, rechts bog sie zu Bills und Bretts Haus ein. Sonst nur die weite silbergraue Salbeisteppe, dahinter die Sangre-de-Christo-Berge von 4400 Meter Höhe. Tags ist es ein *Land of Enchantment* (ein Land der Verzauberung), wie es ihr die Autoschilder schon lange, lange vorher zugerufen haben. Im kleinen Innenhof liegt sie mit einem Buch in der Hand, beobachtet aber zwei Chipmunks, die, kaum handhoch, zierlich wie Eichhörnchen auf der niedrigen Gartenmauer tänzeln und an einer Zwergprimel knuspern. Der Lerchenlaut über der silbrigen Steppe verschmilzt zu einem einzigen Klang. Alles ist uralt, wie am siebenten Schöpfungstag ... Doch für all die Schönheit muss sie zahlen – mit den Ängsten der Nacht.

An die lautlose Stille der Nächte kann sie sich nicht gewöhnen, denkt an Giftspinnen (Bill hat eine im Kaminholz gefunden) und an Klapperschlangen unterm Salbeigestrüpp. Das Zimmer, in dem sie schlafen soll, hat acht Fenster und zwei Türen ohne Schloss. Sie zählt die Balken in der endlos langen Decke – zwölf!

Am nächsten Tag fährt sie mit Brett zum Pueblo, dem Indianer-Reservat, zwei fünfstöckigen Adobe-Häusern. Leitern statt Innentreppen! Brett begrüsst einen alten, kupferbraunen Mann mit offenen schwarzen Haaren, in einen roten Kelim ist er gehüllt. So hat sie ihn auch gemalt; er gewährt ihr Zutritt zu den geheimsten Zeremonien und Tänzen. – Wie anders wirkt Mabel Luhan, einst die selbsternannte Königin von Taos, erbitterte Rivalin von Frieda, von der stocktauben Brett, von allen, die Lawrence huldigten: sie starrt Lita hochmütig an. Ihr indianischer Mann Tony hat die Zöpfe mit roten und weissen Bändern durchflochten und trägt einen bunten Poncho. Er lächelt, als Lita seinen prachtvollen Silber- und Türkisenschmuck bewundert. Dann erzählt Mabel von dem Buch, das sie über Lawrence schreibt. Brett klopft ärgerlich auf ihr Hörrohr.

Lita übersetzt eine Spukgeschichte – das Schreibpapier knistert und piekt vor Elektrizität. In der

Nacht bricht das Unwetter los (*electric storm* nennen sie das hier), peitscht mit explosionsartigem Knall von den Bergen her, rumort in den Lüften, tönt gedämpfter, als ein Schneegestöber einsetzt, durch das die rotgoldenen Schlangen der Blitze zucken. Es poltert und schurrt die Wände hinab: sie schleicht sich an die Tür und stellt fest, dass es nur Lehmbrocken sind und dass ihr Adobe-Dach unter der feuchten Schneelast zu schmelzen beginnt. Am Nachmittag trägt Angelo Ravagli, Friedas Mann, sie auf beiden Armen durch den hohen Schnee und zum Haus jenseits der Landstrasse, dem dritten dieses kleinen Aussenpostens, der sich El Prado nennt. Drüben erwartet Frieda Lawrence sie zum Tee, säbelt deutsche Schlackwurst ab, Lachfältchen um die blitzenden Preussen-Augen, im weissen Haar noch den blonden Schimmer. Sie zeigt Lita das berüchtigte Boccaccio-Bild, stösst Lita schmunzelnd mit dem Ellenbogen an – sie, die ehemalige Freiin! «Jedenfalls ist es das schönste, das Lawrence gemalt hat», sagt Lita. Dann sprechen sie von Lawrence' Erzählungen, die Lita übersetzen wird.

Noch eine letzte Nacht hält sie durch, dann – nach weiteren Entdeckungen – flieht sie, lässt sich vom Bus nach Santa Fé entführen, über Albuquerque zum Grand Canyon, und staunt in die veilchenblauen Schluchten hinunter. Weiter – ihr nächstes Ziel ist Montreal. Jenseits des Raton Passes hat das Unwetter Verwüstungen angerichtet, von der Landstrasse die Hälfte weggerissen, während im Purgatory River (dem Fegefeuer-Fluss!) entwurzelte Bäume und Tier-Kadaver, eine Veranda und ein Klavier treiben. Nachts fahren die Autobusse ohne Innenbeleuchtung, kein Mensch spricht, es ist wunderbar friedlich. Man sieht immer etwas von der Gegend und gerät in ein angenehmes Fortgetragenwerden.

Nach drei Tagen und drei Nächten im Bus trifft sie mit Füssen wie Elefantenklumpen in Montreal bei Jochen und Renate ein. Beide sind berufstätig, so dass Lita in aller Ruhe bei 35 Grad das Toklas-Buch von Gertrude Stein übersetzen kann. Sonntags Ausfahrten zu den abertausend Seen, durch Wiesen voll nie gesehener Blumen, zum düsteren Baskatong-Stausee auf frisch gebrochener Urwaldstrasse, im Dunkeln Glühwürmchen ins Taschentuch gesammelt. Ein Theaterabend: MR. HARVEY mit seinem unvergesslichen Pookah – aufbewahrt für Litas noch nicht beendeten Roman. Wiederbegegnung mit dem Studenten Otto Wu, dem Sohn des «Kleinen Wu». In der Universität und beim netten Antiquar Heinemann in Montreal Stoff zum Übersetzen gefunden.

Vor der ereignislosen Rückreise durfte Lita die gelähmte Dichterin Carson McCullers in ihrem verzauberten Heim am Hudson besuchen und zitierte in ihrer Freude ein Wort Carsons: «Die ganze Erde, aus grosser Entfernung gesehen, bedeutet weniger als ein Blick in ein Paar Menschenaugen.» Dafür erntet sie einen Kuss. Zurück nach Zürich, in den Beustweg.

An den Diogenes-Verlag, dessen Gesicht ja nachher ganz irisch wurde, geriet Lita über Lord Dunsany. Danny Keel fragte sie, ob sie ihm die Rechte an Dunsanys witzigen Stories geben könne, und sie war dazu bereit, falls er auch ihre drei O's (O'Faolain, O'Connor und O'Flaherty) herausbringen wolle. Damals regierte er noch nicht in der riesigen Diogenes-Tonne, sondern sass in der Merkurstrasse auf einem kleinen Fässchen, voller Unternehmungsgeist!

Bald darauf fasste Lita den voreiligen Entschluss, nie mehr zu übersetzen, und folgte der Einladung einer Freundin, in deren schönes Haus am Genfer

See zu ziehen. Doch sie begann sofort mit der Übersetzung eines ellenlangen Romans, JAHRMARKT DER EITELKEIT, voll widerlicher Menschen, und fabrizierte zwischendurch beim Nachfüllen der Schreibfeder PASTINAKS KLECKSBILDER, die ihre Gemütsverfassung widerspiegelten. Hoch oben auf den Plejaden erstand sie eine Narzissenwiese und kam sich als Grundstückbesitzerin etwas lächerlich vor, liess dann aber, eingedenk der Frage ihres Sohnes: «Kein Zuhause mehr?» ein Holzhaus darauf erstellen – um die vertrauten Möbel herum. Sie erwartete ihre Kinder und Enkel, pflanzte und räumte den Garten auf, machte aus toten Zweigen ein Feuer und holte ein Schild aus Pappkarton aus dem Haus, das sie am Abend davor gemalt hatte. Sie wollte es an die Haustür nageln. Es war ihre neueste Poggfred-Version: «Freunde herein, Unfried hinaus, dies ist der Pöggen gastlich Haus. Als Poggfred einst im Traum bekannt, steht's unbenannt im fremden Land.» Sie betrachtete es ein Weilchen. Dann riss sie es quer durch und warf es ins Feuer. Das Haus verkaufte sie nach ein paar Jahren.

Sie zog zurück nach Zürich. Entsagungsvolles Arbeiten wechselte ab mit Reisen. An ihrem Geburtstag starb in Essen ihre zweite Mutter, Tante Liese. Sie sah das edle Profil, legte ihr die ersten Veilchen in die Hände und setzte sich in der Dämmerung an den Teetisch, den sie, wie früher, für zwei Personen deckte. Das kleine Zimmer war leer, nur von ihrem Weinen erfüllt. Im Keller fand sie einen Rest der Tapete mit dem zierlichen Grasmuster. Sie nahm sie mit nach Zürich.

Reisen, Reisen! Eine Rundreise durch Deutschland mit William Goyen, als dessen Dolmetscherin Lita auftrat. In Berlins «Schwangerer Auster» fand ein Abend mit über 2000 Hörern statt.

Im Spätsommer durch Neu-Englands flammende Wälder. Sie folgte den Spuren einiger Schriftsteller, deren Werk sie begeisterte. Von Hartford bis Worcester ist es ein einziges Flammenmeer: jeder Ahorn und jede Spitzeiche eine lodernde, brandrote Feuerfackel! In South Berwick gedenkt sie Sarah Orne Jewetts, deren LAND DER SPITZEN TANNEN für so viele Menschen zum Lese-Erlebnis wurde. Dann machen sich Land und Meer den Rang streitig: mit den grossen Gezeitenflüssen dringt das Meer bei Flut weit ins Land hinein, das nun grüner wird, mit einem dichten Bestand breitkroniger Weymouthskiefern, die ihre seidigen Nadeln auf amethystfarbene Seen streuen.

In der viktorianischen Inn in Damariscotta – Spiegel und Silber, weisse Möbel mit altrosa Polstern und Seidendecken – erholt sich Lita von einer sehr schmutzigen Busfahrt und schlendert am nächsten Morgen zum Haus der Cavanaghs hinauf. In aristokratischer Zurückgezogenheit liegt es hoch über dem mächtigen Damariscotta-Fluss: Jean Stafford hat es in ihrem Roman DAS KATHARINENRAD so heraufbeschworen, wie Lita es vor sich sieht. Auf dem flachen Dach das weisse Geländer des *Widow-walk* (des Witwengangs). Dort hielt vor Jahrhunderten die Kapitänsfrau Ausschau nach dem heimkehrenden Segler, der oft zwei, drei Jahre unterwegs war, mit Waren aus Indien und China zurückkam, erwartet wurde, erwartet...

Lita wird von Freunden, einem Schriftsteller-Ehepaar, in deren schmuckes Farmhaus geholt. Dunkelrot ist es gestrichen und reich verziert mit den weissen Schnitzereien eines alten Schiffszimmermanns, dessen Phantasie sich auf dem Meer an den selbsterschaffenen Früchten und Ranken, dem verschmitzten Fuchs und der klugen Schlange ergötzte. Elizabeth Beston, die Dichterin, die in «unwahrscheinlichen» Geschichten eine Zauberwelt schuf (kein Verleger wollte sie auf deutsch herausbringen), wurde Litas dritte Freundin, von der sie sich auch wieder trennen musste.

«Stelldichein Staatsstrasse 302 in North Conway», telegrafiert sie Jochen und Renate, die sie dort treffen und mit ihr das Farbenwunder der *White Mountains* erleben: hellrot, karmin, zitronengelb, scharlach und orange. Von der Felswand über der Landstrasse blickt *Das Grosse Steingesicht* auf sie herab, streng wie ein alter Indianer und genau wie es Nathaniel Hawthorne beschrieben hat. Dann weiter nach Montreal, wo zwei Enkelkinder sind.

Lita mit weissem Haar, wieder als Übersetzerin am Beustweg – sie kann es nicht lassen, wenn ein verlockender Stoff gestaltet werden will – über den grossen Schreibtisch gebeugt (den aus Davos, damals). Wieder in Zürich. Ganz allein. Wo sind eigentlich ihre Kinder? Sie tritt auf den Balkon, um Luft zu schöpfen (Sauerstoff, hier oben im dritten Stock), blickt auf die riesige Ulme, die Vögelburg. Einen Ruf an die Genfer Dolmetscherschule lehnt sie ab.

Irland: ein Saal voller Menschen, Lita mit einer hässlichen Kappe auf dem Kopf – früher nannte man so etwas einen «Doktorhut» – steigt unsicher die Stufen zu einem fast blinden, fast tauben, ehrwürdigen alten Herrn hinauf, um ein Dokument in Empfang zu nehmen, bedankt sich, sieht ihn nach der Feier noch einmal im ehemaligen Schloss, in den schönen Sälen der einstigen Vizekönige von Irland. Jetzt ist es Präsident Eamon de Valera, der die Gäste begrüsst. Auch in München wird sie geehrt.

Noch ein Bild aus Irland: Parknasilla! Ein grosses Hotel an einer verschwiegenen Bucht. Wegen ihrer

Arbeit für die irischen Autoren hat man sie mit einer Ferienwoche beschenkt, ein Auto mit Fahrer steht täglich zu ihrer Verfügung, eine alte Bekannte aus Bern, Josephine, die damalige Gesandtin, ist bei ihr, hat aber selten Lust, anstrengende «Forschungsreisen» mitzumachen. Lita muss die prähistorischen Steinzirkel sehen, die es, halb versteckt, noch auf manchen Wiesen gibt. Alte Opferstätten, in der Mitte des Rings ein Klotz, einmal sogar mit zwei «Hütern» davor, meterhohen grauen, groben Steinen. So abgelegen hinter Eichengestrüpp, dass kein Laut herdringt und es fast zum Fürchten ist.

Sehr unheimlich kann es aber auch ganz in der Nähe des Hotels sein. Lita windet sich auf einem schmalen, dunklen Weg unter blühenden Rhododendron-Bäumen hindurch, sieht einen Steg, der zu einer kleinen Insel führt, beobachtet einen weissen Fischreiher und geht weiter durch hohes Heidekraut (so hoch wie sie selbst, mit weissen Blüten), kommt ans Ende der Insel, die wie eine Landzunge ins Wasser vorstösst. Lita setzt sich zwischen duftenden Ginster und träumt. Während sie mit halbem Blick das Zurückfluten der Ebbe wahrnimmt, spürt sie ein unwiderstehliches Ziehen. Hat nicht Yeats ein Gedicht darüber gemacht? Wie ein Menschenkind von einer Undine in ein Reich ohne Tränen gelockt wird? Braungoldener Moorgrund unter dem hinausflutenden, sachte hinausflutenden Wasser. Sie verspottet sich, steht aber trotzdem auf und kehrt dem ziehenden Wasser den Rücken, rennt durchs Gebüsch und über den Steg. Der Fischreiher erschrickt und fliegt auf. Nicht weit.

Als sie in Killarney auf den einsamen Wegen zwischen den grossen Seen herumwandert, läuft ihr aus dem Café, dem einzigen Haus in der Runde, ein Mädchen nach: «Sie werden am Telefon verlangt!» –

«Unmöglich!» – «Sie sind doch aus der Schweiz? Mr. MacMahon sucht sie überall!» Der gute Bryan, da hat er tatsächlich sämtliche «Touristen-Attraktionen» dortzulande angerufen, weil er erfahren hat, dass sie in Parknasilla wohnt. Er will ihr behilflich sein, bittet sie, ihn jenseits der Seen zu treffen, im Dorf Muckross, wo sie das Grab des Münchhausen-Dichters Raspe suchen wollte. Es gelingt Bryan, in Killegy den Friedhof zu finden, wo der Abenteurer verscharrt wurde – das Grab ist nicht bezeichnet. Dann führt er Lita zu einem unbekannten Steinzirkel.

Noch andere hilfreiche Geister zeigen ihr die Schönheiten Irlands: die Erzählerin Val Mulkerns fährt sie ins Traumland aller Iren, nach Connemara mit seinen Bergen und Küsten, und Harriet O'Connor, Michaels Witwe, will ihr Sligo und das Grab William Butler Yeats' zeigen. Auch die in seinem Gedicht verherrlichte Insel Innisfree sehen sie. Verträumt ist es dort im Nordwesten Irlands, und Lita verspricht, wiederzukommen. Doch Zürich hält sie im Winter fest.

Ein prunkvoller Saal im schönen Zunfthaus. Dort findet ein Essen statt, um viele Preisträger zu ehren, die von Stadt und Kanton ausgezeichnet wurden. Lita ist auch unter ihnen, sie soll die Dankesrede halten. Mit grosser Aufrichtigkeit kann sie es tun, denn sie weiss es zu schätzen, dass man sie, die Landfremde, so häufig ehrt. Die Ahasvera! Hier scheint sie zur Ruhe gekommen zu sein.

Ein Stockwerk tiefer liegt ein anderer Saal. Eine lange Tafel, rechts und links von ihr die beiden Söhne. Am Tischende eine schwarzhaarige junge Frau mit Augen, die so feurig und gross wie die von Litas Mutter blicken. Es ist aber Isabelle, Litas Enkelin. Lita gegenüber sitzt einer ihrer Verleger. Er fasst nach Litas Tischkarte, sagt: «Die steht verkehrtherum.» Lita lacht: «Lesen Sie nur!» Sie hatte auf die Rückseite der Karte ihren Mädchennamen geschrieben. Ihren *eigentlichen* Namen. «Nur für heute», sagt sie, «für den Achtzigsten!» Sie ist ungebunden.

Mit Fotografieren will sie die schöne Welt einfangen. Denn noch warten andere Welten auf sie – keine am Schreibtisch erlebten, papiernen wie BELLEFLEUR (dieses Reich der Phantasie), sondern greifbarere Welten, «von des Krautes Arom' umhaucht...». Immer wieder Jugoslawien, wo sie sich fast beheimatet fühlt. «Deine Vorfahren stammen nicht aus dem Norden», hatte ihr schon vor Jahrzehnten Hein Rohweder gesagt, der «Chromosomenzähler», Ottos Freund in Kiel. «Vielleicht kamen sie aus Kärnten oder Ungarn oder von noch weiter südlich her. Ich seh's dir an!»

Weiter südlich. Fahrten mit Klaus von der oberen bis zur unteren Grenze Jugoslawiens, in stille Seitentäler hinein, zu Klöstern mit Fresken, die sie in ihrer Waldeinsamkeit liebten. Oder Lita unternahm allein andere Streifzüge und fuhr zur Begräbnisstätte der Bogomilen, jener Totenstadt auf der Heide, einem geheimnisvollen Bezirk, den sie kaum zu betreten wagte. Unter der Unendlichkeit der Himmelsglocke standen in feierlicher Leere die primitiven Kreuze und die stummen Monolithe, die mit ihrem gemeisselten Bildschmuck so eindrücklich von Lebensfreude zeugten: da waren Reigentänze und Jagdszenen unter der Sichel des zunehmenden Monds, Reiter und Hirsche, umrankt von Kleeblattbordüren, unterteilt durch Weinstöcke mit prallen Trauben. Oft war es ganz eindeutig das «ewige Haus» des Verstorbenen, der in voller Grösse, in schönem Waffenrock, mit beschwörend erhobener Hand dem Tod zu wehren schien. Darüber, in weiter Ferne, die blaue Linie der Karstberge, auch sie ein Geheimnis, das Lita immer wieder anzog.

Nur wenige kennen den Ursprung der Omla, die am Talschluss breit wie ein See unter der hohen, senkrechten Felswand hervorstrudelt, Strom schon bei der Geburt, niemals ein Wildbach, nur ein verborgenes Quellen in lichtlosen Stalaktiten-Höhlen! Kaum am Licht, tanzt ihr Wasser befreit zwischen sanften Schilfufern, aber schon nach kurzem Lauf von ein paar Kilometern mündet sie ins Meer, gibt sich auf, verliert sich an die Unendlichkeit.

Abseits von Touristenwegen entdeckte Lita noch andere Wunder, so den Fluss, der *im* Meer entspringt, der sich nur als brodelnde Kreisfläche auf dem Spiegel des Meeres verrät. War für ein Bild: Quelle und Mündung in einem – Geburt in den Tod hinein, im Sterben eins geworden mit der Unendlichkeit!

Oder sie schlendert zum kleinen Waldsee auf Lokrum, der unter dunklen Felsen gurgelt. Sie braucht nicht die Hand einzutauchen, um sein Wasser zu kosten: er ist ein verkapptes Kind des Meeres, ist unterirdisch mit der Unendlichkeit des Meeres verbunden, auch wenn seine Ufer ringsum von aromatisch duftendem Gesträuch und hellgrünen Meerstrandkiefern bewachsen sind.

Es sind Bilder, die Gelassenheit und Gewissheit ausströmen. Bei solchen Erlebnissen wird ihr leicht ums Herz.

Von Elisabeth Schnack übersetzte Bücher

1951
Johnston, G./Clift, C.: Das Tal des träumenden Phönix. Arche.
O'Faolain, E.: Die kleine Henne Genoveva. Benziger.
O'Faolain, S.: Erste und letzte Liebe = Komm heim nach Irland. Benziger.

1952
Abrahams, P.: Wilder Weg. Arche.
Greene, G.: Vom Paradox des Christentums. Arche.
Hilton, J.: Wir sind nicht allein. Arche.
Irische Erzähler. Manesse.
Joyce, J.: Ausgewählte Prosa (die beiden Essays von T. S. Eliot). Arche.
Macken, W.: Frisch weht der Wind. Morgarten.
Mackenzie, C.: Das Whisky-Schiff. 2. Auflage 1959. Benziger.

1953
Bates, H. E.: Liebe um Lydia. Scherz.
Cooper, G.: Das Gold der Jahrtausende. Benziger.
Greene, G.: Die verlorene Kindheit und andere Essays (nur die Gedichte). Arche.
Lawrence, D. H.: Meisternovellen. Manesse.
Mackenzie, C.: Der Herr im Hochmoor. Benziger.
Twain, M.: Die große Meldung. Arche.

1954
Arkell, R.: Blumen für Lady Charteris. Arche.
Bates, H. E.: Liebeswende. Scherz.
Dodge, D.: Le chat sucht le chat. Kriminalroman. Müller.
Kamal, A.: Männer im Meer. Arche.
Laski, M.: Wer sucht, wird gefunden. Arche.
Picasso, P.: Wort und Bekenntnis. Zusammen mit P. Celan. Arche.
Searle, R./Shy, Th.: Manch Mägdelein erkühnet sich. Sanssouci.
Somerville, E./Ross, M.: Die wahre Charlotte. Manesse.
Walsh, M.: Der Schlüssel über dem Tor. Benziger.

1955
Goyen, W.: Geist und Fleisch. Erzählungen. Arche.
Goyen, W.: Zamour und andere Erzählungen. Suhrkamp.
Cather, W.: Saphira. Benziger.
Die Gabe der Weisen. Weihnachtsgeschichten. Kösel.
Hardy, T.: Die Rückkehr. Manesse.
Irische Meister der Erzählung. Dom.

MacManus, F.: Der Bischof von Dunmore. Arche.
Stein, G.: Autobiographie von Alice B. Toklas. Arche.
Waugh, E.: Und ein neues Leben blüht aus den Ruinen. Arche.

1956
Bates, H. E.: Der schlaflose Mond. Scherz.
Cather, W.: Schatten auf dem Fels. Benziger.
Faulkner, W.: Jagdglück. Arche, Pp. 233.
Kipps, C.: Clarence, der Wunderspatz. Arche.
Macdonald, B.: Die Insel und ich. Scherz.
Mackenzie, C.: Fast Leute vom Land. Benziger.
Rowdon, M.: Ringlinie West. S. Fischer.

1957
Amerikanische Erzähler. 2 Bände. Manesse.
Amis, K.: Glück für Jim. Arche.
Bromfield, L.: Zenobia. 5 Stories. Nymphenburg.
Cather, W.: Lucy Gayheart. Benziger.
Conibear, F./Blundel, J. L.: Das Buch der Wildnis. Benziger.
Goyen, W.: Im fernsten Land. Eine Romanze. Arche.
Maugham, S.: Triumph der Liebe. Scherz.
O'Connor, F.: Er hat die Hosen an. 10 Stories. Nymphenburg.
Lord Dunsany: Jorkens borgt sich einen Whisky. Diogenes.
Powers, J. F.: Fürst der Finsternis. Walter.
Raymond, E.: Wer das Gesetz übertritt... Fretz und Wasmuth.
Smith, E. G.: Die perfekte Hausfrau. Diogenes.

1958
Faulkner, W.: Die Stadt. Fretz und Wasmuth.
Faulkner, W.: Meine Großmutter Millard. Reclam.
O'Connor, F.: Und freitags Fisch. 7 Geschichten. Diogenes.
O'Faolain, S.: Der erste Kuß. 8 Stories. Nymphenburg.
O'Flaherty, L.: Das Zicklein der Wildgeiß. Kösel.
Lord Dunsany: Smetters erzählt Mordgeschichten. Diogenes.
Powers, J. F.: Ol' man river. 3 Erzählungen. Walter.
Powers, J. F.: Die Streitaxt und andere Erzählungen. Nymphenburg.
Raymond, E.: Wir, die Angeklagten. Fretz und Wasmuth.
Stafford, J.: Die Geschwister. Benziger.
Walpole, H.: Zug ans Meer. 7 Stories. Nymphenburg.
Welty, E.: Mein Onkel Daniel. Arche.

1959
Der Baum mit den bitteren Feigen. Erzählungen aus dem Süden der USA. Diogenes.
Mackenzie, C.: Herrlich und in Freuden. Benziger.
O'Connor, F.: Die lange Straße nach Ummera. 11 Erzählungen. Diogenes.

O'Flaherty, L.: Die Landung. 12 Stories. Nymphenburg.
Powers, J. F.: Am späten Abend. Erzählungen. Walter.
Salinger, J. D.: Für Esmé. 5 Stories. Nymphenburg.
Stafford, J.: Das Katharinenrad. Benziger.
Thackeray, W. M.: Jahrmarkt der Eitelkeit. Manesse.
Waugh, E.: Kleiner Abendspaziergang. 3 Erzählungen. Sanssouci.

1960
Faulkner, W.: Das Haus. Fretz und Wasmuth.
O'Faolain, S.: Sünder und Sänger. Erzählungen. Diogenes.
Stafford, J.: Wintermärchen und andere Erzählungen. Benziger.

1961
Australische Erzähler. Eine Anthologie. Walter.
Cather, W.: Das Haus des Professors. Benziger.
Grüne Insel. Erzählungen aus Irland. Diogenes.
Jewett, S. O.: Das Land der spitzen Tannen. Manesse.
McCullers, C.: Die Ballade vom traurigen Café. Erzählung. Diogenes.
O'Connor, F.: Ein Kreis im Feuer. Erzählungen. Claassen.
O'Connor, F.: Die Reise nach Dublin. Diogenes.
O'Flaherty, L.: Silbervogel. Meistererzählungen. Diogenes.
Spark, M.: Die Ballade von Peckham Rye. Diogenes.
Spark, M.: Die Junggesellen. Diogenes.

1962
Cather, W.: Eine alte Geschichte. Benziger.
Das grüne Gnu. Erzählungen aus Südafrika. Diogenes.
Faulkner, W.: Der Springer greift an. Fretz und Wasmuth.
McCullers, C.: Uhr ohne Zeiger. Diogenes.
O'Connor, F.: Bitterer Whisky. Erzählungen. Insel.
Welty, E.: Die Hochzeit. Roman. Diogenes.
Goyen, W.: Der Steppenwolf. Erzählungen. Insel.

1963
West, A. C.: Wo der Strom endet. Erzählungen. S. Fischer.
Faulkner, W.: Die Spitzbuben. Roman. Fretz und Wasmuth.
O'Faolain, S.: Der Einzelgänger. Roman. Diogenes.
O'Connor, F.: Der Trunkenbold. Erzählungen. Reclam.

1964
O'Faolain, S.: Komm heim nach Irland. Roman. Benziger.
O'Connor, F.: Einziges Kind. Autobiographie. Diogenes.
Schreiner, O.: Geschichte einer afrikanischen Farm. Roman. Diogenes.
Moore, G.: Stadt und Land. Erzählungen. Diogenes.
Faulkner, W.: Der große Wald. Erzählungen. Fretz und Wasmuth.
Cather, W.: Traum vergangener Zeit. Roman. Benziger.
O'Flaherty, L.: Der Stromer. Erzählungen. Reclam.

1965
Irische Erzähler der Gegenwart. 30 Erzählungen. Reclam.
Lawrence, D. H.: Der blaue Vogel. Erzählungen. Diogenes.
Kidd, D.: Das Tor des himmlischen Friedens. Roman. Goverts.
Stafford, J.: Klapperschlangenzeit. Erzählungen. Benziger.
Faulkner, W.: Erzählungen I. Band. Fretz und Wasmuth.

1966
Faulkner, J.: Mein Bruder Bill. Biographie. Fretz und Wasmuth.
Kiely, B.: Die Karten des Spielers. Roman. Evang. Verlagsanstalt.
Jewett, S. O.: Der weiße Reiher. Erzählungen. Manesse.
Cather, W.: Nach dem Frühstück. Erzählungen. Benziger.
Faulkner, W.: Erzählungen II. Band. Fretz und Wasmuth.
O'Faolain, S.: Ein Nest voll kleiner Leute. Roman. Diogenes.

1967
Faulkner, W.: Erzählungen III. Band. Fretz und Wasmuth.
Caudill: Weihnachtslegende. Walter.
Irische Anthologie. Silbermünze. Erzählungen. Reclam.
O'Connor, F.: Geschichten von Frank O'Connor. Diogenes.

1968
Lob der Grünen Insel. Erzählungen, Anthologie. St. Benno-Verlag.
Montague, J.: Anlaß zur Sünde. Erzählungen. Diogenes.
Irland erzählt. Erzählungen. S. Fischer.
Faulkner, W.: Der Wunschbaum. Fretz und Wasmuth.

1969
McGahern, J.: Das Dunkle. Roman. Benziger.
McCullers, C.: Der Marsch. Novelle. Diogenes.
O'Faolain, S.: Dividenden. Erzählungen. Diogenes.
Irische Liebesgeschichten. Diogenes.
Powys, T. F.: Mr. Westons guter Wein. Roman. Walter.

1970
O'Connor, F.: Meines Vaters Sohn. Autobiographie II. Diogenes.
Kingsley, A.: Die Anti-Tod-Liga. Roman (noch im Satz). Goverts.
Ewig junges Irland. Erzählungen. Gute Schriften.
Faulkner in Westpoint. Autobiographisches und Gespräch (noch im Satz). Fretz/Goverts.

1971
Bishop, J. P.: Und jeder tötet, was er liebt. Roman. Goverts.
O'Brien, E.: Das Liebesobjekt. Erzählungen. Rowohlt/Diogenes.
Friel, B.: Das Strohwitwensystem. Erzählungen. Diogenes.
Faulkner, W.: Meistererzählungen. 3 Bände. Goverts.

1972
Lawrence, D. H.: Pornographie und Obszönität. Diogenes.
McGahern, J.: Die Polizeiküche. Roman. Büchergilde.
Fitzgerald, Z.: Darf ich um den Walzer bitten? Roman. Walter.
O'Brien, E.: X, Y und Zee. Roman. Diogenes.
Alt-Irland. Die schöne Moireen. Sagen. Büchler.
Stuart, F.: Der weiße Hase. Roman. Manesse.
Fred ist eine Malerkatze. Kinderbuch. Artemis.

1973
Bartek und seine Ente. Kinderbuch. Artemis.
Bowen, E.: Seine einzige Tochter. Walter.
Goyen, W.: Mein Buch von Jesus. Flamberg.
Hearn, L.: Kwaidan. Manesse.

1974
Goyen, W.: Erzählungen. Manesse.
Mark Steadman: Schwarze Chronik. Hoffmann und Campe.
McCullers, C.: Neue Erzählungen. Diogenes.

1975
Lawrence D. H.: Erzählungen und Kurzroman. Diogenes.
Moore, B.: Insel des Glaubens. Econ.
Bradley: Kinderbücher. Artemis.
Gerhardie, W.: Vergeblichkeit. Manesse.
O'Flaherty: Der rote Rock. Büchergilde.

1976
O'Connor, F.: 5 Bde. Erzählungen. Diogenes.
Cable, G.: Die Grandissimes. Manesse.

1977
Irische Erzähler I, zweisprachig. dtv.
Mansfield, K.: Erzählungen. dtv.
Weihnacht in Irland. Erzählungen. Arche.
Bierce, A.: Mitten im Leben. Erzählungen, ill. Büchergilde.
Mowat, F.: Innuit. Erzählungen. Müller-Rüschlikon.
Turska, K.: Der Zauberer. Kinderbuch. Artemis.
Chinesisches Kunstgewerbe, mit Bildern. Ringier.

1978
Irische Erzähler II, zweisprachig. dtv.
Goyen, W.: Erzählungen, zweisprachig. dtv.
Weihnacht in Schottland. Arche.
Moore, G.: Drama in Musselin. Roman. Manesse.
Seymour, J.: Wildblumen. Bilder und Text. Delphin.
Seymour, J.: Bäume. Bilder und Text. Delphin.

MacCauley: Es stand eine Burg. Kinderbuch. Artemis.
Ruskin, J.: Der goldene Wildbach. Kinderbuch. Artemis.

1979
Wie der Hauch eines Büffels. Indianer-Selbstzeugnisse. Hoffmann und Campe.
Lawrence, D. H.: Briefe. Diogenes.
O'Flaherty: Tiergeschichten. Diogenes.
Conibear: Der weise Schwarzbiber. Büchergilde.
Weihnacht in Übersee. Erzählungen. Arche.

1980
Faulkner, W.: Briefe. Diogenes.
O'Faolain: Lügner + Liebhaber. Erzählungen. Band III. Diogenes.
Mansfield, K.: Sämtliche Erzählungen. Büchergilde und Kiepenheuer & Witsch.

1981
Synge, I. M.: Die Aran-Inseln. Manesse.
Freeman-Aodla, M.: Tochter der Innuit. Autobiographie. Müller-Rüschlikon.
Irische Kinder. Erzählungen. Arche.
Massy, R.: Fürstenhöfe Europas. Orell-Füssli.
Gespenstergeschichten, zweisprachig. dtv.

1982
Bierce, A.: Erzählungen, Bd. II. Büchergilde (im Satz).
MacGahern: Abschiednehmen. Roman. Büchergilde (im Satz).
Cable, G. W.: Madame Delphin. Roman. Arche.
Oates, J. C.: Bellefleur. Roman. Deutsche Verlagsanstalt.
Stockton, F. R.: Die Lady oder der Tiger. Manesse.
London, J.: Erzählungen. Manesse.
Piers & Baynes: Der Frosch und die Wasserspitzmaus. Kinderbuch. Artemis.

1983
Massy, R.: Der letzte Zar. Orell-Füssli.
Schubert, D.: Sieben freche Nachtgespenster. Kinderbuch. Artemis.

1984
Oates, J. C.: Engel des Lichts. Roman. DVA.
Ein Rhinozeros, zwei Damen und ein Pferd. Anthologie. pendo.

Elisabeth Schnacks botanische Streifzüge in Nord- und Süd-China

Systematische Anordnung aller Pflanzen, soweit diese aus der Umgebung von Tientsin (einschließlich Port Arthur) stammen, zusammengestellt von Alfred Bornmüller. Die Arten aus der Umgebung von Kanton, Peking und Hongkong werden gesondert in alphabetischer Reihenfolge angeführt. Sämtliche Arten wurden bestimmt, bzw. revidiert von Dr. Handel-Mazzetti und *Papilionaceae* und *Labiatae* von Frau Dr. Peter (Wien). (Mitteilungen des Thüringer Botanischen Vereins, Heft 49, Weimar 1942)

Aufzählung der Arten

I TIENTSIN

Ranunculaceae

Clematis heraclea DC.
C. angustifolia Jacq.
Thalictrum angustifolium L. Jacq.
Pulsatilla chinensis (Bge). C. Müll.
Ranunculus japonicus Thunb.
R. chinensis Bge.

Fumariaceae

Corydalis Bungeana Turcz.

Menispermaceae

Menispermum dahuricum DC.

Cruciferae

Thellungiella salsuginea (Pall.) O. E. Sch.
Roripo globosa (Turcz.) Thellg.
R. islandica (Oed.) Schz. et Thellg.
Capsella bursa pastoris Mönch
Lepidium apetalum Willd.

Violaceae

Viola Patrinii DC.

Polygalaceae

Polygala sibirica L. (Port Arthur)
P. tenuifolia Willd.

Silenaceae

Melandrium apricum (Turcz.) Rohrb.
Silene repens Patr.
Dianthus chinensis L.
Gypsophila-Oldhamiana Miq.

Alsinaceae

Spergularia salina Presl.

Linaceae

Linum tenuifolium Willd.
L. stelleroides Planch.

Malvaceae

Abutilon Avicennae Gaertn.
Malva silvestris L.
Hibiscus Trionum L.

Sapindaceae

Cardiospermum Halicacabum L.

Zygophyllaceae

Tribulus terrestris L.

Celastraceae

Celastrus orbiculuta Thumb.

Vitaceae

Ampelospis humulifolia Bge.
A. japonica (Thunb.) Schn.
A. aconitifolia Bge.
Parthenocissus tricuspidata (S. et Z.) Planch

GERANIACEAE

Geranium sibiricum L.

Erodium Stephanianum Willd

RHAMNACEAE

Zizyphus sativa (L.) Gaertn.

PAPILIONACEAE

Medicago sativa L.

Melilotus suaveolens Led.

Trifolium Lupinaster L.

Astragalus membranaceus (Fisch.) Bge.

A. scaberrimus Bge.

A. melilotoides Pall.

Oxytropis hirta Bge.

Vicia amoena Fisch.

V. unijuga A. Br.

Lespedeza bicolor Turcz.

L. tomentosa Siebd.

L. daurica (Laxm.) Schindl.

Sophora flavescens Ait.

S. japonica L.

Aeschynomene indica L.

Gueldenstaedtia stenophylla Bge.

G. pauciflora Bge.

G. multiflora Bge.

Crotalaria sessiliflora L.

Robinia Pseudacacia L. (cult.)

Phaseolus minimus Roxb.

Caragana microphylla Lam.

Glycine Soja S. et Z.

Indigofera Kirilowii Max.

ROSACEAE

Potentilla anserina L.

P. supina L.

L. chinensis Ser.

P. flagellaris Willd.

Rosa multiflora Thunb.

Agrimonia viscidula Bge.

Sanguisorba officinalis L.

Prunus humilis Bge.

LYTHRACEAE

Lythrum Salicaria L. v. intermedium (Led.) Koehne subv. gracilius (Turcz.) Koehne, f. glabrum (Led.) Koehne

CUCURBITACEAE

Actinostemma lobatum Max.

TAMARICACEAE

Tamarix juniperina Bge.

CRASSULACEAE

Sedum fimbriatum (Turcz.) Franch.

S. Aizoon L.

SAXIFRAGACEAE

Deutzia hamata Koehne

UMBELLIFERAE

Selinum divaricatum (Turcz.) Benth.

Cnidium Monnieri Cuss.

Oenanthe stolonifera (Roxb.) Wall.

Bupleurum falcatum L. v. scorzonerifolium Willd. subv. angustissimum Franch.

Hydrocotyle rotundifolia Roxb.

Phellopterus litoralis benth.

RUBIACEAE

Rubia cordifolia L.

Galium verum L.

COMPOSITAE

Bidens parviflorus Willd.

B. biternatus (Lour.) Merr. et Sherff.

Senecio spec.

Chrysanthemum aff. *indico L.* (Port Arthur).

Artemisia eriopoda Bge.

A. mongolica Fisch.

A. japonica Thunb.

A. capillaris Thunb.

Aster altaicus Willd. et *var. millefolius (Vant.) H. M.*

A. praetermissus Drum.

A. hispidus Thbg. (Port Arthur).

A. incisus Fisch.

A. fastigiatus Fisch.

Inula linariifolia Turcz.

Atractylis chinensis Bge.

Cirsium lineare (Thunb.) Sz. Bip.

v. uninervium (Lévl. et Vant.) Petrak.
C. segetum Bge.
Saussurea pectinata Bge.
S. carthamoides (Ham.) Benth.
Centaurea monanthos Georgi.
Sonchus brachyotus DC.
Lactuca repens L.
L. chinensis (Thunb.) Max.
L. denticulata (Houtt.) Max. (auch Port Arthur).
Taraxacum mongolicum Hand.-Mazz.
Scorzonera albicaulis Bge.
S. mongolica Max.
Leontopodium leontopodioides (Willd.) Beauvd. = L. sibiricum. Cass. (auch Port Arthur).
Hypochaeris grandiflora Ledeb.

AMBROSIACEAE

Xanthium sibircum Patr.

CAMPANULACEAE

Adenophora remotiflora (S. e. Z.) Miq.
A. scabridula Naunf.
Platycodon grandiflorus (Schrad.) DC.

ERICACEAE

Rhododendron micranthum Turcz.

ASCLEPIADACEAE

Metaplexis japonica (Thunb.) Max.
Pycnostelma chinense Bge.
Cynanchum amplexicaule H.
C. sibiricum R. Br.
C. chinense R. Br.
C. acutum L.
C. versicolor Bge.

LOGANIACEAE

Mitrasacme alsinoides R. Br.

GENTIANACEAE

Centaurium pulchellum (Sw.) Druce f. albiflorum (Boiss.).

APOCYNACEAE

Apocynum venetum L.

CONVOLVULACEAE

Cuscuta chinensis Lam.
Calystegia hederacea Wall.
C. Soldanella R. Br.
Convolvulus arvensis L. var. angustatus Led

BORRAGINACEAE

Tournefortia sibirica L. v. angustior DC.
Trigonotis peduncularis (Trev.) Benth.
Mazus stachydifolius Max.
Bothriospermum secundum Max.
B. chinense Bge.
Lappula echinata Gilib. v. heteracantha (Led.) O. Ktze.

PEDALIACEAE

Sesamum orientale L.

SOLANACEAE

Datura Stramonium L.

SCROPHULARIACEAE

Linaria vulgaris L.
L. spuria L.
Veronica spuria L. – (Port Arthur).
Siphonostegia chinense Benth. (auch Port Arthur).
Rehmiannia glutinosa Libosch.

LABIATAE

Salvia miltiorrhiza Bge.
S. plebeia R. Br.
Scutellaria baicalensis Fisch.
Stachys chinensis Bth.
Leonurus sibiricus L.
L. macranthus Max.
Marrubium supinum (Steph.) Hn.
Mentha arvensis L., ssp. haplocalyx Briquet

VERBENACEAE

Vitex Negundo L. var. *incisa L.*
V. trifolia L. var. *uuifoliata Schau.*

Primulaceae

Lysimachia barystachys Bge.
Androsace saxifragifolia Bge.

Plantaginaceae

Plantago lanceolata L. (introducta).
P. majorL.

Amarantaceae

Amarantus retroflexus L.

Chenopodiaceae

Chenopodium acuminatum Willd.
C. album L.
Suaeda glauca Bge.
S. maritima (L.) Dum.
Salsola collina Pall.

Polygonaceae

Rumex Acetosa L.
Polygonum sibiricum L.
P. divaricatum L.
P. Fagopyrum, L.
P. perfoliatum L.
P. Kitaibelianum Sadler.
P. aviculare L.
P. lapathifolium L.

Thymeliaceae

Diathron linifolium Turcz.

Euphorbiaceae

Euphorbia hypericifolia L.
E. humifusa Willd. et var. *pilosa Thell.*
E. lunulata Bge.
E. pekinensis Rupr. (auch Port Arthur).
E. Esula L. var. cyparissioides Boiss.
Securinega ramiflora (Pers.) Müll. Arg.
Acalypha australis L.

Urticaceae

Morus alba L. var. tatarica (L.) Loud.
Hemiptelea Davidii Planch.
Celtis Bungeana Bl.

Cannabinaceae

Humulus sativa L.
H. japonicus S. et Z.

Cupuliferae

Castanea crenata S. et Z.
Quercus dentata Thunb.

Coniferae

Pinus tabuliformis Carr.
P. nigra Arn.
Thuja orientalis L.

Gnetaceae

Ephedra sinica Stapf

Alismataceae

Alisma Plantago L.
Sagittaria sagittifolia L.

Potamogetonacea

Potamogeton crispus L.

Commelinaceae

Commelina communis L.

Orchidaceae

Spiranthes spec.

Iridaceeae

Iris dichotoma Pall (Port Arthur).
J. ruthenica Ait. (Port Arthur).
I. ensata Thunb. (Port Arthur).

Asparagaceae

Asparagus trichophyllus Bge.
A. gibbus Bge.
A. schoberioides Kth.
Polygonatum officinale All.
P. macropodum Turcz.

Dioscoreaceae

Dioscorea Batatas L.

Liliaceae

Scilla sinensis (Lour.) Merr. (auch Port Arthur).
Allium anisopodum Led.
A. lineare L.
Anemarrhena asphodeloides Bge.
Hemerocallis. spec.

JUNCACEAE

Juncus effusus L.

ARACEAE

Pinellia ternata (Thunb.) Breitenb.

Acorus Calamus L. var. *angustatus Bess.*

TYPHACEAE

Thypha angustata Bory et Chaub.

CYPERACEAE

Cyperus Iria L.
Scirpus maritimus L.
Eleocharis palustris (L.) R. Br.
Carex stenophylla Wahlenb.
Cd. macrocephala Willd.
Kyllingia brevifolia Roxb.

GRAMINACEAE

Imperata cylindrica (L.) P. d. B.
Themada triandra Hackel.
Arundinella hirta (Thunb.) Koidz.
Andropagon Ishaemum L.
Echinochloa Crus-galli (L.) R. et Sch. et var. *longiseta Döll.*
Isachne globosa (Thunb.) O.Ktze.
Zoysia matrella (L.) Mers.
Digitaria ciliaris (Retz.) Koeler.
Cynodon dactylon L.
Eleusine indica (L.) Gaertn.
Chloris virgata Sw.
Koeleria cristata Pers. (forma!).
Aeluropus litoralis (Gou.) Parl. et var. sinensis. Deb.
Eragrostis minor Host.
Puccinellia distans (L.) Parl.
Agropyrum ciliare (Trin.) Franch.
A. pseudo-agropyrum (Trin.) Franch.

EQUISETACEAE

Equisetum arvense L.
E. ramosissimum Dsf.

POLYPODIACEAE

Cheilanthes argentea (Gmel.) Hook.
Blechnum orientale L.
Woodsia manchuriensis Hook.
Cyclophorus petiolosus (Chr.) Ch.
Odontosoria chinensis (L.) Sm.
Gleichenia linearis (Burm.) DC.

LYCOPODIACEAE

Lycopodium flexuosum (L.) Sw.
Selaginella sinensis (Dev.) Spring.
S. Stauntoniana Spring.
S. biformis A. Br.

II CANTON UND HONGKONG

Acacia Farnesiana Willd.
Acacia Ritschii A. Gr.
Aleurites moluccana (L.) Willd.
Aporosa leptostachya Bth.
Axonopus semialatus Hoch.
Baeckea frutescens L.
Bambusa multiplex (Lour.) Raensch.
Bidens pilosus L.
Caesalpinia Nuga Ait.
Cassia glauca Lam.
Clausena Wampi Oliv.
Clerodendrum fortunatum L.
Croton lachnocarpus Bth.
Crotolaria saltiana Andr.
Cunninghamia sinensis R. Br.
Cynodon dactylon L.
Cyperus compressus L.
Dianella nemorosa Lam.
Drosera Burmani Vahl.
Drosera peltata Sm.
Eclipta prostrata L.
Emilia prenanthoidea D. C.
Erigeron crispus Pourr.
Euphorbia hypericifolia L.
Euphorbia longana Lam.
Fimbrystilis var.
Gardenia jasminoides Ellis.
Glyptostrobus pensilis C. Koch.
Grevillia robusta A. Cunn.

Heliotropium indicum L.
Hemigraphis chinensis T. Anders.
Hydrocotyle rotundifolia Boxb.
Hypericum japonicum Thunb.
Ilex asprella Cham.
Ilex pubescens Hook et Arnold.
Ixora chinensis Lam.
Krummerowia striata (Thunb.) Schlechtd.
Melastoma candidum Don.
Melastoma repens Desv.
Mimosa pudica L.
Mussaenda hirsutula Miq.
Juncus prismatocarpus R. Br.
Kyllingia brevifolia Roxb.
Lantana Camara L.
Ligustrum sinense Lour.
Litchi chinensis Sonner.
Lobelia radicans Thunb.
Polygonum lapathifolium L. v. salicifolium Sibth.
Psychotria serpens L.
Randia dumetorum Lam.
Randia sinensis R. et Sch.
Raphiolepis indica Lindl.
Rosa Wichuriana Crep.
Ruhus reflexus Ker.
Scutellaria indica L.
Solanum humile Bernh.
Solanum nigrum L.
Solanum torvum Sw.
Spiranthes Aristotelia Merr.
Strophantus divergens Grah.
Styrax Faberi Perk.
Symplocos chinensis Dr.
Thysanospermum diffusum Champ.
Verbena officinalis L.
Vernonia cinerea (L.) Less.
Vernonia patula (Ait.) Mart.
Viburnum Hauceanum Mat.
Viola arcuata Bl.
Wedelia calendulacea Lessq.
Wikstroemia indica C. A. Mey.

Adiantum flabellatum L.
Cyclophorus assimilis (Bak.) Chrs.?
Cyclophorus Lingua (Thunb.) Desv.-H.
Davallia spez.
Dryopteris parasitica (L.) O. Ktze.
Gleichenia linearis DC.
Lindsaya cultrata Sw.
Odontosoria chinensis (L.) I. Sm.
Pteridium aquilinum (L.) Kuhn.
Pteris quadriaurita Retz. – H.
Pteris vittata L. – H.
Schizoloma ensifolium (Sm.) J. Sm.
Selaginella delicatula (Desv.). – H.

Anne Morrow Lindbergh

Blume und Nessel

Jahre in Europa. Aus dem Amerikanischen von Elisabeth Piper.
1984. 371 Seiten. 14 Abbildungen auf Tafeln. Geb.

Muscheln in meiner Hand

Illustrierte Geschenkausgabe mit 12 farbigen Fotos von Winfried Moser. Aus dem Amerikanischen von Maria Wolff; Gedichtübertragungen von Peter Stadelmayer.
1983. 128 Seiten. Geb.
(Auch in der Serie Piper 425 lieferbar)

Das Schönste von Anne Morrow Lindbergh

Eine Auswahl aus ihrem Werk. Hrsg. von Elisabeth Piper. Aus dem Amerikanischen von Maria Wolff, Peter Stadelmayer, Karl Brunner, Annemarie von Puttkamer, Doris Schmidt, Renate Schmidt, Anjuta Aigner-Dünnwald und Elisabeth Piper.
2. Aufl., 41. Tsd. 1985. 564 Seiten. Geb.

»Das Schönste von Anne Morrow Lindbergh« in einem Band: die berühmten »Muscheln in meiner Hand«, Gedichte aus »Trage mich über die Flut«, Auszüge aus »Die Erde leuchtet« sowie viele Briefe und Tagebuchaufzeichnungen zeigen eine ungewöhnliche, einzigartige Frau. Anne Morrow Lindberghs Werk ist ein harmonisches Ganzes aus Charme, Humor und dem Wissen um die ethischen Pflichten des Menschen. Eine Sonderausgabe für die große Schar der Lindbergh-Leser.

PIPER

Piper-Porträt

Bisher liegen vor:

Jürg Amann
Robert Walser
Auf der Suche nach einem verlorenen Sohn
1985. 80 Seiten. Serie Piper 5212

Anton Austermann
Kurt Tucholsky
Der Journalist und sein Publikum
1985. 240 Seiten. Serie Piper 5214

Friedrich Georg Friedmann
Hannah Arendt
Eine deutsche Jüdin im Zeitalter des Totalitarismus
1985. 160 Seiten. Serie Piper 5201

Tilman Jens
Mark Twain
Heimkehr zum Mississippi
1985. 96 Seiten. Serie Piper 5223

Leszek Kolakowski
Henri Bergson
Ein Dichter-Philosoph
Aus dem Engl. von Ursula Luck. 1985. 144 Seiten. Serie Piper 5204

Roger Willemsen
Robert Musil
Vom intellektuellen Eros
1985. 256 Seiten. Serie Piper 5208